本书获国家重点研发计划项目
"公共文化资源智能共建共享与管理平台关键技术研究"
（项目编号：2019YFC1521400）的资助与支持

焦延杰　朱欣娟　罗云川　**主编**

公共文化云
平台共建共享
与智能服务

CONSTRUCTION, SHARING
AND INTELLIGENT SERVICE OF
PUBLIC CULTURE CLOUD PLATFORM

社会科学文献出版社
SOCIAL SCIENCES ACADEMIC PRESS (CHINA)

编 委 会

主　编　焦延杰　朱欣娟　罗云川

副主编　祁　艳　张桂刚　高全力　邢　军　张　珺

参　编　（按姓氏笔画排序）

王　云　王　军　王雅松　邢君成　朱　翼

朱先忠　刘　平　孙　毅　李　伟　李　阳

李亚男　李斐星　杨旭东　吴　哲　张　宁

郑　杰　程志峰　靳　松

前　言

为解决新时代公共数字文化服务发展不平衡不充分的矛盾，文化和旅游部全国公共文化发展中心（以下简称"发展中心"）于2017年下半年起开始建设国家公共文化云。国家公共文化云是发展中心依托已有的公共数字文化工作基础，认真研究落实国家文化数字化战略的各项要求，推动公共数字文化服务高质量发展的具体举措。国家公共文化云汇聚整合了地方公共数字文化资源，聚合实现了直播共享、资源点播、活动预约、场馆导航、艺术培训等服务。《公共文化云平台共建共享与智能服务》围绕公共文化云平台的共建共享、智能服务的实现机制，从理论到技术再到实践，进行了全面的研究、研发和阐述，希望本书能对提升公共文化服务质量、提高全民艺术普及水平起到重要的引领作用。

《公共文化云平台共建共享与智能服务》共8章。

第一章　从国家文化数字化战略到公共文化云建设。主要阐述了国家文化数字化战略给公共文化服务数字化发展带来的机遇，以构建国家公共文化云为核心，推动公共文化数字化服务工作更上新台阶。

第二章　公共文化云建设的具体实践。介绍了国家公共文化云平台的发展历程，以及国家级、省级和地市级三个层面公共文化云平台的发展现状；对公共文化云平台建设面临的问题，围绕资源供给端、资源服务端、资源服务功能以及文化服务评估体系等6个方面进行论述，指出问题所在，提出解决思路。

第三章 公共文化云平台统计指标及服务效能提升。本章深入调研公共文化云平台建设与运行现状，以用户体验和服务效能提升为主线，构建了公共文化云平台统计指标和效能评价指标，并以实例说明了公共文化云平台统计指标的构建及数据统计水平的提升，对提高公共文化云服务水平、推动公共文化云高质量发展起到的重要作用。

第四章 公共文化资源库群构建与智能化关键技术研究。着重开展公共文化资源库群建设标准规范和公共文化资源库群的构建技术研究，目的在于最终建成一个可控、可信、自组织的公共文化资源自动化库群服务网络，从根本上解决文化资源重复建设、资源分布不均衡、应用服务单调、利益相关者不协调的问题，提升公共文化资源建设与服务水平。

第五章 基于中台机制的公共文化云平台对接优化研究。本章深入调研、分析了国家公共文化云平台与地方平台对接现状，详细解读了"中台机制"在公共文化云建设中实践运用和取得的效果。

第六章 公共文化资源智能共建共享语义规则与处理机制研究。本章结合公共文化云的海量多媒体资源，研发了公共文化用户规则触发海量数据规则并行处理分析系统、公共文化资源区块链智能确权系统，实现了资源汇聚共享、语义规则网的并行处理以及资源自动确权功能，为公共文化资源的查找、确权服务提供了有效的支撑。

第七章 公共文化用户行为建模与智能推荐关键技术研究。本章围绕公共文化大数据集成应用、用户画像、知识图谱、应用场景等关键问题，提出了用户行为智能建模、知识图谱关联关系、智能精准推荐等理论方法和关键技术，用以解决公共文化资源与用户需求精准匹配的问题。

第八章 公共文化资源服务效能评估及大数据智能分析平台构建。本章在以往公共文化资源服务效能研究的基础上提出了服务效能评估的新思路，即利用大数据技术，在制定多角度评估指标体系的基础上，构建了"综合—模块—维度"的多层级复合评估模式，并以公共图书馆、文化馆为例展开了实际应用示范。

❖ 目 录 ❖

第一章

从国家文化数字化战略到
公共文化云建设[*]

2022 年 5 月 22 日，中共中央办公厅、国务院办公厅印发《关于推进实施国家文化数字化战略的意见》（以下简称《意见》），对国家文化数字化建设提出了总体要求，明确了到"十四五"时期末和到 2035 年分别要实现的目标，为今后一段时期国家文化数字化总体规划发展指明了方向。

1.1　国家文化数字化战略的提出

1.1.1　国家文化数字化战略推进的基础

2002 年以来，原文化部、财政部共同实施全国文化信息资源共享工程等文化惠民工程，建立了覆盖全国省、市、县、乡、村的数字网络服务体系，着力打通面向基层的数字文化资源传输渠道。2015 年起，在中央财政经费的支持下，全国范围内启动了数字文化馆建设，到 2020 年全国已有 119 家文化馆利用中央财政经费搭建了数字化服务平台，开通了

＊　本章摘选自学术论文：白雪华. 依托公共文化云，落实国家文化数字化战略［J］. 中国图书馆学报，2022，48（4）：5.

网络培训、艺术资源点播、线上活动、志愿者招募等线上服务功能，数字化服务方式日益成为各级文化馆开展全民艺术普及服务的重要抓手。2017年，为贯彻落实党的十九大关于公共文化工作的指示精神，文化和旅游部全国公共文化发展中心（以下简称"发展中心"）以全国文化信息资源共享工程已建的六级服务网络和国家公共文化数字支撑平台为基础，升级推出国家公共文化云。至2022年5月，国家公共文化云累计更新数字文化资源24万余条，完成与157家地方云平台的融合对接，开设地方专区175个，注册公共文化机构3319家，平台访问量超过9.96亿人次。

"十四五"时期，文化和旅游部在已有工作的基础上，面向全国规划实施公共文化云建设项目。通过数字化进一步推动公共文化服务从"有没有""缺不缺"向"好不好""精不精"转型升级。截至2020年底，文化馆领域初步构建了互联互通、功能一致的公共数字文化服务平台，发展中心联合各省（区、市）建设超过1000TB的数字文化资源，内容涵盖传统文化、红色文化、群众文化、文化艺术、少数民族文化、精准扶贫等，类型包括视频、音频、图片、电子书、慕课、多媒体资源库等移动互联网适用资源。形成了云上群星奖、云上广场舞、云上乡村村晚、云上合唱节、百姓大舞台等一批全国性群众文化活动品牌，积累了丰富的群众文化活动资源。通过国家公共文化云累计开展网络直、录播2176场，探索形成了线上线下相结合的群众文化活动新模式。同时，经过长期培训与实践积累，全国各地普遍建立起专门从事数字文化技术、资源、服务等工作的专兼职人才队伍。公共数字文化工作在技术、资源、服务和人才队伍等方面的积累，为推动实施国家文化数字化战略奠定了坚实的实践基础。

1.1.2 国家文化数字化战略的有关要求

《意见》从内容建设、服务平台、数字化等方面都提出了具体的工作任务。

在内容建设方面，《意见》提出要统筹利用文化领域已建或在建数字化工程和数据库所形成的成果，关联形成中华文化数据库。发展中心将依托公共文化云项目，按照统一的建设标准，联合各地建设全民艺术普及资源库，重点建设群众文化活动、群众文艺作品、艺术普及直播、艺术普及课程、艺术普及数字图书、全民艺术普及师资、文化馆（站）行业信息等资源库群，结合各级文化馆（站）建设地方特色艺术普及资源，相关成果实现联合开发、统一管理和各地共享。

在搭建文化数据服务平台方面，《意见》鼓励多元主体依托国家文化专网，搭建文化数据服务平台。公共文化云项目将把社会效益放在首位，在现有国家公共文化云服务功能的基础上，按照安全、便捷、权威、丰富、开放的原则，坚持用户导向，对国家公共文化云平台进行改版提升，突出全民艺术普及服务功能，建设以看直播、享活动、学才艺、订场馆、读好书、赶大集六大板块为主要内容，以移动互联网为主要渠道，覆盖全国的安全、便捷、权威、丰富、开放的全民艺术普及公共服务总平台，不断提升平台服务影响力。

在提升公共文化服务数字化水平方面，《意见》明确统筹推进国家文化大数据体系、全国智慧图书馆体系和公共文化云建设，要求增强公共文化数字内容的供给能力，提升公共文化服务数字化水平。发展中心将加速推进公共文化云在文化馆行业的建设工作，优化平台结构，扩大服务覆盖面，推动服务普惠应用，切实提升公共文化服务的到达率、及时性，增强公众对文化服务的获得感。

在促进文化机构数字化转型升级方面，《意见》提出要探索数字化转型升级的有效途径。发展中心将着力推动各级文化馆（站）将文化资源数据采集、加工、挖掘与数据服务纳入经常性工作，将凝结基层文化工作者智慧和知识的关联数据转化为可溯源、可量化、可交易的公共数字文化服务资产，推动不同层级、不同平台、不同机构之间实现公共文化数据的分享。同时，鼓励和支持文化机构拓宽文化数字内容传播渠道，加强对文化数字内容需求的实时感知、分析和预测，加强供需调配和精准对接。

1.2　落实国家文化数字化战略的具体举措

根据对国家文化数字化战略重点任务的对标分解，"十四五"期间，发展中心将依托公共文化云，具体研办落地各项工作，通过建立健全公共文化标准规范，联合各地共建全民艺术普及数字资源库，打造六大服务板块，建立全国性品牌活动，打造安全、便捷、权威、丰富、开放的全民艺术普及公共服务渠道，推动公共文化数字化更上新台阶。

1.2.1　规范标准建设，夯实文化数字化服务基本保障

推动公共文化服务的高质量发展，标准建设是关键。针对当前各地数字文化馆建设缺少资源和技术规范的问题，国家从数字文化馆建设与服务角度出发，陆续推出《数字文化馆资源和技术基本要求》国家标准和《文化馆服务数据采集要求》行业标准等标准规范，对数字文化馆数字资源建设、技术平台建设与运行保障、数据采集、分析和应用等方面提出基本要求，并对各级文化馆（站）的数据采集工作进行规范，从用户、服务、资源、信息的采集方面加以规定，为全国各级文化馆的数字化建设和服务提供基本遵循，也为数字文化资源服务平台的共建共享提供参考，提升文化馆数字文化资源面向用户服务的精准度，从而推进公共文化服务的数字化、智慧化。

1.2.2　加强资源建设，助力形成中华文化数据库

通过公共文化云建设项目，发展中心联合各省（区、市）围绕艺术活动、艺术知识、艺术欣赏、艺术技能等内容，开展全民艺术普及资源建设，汇集群众文化活动、群众文艺作品、艺术普及课程、艺术普及电子图书、艺术普及师资库、文化馆（站）行业信息等数字资源。资源成果类型包括微纪录片、短视频、音频、慕课、动画等。重点支持各省（区、市）结合群众文化活动、辅导培训、艺术创作、民族民间文化保护等业

务，围绕全民艺术普及、优秀传统文化、文旅融合、乡村振兴等主题，建设具有本地特色的原创性文化资源。鼓励各省（区、市）对存量资源进行优化加工，使其更适应移动互联网传播需要，符合当前群众文化消费习惯，提升服务效能。

1.2.3　管好资源数据，提升文化数据服务平台能力

以国家公共文化云为核心，建设文化馆行业文化数据服务平台，结合全国文化馆数字化服务工作进展，逐步构建文化馆行业文化数据服务平台，汇聚文化馆行业基础数据、管理数据、服务数据，梳理构建适宜向公众开放的数据池，逐步依法向公众开放。汇聚文化和科技等方面的优势资源，建设公共文化服务大数据应用文化和旅游部重点实验室，在数据采集、整理和挖掘分析等各个层面，特别是应用层面开展工作。一方面，在技术攻关和应用创新层面引领行业发展，加速科研成果转化，为未来数字文化建设提供更多理论支撑和应用经验；另一方面，通过开展大数据体系建设，赋能公共文化服务，推动公共文化服务大数据工作高质量发展。此外，为了更好地推进大数据应用工作，与公共文化机构就大数据的采集、管理、使用和服务开展应用实践合作，共同促进成果转化。

1.2.4　强化体验空间建设，推动行业数字化转型

依托公共文化云项目，鼓励有条件的省（区、市）选择若干具有良好工作基础的文化馆（站），探索开展"文化体验馆"建设，以线上线下融合发展的集成应用和服务，汇集地方及国家公共文化云数字化服务内容，服务于本地公众，推动各级文化馆（站）将文化资源数据采集、加工、挖掘与数据服务纳入经常性工作，实现行业数字化服务的转型升级。结合文化馆研究院、乡村公共服务研究院、基层公共数字文化服务研究院和公共文化服务大数据应用文化和旅游部重点实验室有关研究成果，将各级文化馆（站）的关联数据转化为可溯源、可量化、有价值的数据资产，推动不同层级、不同地域文化馆之间的文化数据共建共享；鼓励和支持各级文化馆（站）拓

宽文化数字内容分发渠道,加强供需调配和精准对接,培育新用户群体,加强对文化数字内容需求的实时感知、分析和预测,扩大文化馆数字服务的覆盖面和适用性。

1.2.5 丰富群众活动,打造公共文化数字化服务品牌

"十四五"时期,发展中心将依托文化和旅游部面向文化馆系统组织实施的公共文化云建设项目,进一步提升全民艺术普及数字化服务水平。坚持用户导向,打造以看直播、享活动、学才艺、订场馆、读好书、赶大集六大功能为核心的公共文化服务品牌。"看直播"主要由艺术普及相关服务机构进行推送,以音乐、舞蹈、戏剧、曲艺、文学、美术、书法、摄影等门类为主,重点推送竞赛性、展演性等惠民性的群众文化活动、专题讲座、艺术普及分享、展览带看、馆藏讲解展示、非遗讲解展示等,并逐步面向经过认证的艺术达人开放服务端口。"享活动"汇聚全国性、区域性、地方性的全民艺术普及品牌活动。全国性品牌活动主要推出云上群星奖、云上广场舞、云上乡村春晚等;区域性品牌活动主要联合京津冀、长三角、粤港澳大湾区等区域开展;地方性品牌活动推出国家公共文化服务体系示范区、中国民间文化艺术之乡、文化和旅游公共服务融合试点单位等开展的群众文化活动。"学才艺"推出音乐、舞蹈、戏剧、曲艺、文学、美术、书法、摄影八大基础艺术门类课程,形式以慕课、讲座、微视频、短视频等为主。提供在线培训、课程点播、在线直播、作品上传、互动交流等服务,满足用户多样化、个性化的文化艺术需求。"订场馆"采集、发布文化和旅游公共服务相关机构、场馆基础信息及其活动信息,开通地图定位功能,用户可查询场馆信息、预订场馆、预约服务、购买门票等。"读好书"围绕全民艺术普及、优秀传统文化传承、旅游公共服务等主题,建设全民艺术普及图书数据库。"赶大集"依托全国及区域性公共文化和旅游产品交易平台,开展文化内容生产、决策咨询、公共文化设施运营与管理、第三方绩效评价等产品交易,推介文创产品,促进艺术普及文创消费。通过对公共文化云项目的持续建设和运营,逐步形成和强化公共数字文化服务品牌在公众心中的影响力。

1.3 推动公共文化云建设的政策背景和价值

1.3.1 推动公共文化云建设的政策背景

随着 5G、人工智能、大数据中心、云计算、物联网等"新基建"日渐完善，新一轮的技术革命正在深度影响和重构公共文化服务的业态和结构。

2011 年 11 月，文化部、财政部联合发布《关于进一步加强公共数字文化建设的指导意见》，首次提出"公共数字文化建设"，明确公共数字文化建设是公共文化服务体系建设的重要组成部分，公共数字文化建设包括数字化平台、数字化资源、数字化服务等基本内容；自 2015 年起，国家陆续颁布了《关于加快构建现代公共文化服务体系的意见》《中央补助地方公共文化服务体系建设专项资金管理暂行办法》《"十四五"公共文化服务体系建设规划》，明确了文化馆是公共文化服务体系不可或缺的重要组成部分，是公共数字文化建设不可或缺的重要载体，同时也明确了公共数字文化服务包括公共数字文化软硬件平台建设、公共数字文化资源制作采集与加工整理、数字资源版权征集购买、公共数字文化服务宣传培训推广等。

"十三五"以来，发展中心依托公共数字文化工程覆盖全国的六级网络传输与服务体系，搭建了国家公共文化云平台，各地相继开展了地方文化云建设，构建了互联互通、标准统一的公共数字文化平台，为下一步推进公共文化云建设提供了良好基础。

"十四五"时期，文化和旅游部编制印发了《"十四五"文化和旅游发展规划》，明确指出加快公共数字文化建设，丰富公共数字文化资源，推动将相关文化资源纳入国家文化大数据体系。优化国家公共文化云服务平台，广泛开展数字化网络化服务。大力发展云展览、云阅读、云视听，推动公共文化服务走上"云端"、进入"指尖"，加强公共文化机构和数字文化企业的对接合作，拓宽数字文化服务应用场景和传播渠道。

2021 年 3 月，文化和旅游部、国家发展改革委、财政部三部委联合印发的《关于推动公共文化服务高质量发展的意见》明确提出"以人民为中心","以高质量发展为主题,以深化公共文化服务供给侧结构性改革为主线"的指导思想。2022 年 5 月 22 日,中共中央办公厅、国务院办公厅印发的《关于推进实施国家文化数字化战略的意见》明确提出,到"十四五"时期末,基本建成文化数字化基础设施和服务平台,形成线上线下融合互动、立体覆盖的文化服务供给体系,并针对公共服务提出了重点任务:统筹推进国家文化大数据体系、全国智慧图书馆体系和公共文化云建设,增强公共文化数字内容的供给能力,提升公共文化服务数字化水平;并发出通知,要求各地区各部门结合实际认真贯彻落实。

1.3.2　推动公共文化云建设的价值

公共文化云建设对于提高公共文化服务质量、促进文化产业发展、推动城乡一体化建设等方面具有重要价值。例如,公共文化云建设可以为公共文化服务提供更加便捷的渠道,使公众能够随时随地获取所需的文化资源。同时,公共文化云建设也可以为文化产业发展提供更加广阔的平台,使得文化企业能够更加便捷地进行业务拓展和创新。

我们将以贯彻落实国家文化数字化战略为契机,以"十四五"时期公共文化云项目建设为重点,扎实推进公共文化数字化服务的全面提升。通过深化供给侧结构性改革,健全文化馆行业标准规范体系和评估定级体系,策划并组织实施全国一盘棋、群众广泛参与、上下联动、互学互鉴、协同发展的系列数字品牌项目和活动,以数字化推动"政府端菜+群众点菜"向"政府端菜+群众点菜+群众做菜"的转型,构建线上线下相结合、政府供给与社会投入相结合的全民艺术普及服务新业态,全面提升全民艺术普及数字化服务水平,有效增强基层群众对美好文化生活的获得感、幸福感、安全感。

第二章

公共文化云建设的具体实践[*]

随着数字化、信息化和智能化的不断发展，公共文化云已经成为当前文化领域的研究热点。本章着重对国家公共文化云平台发展、特征、资源等方面进行研究，指出主要面临的问题及解决措施，着力促进公共文化云建设的健康发展，积极为公共文化服务提供更加便捷的渠道，为文化产业发展提供更加广阔的平台。

2.1　国家公共文化云平台发展历程

2.1.1　国家公共文化云正式开通

国家公共文化云由文化和旅游部公共文化司指导、文化和旅游部全国公共文化发展中心具体建设，是以文化共享工程现有六级服务网络和国家公共文化数字支撑平台为基础，统筹整合全国文化信息资源共享工程、数字图书馆推广工程、公共电子阅览室建设计划而升级推出的公共数字文化服务总平

---

[*]　本章由中国文化管理协会公共文化专业委员会靳松，杭州电子科技大学李阳，中国科学院计算技术研究所张珺、孙毅共同撰写。

台、主阵地。① 2017 年 11 月 29 日，国家公共文化云在 2017 年中国文化馆年会期间正式开通②。

2.1.2 国家公共文化云稳步发展

2018 年，国家公共文化云稳步发展。一是平台内容不断丰富。截至2018 年底，国家公共文化云 PC 端应用、手机 App、微信公众号、大屏一体机 App 等应用系统相继开发完成，设有共享直播、视听空间、数图资源、活动预约、场馆导航、在线培训等栏目。全年加载更新资源总量 14604 条，其中音视频资源 7782 个、文化活动 4223 场、文化场馆 495 个。二是访问量稳步增长。全年总访问量达 1.61 亿余次，日平均访问量达 44.33 万余次。其中，PC 端访问量为 3866 万余次，手机端访问量为 1.23 亿余次，占总访问量的 76.11%，手机已成为基层群众使用国家公共文化云的主要终端。三是"共享直播"深受欢迎。"共享直播"全年播发各地群众文化活动、文化艺术普及讲座等 341 场，访问量 8950 万余次。直、录播场数和访问量与 2017年的 212 场和 3680 万次相比，分别增加了 60.85% 和 143.21%。场均访问量从2017 年的 17.39 万次增长到 26.24 万次，每场增加 8.85 万次，增长了50.89%。其中，吉林省的"健康生活·悦动吉林"百姓大舞台群众文艺晚会、西藏自治区的"展示时代风采·筑梦幸福中国"——西藏自治区广场舞展演活动在线收看量均突破 160 万次。四是对接各地文化云。2018 年内，文化上海云、江苏公共文化云、安徽公共文化云、河南百姓文化云、北京海淀公共文化服务数字平台、成都"文化天府"、山东"文化东营"等多个地方公共数字文化服务平台与国家公共文化云进行了对接，累计对接资源 6091 条③。

① 全国公共文化发展中心——明确定位　突出特色　不断提升国家数字文化网建设水平［EB/OL］.（2015 - 12 - 31）［2023 - 06 - 7］. https：//www. mct. gov. cn/whzx/zxgz/whbwlaqhxxhgz/xxhjs_ whaq/201512/t20151231_ 800766. htm.

② 国家公共文化云正式开通［EB/OL］. 人民网.［2022-3-1］. http：//culture. people. com. cn/n1/2017/1130/c1013-29675970. html.

③ 中华人民共和国文化和旅游部 .2018 年国家公共文化云稳步发展［EB/OL］.［2022-3-1］. https：//www. mct. gov. cn/whzx/zsdw/qgggwhfzzx/201901/t20190117_ 836978. htm.

2.1.3 新版国家公共文化云上线[①]

2020年8月，新版国家公共文化云上线。新版国家公共文化云按照安全、便捷、权威、丰富、开放的原则，坚持用户导向，突出全民艺术普及服务功能，资源范围包括全国各地图书馆、博物馆、美术馆、艺术研究机构等各类优秀文化信息资源，涉及中华民族几千年来积淀的各种类型的文化信息资源精华以及贴近大众生活的现代社会文化信息资源，可使用的检索语种有汉语、藏语、蒙古语。资源开发方式可通过简单搜索、按语种搜索、按主题搜索、按类型搜索等。公共数字文化资源供给主要以统筹城乡发展、推动基本公共文化服务均等化为目标，积极推动公共数字文化服务面向基层，实现重心下移、资源下移，让公众能够就近获得和使用公共数字文化信息资源，享受数字文化馆、数字博物馆、数字美术馆等公共机构提供的数字资源服务。着重构建以看直播、享活动、学才艺、订场馆、读好书、赶大集六大功能为核心的全民艺术普及云服务体系。

2.2 我国公共文化云平台发展现状

2.2.1 国家级公共数字文化服务平台

国家数字文化网和国家公共文化云是我国国家级公共数字文化服务平台。2007年启动的国家数字文化网是国家文化信息资源共享工程的主要网站。秉承全国信息资源共建共享的宗旨，国家数字文化网涵盖了我国23个省（区、市）的公共数字文化平台的网站直通点，包含公共文化云、公共图书馆、公共文化馆、公共文化服务体系示范区等内容，设有新闻资讯发布、文化资源推介、公共文化工作交流三大板块和30个频道页，是我国群

[①] 新版国家公共文化云上线［EB/OL］. 中国经济网.［2022-3-1］. http://www.ce.cn/culture/gd/202008/26/t20200826_ 35605868. shtml.

众文化活动互动交流的公共数字文化综合性平台。国家公共文化云平台于2017年上线，旨在打造公共数字文化服务总平台。国家公共文化云平台统筹整合文化共享工程、数字图书馆推广工程、公共电子阅览室建设计划三大文化惠民工程，实现了全国各级各类公共文化机构的互联互通、资源和服务的共建共享，提高了公共数字文化服务的可获得性和利用效能，打通了公共数字文化服务的"最后一公里"。

国家公共文化云的推出，是中国特色社会主义进入新时代深入实施文化惠民工程的必然要求，是着力解决人民群众日益增长的公共文化需求同公共文化资源配置不平衡、服务效能发挥不充分矛盾的重要举措，是落实《中华人民共和国公共文化服务保障法》关于公共数字文化建设的具体要求。国家公共文化云的推出，回应了人民群众对美好生活的新期待，是公共数字文化服务跟上新时代、迈上新台阶的重要举措，创新了公共文化服务业态。国家公共文化云平台经过重新策划设计、改版调整和服务运营，已经成为全国公共数字文化服务的第一品牌，日活跃用户接近3万，注册用户74万，年点击量已超两亿次。依托"看直播""享活动""学才艺""订场馆""读好书""赶大集"六个核心板块，国家公共文化云已摸索形成了一套较为成熟的建设理念和建设模式。"十四五"期间，根据文化和旅游部相关工作安排，国家公共文化云将在加强运营统筹、增强用户体验、降低服务门槛三方面进一步优化调整。

2.2.2 省级公共数字文化服务平台

在国家公共文化云建设的引导与带动下，各地方公共文化云平台也逐步普及，推动公共文化服务由数字化向更加互联、高效、便利的智慧化升级。根据网络调研结果，截至2022年4月，全国各省（区、市）和新疆生产建设兵团均已开通省级公共文化云平台，并与国家公共文化云相联通。各地公共文化云涵盖的基本服务内容大致相同，并逐步向国家文化云的"看直播""享活动""学才艺""订场馆""读好书""赶大集"六个核心板块靠拢。目前，省级文化云平台的服务功能主要包括六大类：信息发布（公共通知、政策法律、文化动态、志愿服务信息等）、文化资源（数字图书馆资源、视听影音资源、非遗资源、在线直播、在线培训/慕课等）、场馆导览（设施地图、机构链接等）、活动预约（活动报名、场地预约、互动交流等）、文化消费（文化超市、优惠购票、文创产品等）、旅游服务（旅游景点推荐、旅游线路规划等）。省级文化云平台的建设体现了智慧化背景下对公共文化服务资源的全面整合，包括对线上数字资源的整合、线下实体资源的整合、服务需求的整合和社会文化资源的整合等。同时，绝大多数的省级公共文化云平台开通了微信公众号，部分还开发了微信小程序和 App，以更加多元化的方式为公众服务，提升公众使用的便捷性。

2.2.3　地市级公共数字文化服务平台

在国家公共文化云和省级建设的带动下，地方文化云平台建设也逐步普及，呈现由点及面、内容信息逐渐丰富、服务形式灵活多样、涵盖范围由单一的文化领域逐渐走向"文化+"多领域等特征。"十二五"期间，地方文化云平台在江浙沪一带兴起，如上海市嘉定区的"文化嘉定云"、嘉兴市的"文化有约"等。"十三五"期间，"文化天府"云平台、"多彩贵州文化云"、"重庆群众文化云"等地方文化云平台纷纷建立。

在建设内容上，与省级文化云平台相比，地市级的文化云平台呈现更加个性化的发展趋势。地市级公共数字文化服务平台主要立足于本地特色文化，配合公共文化和旅游公共服务事业建设项目，在云平台上开设地方特色文化服务板块和特色文化项目服务板块，实现各类资源的聚合，充分体现地方性、时代性和示范性。部分城市在云平台设置了"文化扶贫"和"抗疫服务"等时代特征突出的服务内容，如"北辰文旅云"设置对口扶贫服务；"文化沧州云"设置"文化扶贫"板块；"佛山文化云""晋中文旅云"等针对疫情发布了防疫知识、健身指南等服务内容；滨海新区在"文化随行"平台设置"滨海新区文化消费联盟"板块，与滨海新区文化品牌建设工作相结合；上海市长宁区配合"长三角合作机制"建设相关平台，实现长三角地区公共文化资源和旅游公共服务资源的共建共享。

在建设方式上，多个示范区都选择了 PC 端、App、微信公众号和微信小程序等多种途径建设云平台，并不断向亲民化、大众化、便捷化发展。此外，地市级的云平台充分运用"互联网+政务"的服务理念，创建"互联网+公共文化"的数字化服务平台，对公共文化服务机构分散无序、相对独立的数字对象进行类聚、融合和重组，以方便公众通过"一站式"的平台，更加方便快捷地获取文化和信息服务。[①]

2.3 国家公共文化云平台特征分析

2.3.1 内容来源多元

国家公共文化云平台的公共数字文化资源来自不同的机构与平台，目前平台上集成了北京、天津、河北、山西、内蒙古、辽宁、吉林、黑龙江、上海、江苏、浙江、安徽、福建、江西、山东、河南、湖北、湖南、广东、广西、海南、重庆、四川、贵州、云南、西藏、陕西、甘肃、青海、宁夏、新疆共 31 个省级行政区的数字公共文化资源，不仅包括图书馆、文化馆、博物馆、美术馆、非遗保护中心、游客服务（集散）中心等公共服务机构，还包括第三方机构的合作资源，以及用户上传的个人文化作品。这些资源具有以下特征。

2.3.1.1 资源丰富性

公共文化云平台是文化资源的"蓄水池"，资源的丰富性是提升我国公共文化云平台效能的重要因素。资源类型丰富、供给主体多元、资源数量充足，这样才能满足用户需求。实现资源的丰富性，需要优化以下三点：一是促进各种形式的文化资源进一步融合，实现资源聚拢；二是规范不同级别文化云的系统与文化资源建设，促进不同平台的对接；三是加强对海量文化信

---

① 重磅！事关各地广电！国家文化专网最新进展［EB/OL］.（2021-01-29）［2023-06-7］. https://www.sohu.com/a/447505578_ 515599.2021-01-29.

息系统性整合，根据本地区实际情况，开发符合用户需求的精品文化资源，设置用户需求特色功能模块，突出资源服务定位，增强用户黏性。丰富文化产品与服务资源，实现与用户需求的有效对接，从根本上提高我国公共文化云平台的服务效能。

2.3.1.2　资源权威性

我国公共文化云平台由国家牵头，各地政府陆续建设，目前形成了以国家公共文化云平台为统领，不同地区、不同层级的公共文化云平台共同发展的联合体，这就需要构建标准统一、互联互通、互为支撑的公共文化数字内容。我国公共文化云平台的服务主体由图书馆、档案馆、博物馆、美术馆等公共文化机构构成，通过云计算技术将公共文化机构的资源封装起来形成公共文化云资源，因此可以实现对资源及服务的统一监管、审核和输出。通过云平台提供内容合规的、具有自主知识产权的网络文化产品，如电子图书、舞台艺术、知识讲座和影视节目等数字资源，保证资料来源、版本要求等权威可信，资讯、公告等内容准确可靠。公共文化网络平台与政务服务平台、城市民生服务平台互联互通，实现了数据共享、统一认证，为群众提供了一体化集成式平台服务。公共文化网络平台服务资源内容的统一性、权威性，确保人民群众通过线上发布、接收和传播健康向上的网络文化，使公共文化云平台成为传播社会主义先进文化的新途径、公共文化服务的新平台、精神文化生活的新空间。

2.3.1.3　资源有用性

我国公共文化云通过整合零散、孤立的文化资源为群众提供一站式数字文化服务，带来更多有帮助的内容。对于群众，它需要满足公共文化服务过程中"我想要知道""我想要服务""我想要互动""我想要空间"等方面的需求，使群众可以不受时间空间限制，随时随地享受数字公共文化服务。对于政府，它通过后台大数据，实现公共文化服务效能的统计分析，为管理部门提供公共文化服务决策，帮助文化单位快速提升公共文化服务效能，实现一站式管理与服务。政府通过公共文化云平台，可以深入开展供给侧结构性改革，将公共文化资源的供给端向整个社会开放，推动文化资源从粗放化向精细化服务模式转变，精准定位群众文化需求。通过文化云平台，变"政府端菜"为"群众点菜"，让平台成为"文化超市""文化淘宝"，进一步实现公共文化供需精准匹配，促进文化消费，提升公共文化服务的质效。

2.3.1.4　资源时效性

我国公共文化云平台资源必须保持实时提供、按需更新，确保提供的都是准确、及时的真实数据。云平台应当保持长久、持续的运营能力，确保时时可访问、资源常更新，让文化服务真正深入群众日常。利用公共文化云平台，有效盘活公共文化资源，形成"在场与在线联动、线上与线下互通"的实时服务模式。群众可以通过电脑、手机 App、公共文化一体机等终端获取一站式数字公共文化服务。让信息搜索网络化、智能化，活动预约、交流反馈及时，在线讲座、演出、慕课等直播形式的视听内容播放流畅、画质清晰。基于 5G 和 AR/VR 等技术，增强群众的互动、体验感受，让平台输出的文化内容真正融入群众日常，成为群众文化生活的"刚需"，提升群众参与度和满意度。

2.3.1.5　资源独特性

各地公共数据资源在本地属性、信息来源等方面具有的独特性，决定了我国各地公共文化云平台所构建的部分内容具有专有性。各自的独特内容属性，有助于提升公共数据资源之间的互补作用，形成广泛的共建、共享关系。独特性资源主要包括各地信息发布、信息浏览、文化地图、共享直播、资源点播、活动预约、场馆导航、服务点单、特色应用、交流互动、文化消费、服务配送、大数据分析及个性化服务等。同时，依托各公共文化云平台上公共文化服务的独特内容和用户参与数据，可以为区域群众文化需求绘制更精准的"专有画像"，让各公共文化云平台服务更加有的放矢，提升服务效能。

2.3.2　功能服务丰富

平台不仅为用户提供直播、慕课、微视频、短视频等多种形式的视频资源，全国最大的全民艺术普及图书资源，以及多个场馆的 VR 游览等高科技资源；而且平台还为用户提供活动组织、查询场馆、预订场馆、预约服务、购买门票、文化旅游产品交易等多项服务。平台的功能服务具有以下特征。

2.3.2.1 功能多样性

我国公共文化云平台上的内容应丰富多样，功能类型需要满足群众"我想要知道"（信息发布、信息查询、资源浏览等）、"我想要服务"（文化配送、文化消费等）、"我想要互动"（用户参与）、"我想要空间"（个人服务）等方面的需求。

在满足用户"我想要知道"这个层面上，公共文化云平台要至少能够提供信息发布、信息查询和资源浏览三项服务，且能在信息发布的形式与内容、信息更新的速度、信息查询的途径、资源浏览的主题分类等方面兼顾及时性与多样性。在满足用户"我想要服务"这个层面上，公共文化云平台要能够提供场馆、活动等的推荐与预约，预约方式可以选择线上或者线下，预约手段可以选择电话、邮件、扫码、现场报名等。在满足用户"我想要互动"这个层面上，公共文化云平台要为其活动或服务设置评论或留言功能，用以支持用户的在线反馈。在满足用户"我想要空间"这个层面上，公共文化云平台已经做到基本的注册账号管理和使用意见反馈，但大多数公共文化云平台还不能像电商网站（如京东、淘宝等）或者新闻客户端（如今日头条、网易新闻等）一样全程记录用户使用行为的数字足迹，并基于分析结果提供相应的文化资讯和文化资源推送，或者支持用户在线收藏与跨平台分享、评论管理或发帖管理等活动。

2.3.2.2 功能稳定性

除了提供形式多样、内容丰富的平台功能，我国公共文化云平台的功能内容还需要保持稳定、可持续性的运营。公共数字文化云作为软件平台，必须具有完善的运作机制才能广泛使用，平台的基本服务流程需要"以用户为中心"，实现规范化、常规化管理，这就要求公共文化云平台不仅要保持功能内容和形式的不断精进，还需要保持功能的可持续性发展，以提高用户参与率和满意度。

如北京市东城区公共文化云平台以提速数字化建设为重点，打造高质量、长效化服务品牌。全区利用图书馆、文化馆总分馆体系建设和数字化资源，建立起高效的服务供需对接渠道，结合台账助手上传数据，进一步丰富综合文化云平台的服务形式与服务内容；依托平台，加强信息数据库的建设，对文化产品、分类与用户结构进行数据分析，从"面"向"点"转变，打破文化云平台建设瓶颈，保障平台服务内容常态化、稳定性输出。

2.3.2.3　功能吸引力

公共文化云平台功能板块以多元化和趣味性充分吸引群众的参与。如设置精彩推荐、共享直播、视听空间、活动预约、场馆导航、数图资源、服务点单、网络培训、特色应用等，以群众喜闻乐见的呈现形式和互动手段满足群众的影音、娱乐、活动、学习、交流等需求，实现公共文化资源传播的多样化、网络化、共享化。

公共文化云平台终端渠道种类多样，更新频率及时，信息实时性强。以北京市石景山文 E 云平台为例，在支撑平台建设的基础上，构建地方公共文化云门户网站；利用 HTML5 技术，搭建地方公共文化云微信公众平台，在微信公众平台上实现公共文化云门户网站的功能；建立安卓和 IOS 版本的地方公共文化云平台 App，在 App 端集成所有功能，打造公共文化"掌上文化宝典"，为广大群众提供快捷、便利的移动数字文化服务。比如，群众能够通过官方网站、微信公众号等及时了解区域内各场馆最新演出、活动信息、场馆信息，足不出户实现参观预约、购票等；能够预订馆内各场地信息，发送即时信息，实时互动交流；能够收看各类特色直播活动；参与各类文化活动评选、摄影展评选、图书联谊会等群众文艺活动。同时，注重线上线下双轮驱动，形成数据服务和产品服务同步推进的发展模式，形成用户黏性。

2.3.2.4　功能个性化

功能个性化服务主要是指因人、因时、因地向用户推送契合其需求的活动信息的个性化服务。如北京市石景山区公共文化云就以北京市民，尤其是本地区居民为服务对象；以百姓喜欢什么就提供什么、提高服务效能为服务目标；以大数据分析用户偏好、有意识地策划百姓喜闻乐见的活动和项目为服务内容；以通过服务大屏、App 等向群众推送个性化信息为服务方式。

个性化服务形成了精准的用户信息推送。通过大数据平台对群众参与活动的规律进行记录和跟踪，进一步提升数据采集的精细度，如活动人群的停留时间；提高数据的精确程度，如识别活动人群的性别、年龄等基本信息；增加数据的采集维度，主要是多维度确定活动人群的信息，构建公共文化服务用户画像和知识图谱，为差异化服务提供数据支持，逐步完善以需求为导向的公共文化供给机制。通过为市民绘制画像，建立特征标签，描绘市民的行为特点和习惯偏好，分析形成用户标签属性，摸清群众文化的需求，在实践中不断总结和验证群众偏好，更好地推出个性化、精准化推荐与智慧服务。

个性化信息多渠道推送可以提升群众的获得感。以北京市石景山区公共文化云平台为例，除了个性化短消息推送外，云平台还通过场馆大屏、手机App、微信社群、手机短信群发等多种渠道提升群众的获得感。场馆大屏发布活动与场馆信息公告、预警信息公告；手机 App 主要推送活动/场馆信息、活动提示信息。内容要求与时俱进、贴合民意，利用微信社群、手机短信群发信息，与市民群众形成互动，及时发布公告及各种活动信息。

2.3.3 平台载体多样

全国多地实现与国家公共文化云平台对接，实现线上线下互动式服务模式。国家公共文化云 PC 端应用、手机 App、微信公众号、大屏一体机 App 等应用系统相继开发完成，各客户端访问量稳步上升，手机是基层群众使用国家公共文化云的主要终端。

2.3.3.1 平台扩展性强

加强平台建设的软硬件保障，做好多终端适配技术支撑，实现云平台全方位覆盖、多终端访问、多通道发布。公共文化云平台以移动端为主，辅以网页端，结合互联网、云计算、大数据等现代信息技术灵活应用于公共文化领域，因此在具体平台管理过程中，应做好资源整合、多平台对接、数据共享的技术保障，确保平台流程化运作，解决数据庞杂、数据采集实时性、数据传输安全等问题，提高数据采集方与供应方接口兼容度，让更精确的数据激活更精准的效能。加强平台日常系统维护，实现移动端、网站端持续安全运行。具体包括：做好日常服务器使用和带宽租赁、软硬件维护、安全检测、数据备份、重要安全方案和应急响应，确保云平台长期安全、稳定运行，并控制好系统运营成本，定期对平台架构、用户界面、承载能力、服务内容等进行升级改造，优化公共文化服务供给能力，形成开放兼容、内容丰富、传输快捷、运行高效的公共数字文化服务云平台。

2.3.3.2 用户服务丰富

云平台应重视用户为平台建设所提出的意见和建议，提高用户参与平台的积极性和主动性。采纳用户提出的正确建议，建立用户在线沟通渠道，使用户诉求能够及时得到满足。平台应建立相应的激励机制，鼓励用户使用平台上所发布的内容，参与讨论与反馈，并主动上平台发布文化作品，为平台发展建言献策等。设置积分奖励等具体的奖励办法，实现用户对积分体系参与、获取、消费的转化。如为不同积分等级的用户提供新人推荐礼、生日优惠券推送、活动专享折扣券、积分兑换礼品等权益功能，丰富积分任务，引导鼓励用户积分"保级"或实现积分"进阶"，提升用户活跃度。公众对文化需求的日益增加，会对公共文化服务提出更多新的要求，公共数字文化云平台的逐步完善正是对公众需求和要求的回应。畅通意见反馈通道，设置意见反馈按钮，便于平台随时收集反馈数据，提高平台效能和使用效率，持续关注用户需求信息的变化，并针对有缺失、错漏的功能不断进行完善。

2.3.3.3 新媒体联动性高

完善多终端建设，加强新媒体推广，提高平台服务广泛性和影响力。随着 5G 时代的到来，人们使用手机进行文化需求获取的比例也增加，文化云平台通过手机 App、微信公众号、官微账号、小程序等投送的力度也应逐渐加大，并各自发挥效用，在现有宣传渠道的基础上开发新的产品，伴随完善的用户服务完成拉新、老用户转化等工作，为用户提供精准推送，形成线上与线下服务结合到位的局面。利用现代社交传播，延伸宣传的广度、深度。在广度上，结合个人创作、网络节日、大型直播的形式，与抖音、快手、今日头条、小红书等主流新媒体平台的热点主题结合，并通过线上直播，打造慕课学习平台，拓展远程服务覆盖范围，扩大服务宣传半径；加强微信小程序、网站、公众号等多方内容共享、联动，满足用户使用的便利性。在深度上，利用公共数字文化云与包括文化传媒在内的企业之间联合，发挥公共文化社区服务和互联网文化的聚合效应，打造一批高质量、常态化、长效化服务品牌，积累忠诚的、高质量用户，这些用户的存在有利于制造线下线上社交网络影响力等，为延伸宣传打下良好基础。

2.4　国家公共文化云平台发展趋势

国家公共文化云平台呈现多元参与公共文化资源智能共建共享和智能管理的发展趋势，国家公共文化云平台的公共数字文化资源来自不同的机构与平台，这些数字文化资源不仅包括公共服务机构的文化资源，还包括第三方机构的合作资源，以及用户上传的个人文化作品。随着国家公共文化云平台用户数量的增加，公共文化资源供给、公共文化资源整合以及公共文化资源配置效率等方面将出现进一步发展。

2.4.1　公共数字文化资源供给增加

互联网、移动通信网、下一代广播电视网等成为当前公共数字文化资源传播的主要载体，各类公共文化服务客户端数量增加。各地公共文化服务机构也纷纷建设分布式、开放互联、智能调度、互动服务的公共文化服务互联网网站群和相关资源库，并以后台资源库为支撑，开发移动客户端，运用微博、微信公众号，拓展信息传输渠道与服务渠道，使得公共文化资源的获取更加便捷。

2.4.2 公共数字文化资源整合能力提升

云计算、智能分析、数字文化馆跨库检索等先进信息技术有助于提升公共文化资源的整合能力，利用现代化计算机网络技术、内容管理技术、图像处理技术、大数据信息分析技术等手段，将信息资源精华以及贴近大众生活的社会文化信息资源，进行数字化加工处理与整合，实现文化信息资源的信息采集、存储、管理、利用的全流程自动化管理，实现公共文化信息资源整合、数据库整合、系统整合、协议标准整合，完善公共文化信息服务体系，并通过互联网实现优秀文化信息在全国范围内的共建共享。

国家公共文化云平台对公共数字文化资源进行整合，将收集到的数字文化资源按加工好的标注智能分类，形成统一的目录，方便整理、分发；运用智能管理系统，将资源呈现在用户面前，并收集用户反馈，以便对作品以及机构服务效能进行评估。公共数字文化资源整合流程如图 2-1 所示。

（1）开发公共文化资源的采集加工技术，把各类公共文化机构、非公共文化机构以及第三方商业机构文化资源通过管道接口进行链接，来建立分布式资源库群，以满足各种文化资源的共享。

（2）研发公共文化资源库群的自动化管理技术，对公共文化资源的特性、类型进行标注并对其源头进行记录，在通过加工分类后，将资源按一定分类规律存放在云端数据库，并形成统一目录，方便各类资源之间的互联互通以及用户的查询。

（3）将数据存储成统一的目录，目录可以对各类公共文化资源进行优先级展示，通过目录还可以对资源进行溯源，将其精准定位到各类资源库群，最终形成智能化的管理，并发布在客户端，对用户进行可视化的展示，用户可以按照自己的需求通过目录进行资源浏览，同时后台会对文化资源的点击率进行统计，以此作为后期评估的依据。

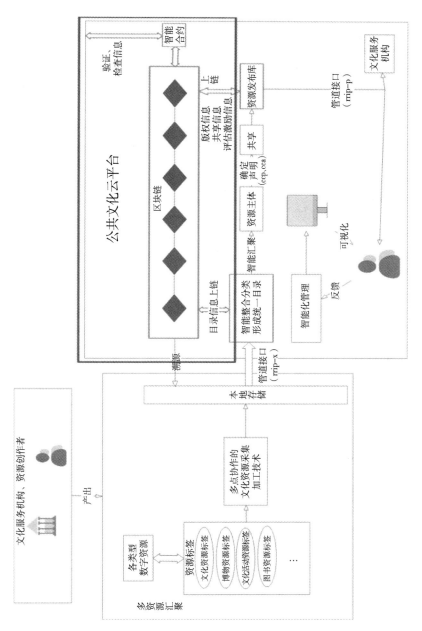

图 2-1　公共数字文化资源整合流程

2.4.3 公共数字文化资源配置效率提高

公共文化内容资源实现了通过网络进行采集、组织和传输，提高资源配置效率，使用云计算和大数据分析技术，有助于打通各种品类的、部门的、地域的公共文化资源利用壁垒，提高资源利用效率，并针对不同的使用主体实现智能化匹配（见图2-2）。

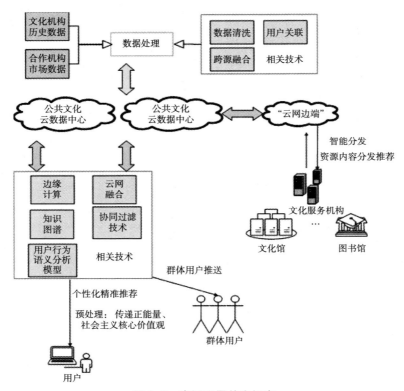

图2-2 资源配置效率提高

2.5 公共文化云平台建设面临的问题

国家公共文化云平台在发展与成熟的过程中，存在一些不容小觑的问题，主要表现在资源供给端、资源服务端、资源服务功能以及文化服务评估体系几个方面。一是在服务功能端，国家公共文化云平台提供了丰富的文化服务功能，但其服务功能有待完善，服务效能有待提升，并且在服务过程中产生的相关数据有待挖掘。二是在多渠道供给端，难以保证资源的建设者在上传资源后的合法权益；难以从各个持有方手中收集资源，从而导致资源整合困难；大量资源存储杂乱无章，没有标识与描述。三是在资源服务端，对于不同的用户群体，没有办法进行推送服务；对用户没有黏性，缺乏个性化精准服务办法。四是在文化服务评估激励方面，缺乏对机构科学考核与提升效能的评估模型和科学的激励手段。

2.5.1　服务功能有待完善

为不断满足人民群众日益增长的对美好生活的新需要，我国公共文化云平台功能有待拓展。目前，我国公共文化云平台主要聚焦文化领域，为群众提供文化生活服务。各文化云平台除资源浏览外，其他基础服务功能模块不够健全。一是检索效率较低，每个平台都缺乏智能检索。如"浙江文化云""潍坊公共文化云""淘文化"等只有简单的关键词检索，或在首页栏目导航中点击文化资源主题分类的图标链接到相应的网页进行浏览；在国家公共文化云网站首页只能检索文本信息，不能检索视频、音频格式的文化资源；文化活动、讲座等资源只能在精品专栏下找到。二是平台重视文化信息的输出，忽视用户的信息输入，缺乏专用的群众文化需求征集入口；页面设计缺乏交流互动模块，留言板位置隐蔽，不便于用户及时反馈。三是各平台基本上都推出了各地的特色文化服务，但缺乏用户激励机制，大部分没有设置文化产品消费功能模块。因此需要进一步让服务功能更贴近群众需求，同时注重互动体验和个性化特色服务。

2.5.2　服务效能有待提升

受宣传范围有限、群众知晓率低、对内容喜爱类型不一等因素的影响，平台文化服务资源未得到充分利用，资源利用率低导致服务效能不高。一方面，线下大部分社区都已配置公共文化云终端机，但由于宣传力度不够，鲜有群众知道终端机的用途，甚至部分社区仅在领导检查时才通电打开，使得终端机形同虚设。另一方面，公共文化云线上统计结果显示，各文化数字资源的观看人次大多停留在 100 人次及以下，表明以上资源并未得到有效传播以发挥其应有价值，可能是由于群众对公共文化云不了解，未使用其提供的资源，或数字文化资源的内容与群众喜好匹配度低，未能吸引群众观看造成的，最终导致平台访问量不足、参与度低、评价率低、黏性差。因此，我国公共文化云平台必须快速提升使用效能，将群众需求与对应的公共数字文化资源匹配在一起，让群众不受时间、空间限制，随时随地获取所需的公共数字文化资源，并获得良好的体验，这样才能吸引群众长期活跃在公共文化云平台。

2.5.3 服务数据有待挖掘

我国公共文化云平台的数据挖掘有待深入。虽然大部分平台实现了设施数据，活动数据，用户数据，群众活动浏览、预约、签到、评价等数据的实时采集和统计分析，但还处于浅表层面，尚未达到用户轨迹的深度抓取，没有更精准地服务好群众。平台未能进一步通过功能、场景的开发满足群众的潜在需求，不能够更准确精细化用户的行为颗粒度、预测用户真实意愿，因此无法创造更多丰富的、深受群众喜爱的个性化"微场景"并实现准确推送，无法让每个进入云平台用户都能找到与之匹配的体验内容，不能最终提高用户的参与热情，影响了平台使用效率和实际使用价值。

服务效能考评缺乏数据挖掘作为支撑。目前，我国公共文化云平台对公共文化服务大数据指标体系的研究力度不足，需要在进一步优化基层公共文化设施服务效能考核方式的同时，深入开展大数据分析和挖掘，这样才能指导各级公共文化设施日常工作开展和服务优化，持续推动公共文化服务从"够不够"向"好不好""精不精"发展，体现新发展理念，实现均衡化、品质化、开放化和融合化的高质量发展。

文化成果转化缺少数据反馈。目前，尚未实现通过公共文化云平台的数据反馈来深度挖掘群众对公共文化品类的不同需求，因此不能对各年龄段用户分类规划、定向推送，实现公共文化供需精准匹配，促进文化消费。未来需要通过数据将同类用户整合，形成社群效应，最终达到文化成果的转移转化，形成文化输出和资源对接，实现数据平台互联互通。

2.5.4　多渠道供给端难以整合资源

在资源供给端，各级文化馆及社会机构拥有大量优质公共文化资源，但是自身权益难以保障。对原创作品的窃取，或者二次创作以此谋取利益，将会使原创者热情走低，从而影响整个数字内容价值链，最终造成损害数字内容产业有序、健康发展的恶果，因此，版权保护是文化资源拥有者所顾虑的首要问题。传统的版权保护申请周期长、费用高，而基于互联网的数字内容具有热点性强、时效性快、传播迅速的特点，因此传统模式已明显不适合互联网时代数字内容生产的需要，不能对网络数字内容进行有效的保护。区块链技术具有去中心、难篡改、可溯源、开放透明的优点，有助于实现高效、可信的数字内容版权登记确权存证机制，从而维护数据的安全性。

为了节约时间，提高用户满意度，需要将众多资源集合到一起，但资源整合也面临一定的困难。因此，要努力实现各渠道资源的互联互通，方便用户集中寻找资源。打造多方互惠的、可持续发展的共享机制，充分保障资源供给主体的共享积极性。区块链技术可以很好地实现各渠道资源的互联互通，打造可持续发展的新共享模式。

国家文化云数据库中拥有大量优秀公共文化资源，但这些资源杂乱无章，缺乏一个快速定位某类视频的方法。因此对资源的分类及描述就显得尤为重要，这就产生了海量的数据标注与描述的需求。用传统的人工加工标注资源的方式固然有效，但上传者标注的模式也带来一些痛点问题。如上传者必须足够准确提炼出资源的关键字，一旦描述有偏差，就会对资源产生负面影响，需要对资源进行识别、解释和说明，这就导致人力成本提高，描述的准确性与统一性也得不到保证。

2.5.5 资源服务端缺乏个性化精准服务

在资源服务端，想要增加平台对用户的黏性，却没有一个精准定位用户喜好的个性化推荐方法。个性化服务打破了传统的被动服务模式，能够充分利用网络资源的优势和各种软件支持，主动开展以满足用户个性化需求为目的的全方位服务。传统的信息检索技术满足了人们一定的需要，但由于其通用的性质，仍不能满足不同背景、不同目的和不同时期的查询请求。个性化服务技术就是针对这个问题而提出的，为不同用户提供不同的服务，以满足不同的需求。个性化服务通过收集和分析用户信息来了解用户的兴趣和行为，从而实现主动推荐的目的。个性化服务技术能大大提高站点的服务质量和访问效率，从而吸引更多的访问者。更简单地说，个性化服务有效地提高了信息从其作者传输到最合适用户群的效率。

2.5.6 文化服务评估激励手段缺失

在文化服务评估激励方面，公共文化服务效能是构建现代公共文化服务体系的基本价值目标，也是公共文化服务体系建设迈入内涵式发展阶段的必然要求。当前，我国的公共文化服务基础设施和网络体系建设取得了显著成效，供给能力和供给水平明显提高，但服务效能却未能与之匹配，呈现边际效益递减、区域间非均衡、居民获得感不高等问题。因此，及时有效对公共文化服务效能进行评估，对公共文化服务提质增效具有重要现实价值。利用成熟的服务效能评估体系，建立科学具体的激励体系，整合成行之有效的文化平台评估激励模式，有利于提升平台整体服务效能。

2.6 小结与展望

当前，新一轮科技革命和产业变革深入推进，新一代信息技术为文化和旅游科技创新提供了不竭动力，正在全面提升文化和旅游运行效率和消费体验，加速推动文化和旅游发展方式变革。公共文化资源能否发挥作用，关键在于底层的公共数字文化资源能否高效地流通，而公共数字文化资源不能有效共享是亟待解决的问题。将资源共享信息流转进行有效统计，增强数据的可靠性，为资源效能评估提供可靠的数据支持，是提高数字文化资源流动性的重要前提；从众多公共数字文化资源中获取优质资源也是一项繁重且复杂的任务；提升公共数字文化资源的质量，关键在于对公共数字文化资源使用服务效能评估及激励的手段。为提高公共数字文化资源质量，应该对公共数字文化资源实行公平公正的服务效能评估及激励机制；后台操作，如资源限流、数据修改等手段，破坏了公共数字文化资源竞争的公平性，降低了广大公共数字文化资源创作者的积极性，所以，服务效能评估的公正及评估结果和激励等信息的公开十分必要。

针对公共文化资源供给缺乏科学依据，供给端和需求端不能有效对接，服务效能亟待提高的现状，在资源供给端，通过保障资源建设者的合法权益，调动社会各界参与文化资源建设的积极性，实现资源的多渠道供给，通过资源智能管理，打破资源封闭孤岛现状，实现资源的互联互通，提高资源揭示能力；通过大数据共建共享和分析等技术，为不同文化主体提供公共文化资源创作、供给、分发、共享等事务的决策支持，实现资源的按需供给；通过服务效能评估等技术，实现文化机构的科学考核和提效服务，从拓展优化资源供给和服务效能提升两方面创新，为公共文化资源的智能服务提供有效途径；将区块链技术应用于公共数字文化资源全生命周期中，提出公共数字文化资源全生命周期版权管理的新模式，利用区块链的不易篡改、可追溯性等优点，以及智能合约的公平与可靠的特点，不仅能实现公共数字文化资源上链确权，还能保障资源共享信息流转以及服务效能评估激励等信息的公平公开，提高资源配置效率，更好地实现公共数字文化资源互联互通，保证数据信息真实可靠。

综上所述，突破传统的公共数字文化资源确权模式，针对公共数字文化资源生成、资源共享信息流转以及服务效能评估激励等环节，采取公共数字文化资源全生命周期智能管理方案，对于公共数字文化资源的传播、版权保护和激励创作都有十分重要的意义。将区块链技术应用在公共数字文化资源上链确权、资源共享信息流转上链以及服务效能评估激励上链等方面，可以对公共数字文化资源的版权进行更加安全合理的保护，提高国家公共文化云平台的公共数字文化资源管理效率。充分合理地利用现有技术，完善信息交流的每一个环节与要素，以确保信息资源整合与服务的有效进行，实现公共文化机构间公共文化资源信息、用户信息等数据的交流与整合，优化公共文化服务，符合各方需求，满足各方利益①。

---

① 肖希明，曾粤亮．公共数字文化资源整合与服务中的信息交流机制创新［J］．图书馆论坛，2015（6）：34-40.

第三章
公共文化云平台统计指标
及服务效能提升 *

2022 年 3 月，文化和旅游部全国公共文化发展中心发布了《公共文化云建设项目"十四五"建设指南》，提出要对公共文化云进行多维度的统计。本章通过深入调研公共文化云平台建设与运行现状，以公共文化云平台统计指标为基础，以用户体验和服务效能提升为主线，研究制定了公共文化云平台效能评价指标体系，以期更好地提升公共文化云服务效能、推动公共文化云高质量发展。

3.1 公共文化云平台统计指标与效能评价指标构建

"十四五"时期，公共数字文化云平台如何发挥优势、精准服务、提高效能，成为公共文化服务体系高质量发展的重要议题。经调研，目前有关公共文化云平台的研究，主要集中在云平台的建设与发展策略方面，而对于统计指标的研究较为缺乏。科学合理的公共文化云平台统计与评价指标体系，可以反映云平台的整体发展状况，预测发展趋势，进而提升平台服务数据的

* 本章由中国文化管理协会公共文化专业委员会靳松、杭州电子科技大学李阳共同撰写。

应用能力，为相关部门进行科学管理、合理决策和有效评估提供理论参考。同时，通过云平台指标的统计与评价，有助于推动供需对接平衡，提高用户的参与度和满意度，提升云平台的服务效能。这也是深入推进公共文化云建设和发展的必然要求。

3.1.1　公共文化云平台统计指标

3.1.1.1　评价指标体系设计原则

1）科学性

按照科学合理的理论依据组织、筛选和确立相互独立的评价指标，并结合公共文化云平台的建设、管理和运行框架建立二级层次模块，形成指标充实、依据充分、结构完整的评价体系。

2）可量化

公共文化云平台建立的指标体系采用定量分析的方法，以公共文化云平台统计指标为基础，增强指标体系的严谨程度，利用数据分析满足指标体系在公共文化云平台上的实际应用需求。

3）发展性

公共文化云平台建设处于不断更新迭代的进程中，因此其统计指标体系的构建必须参考这个动态进程。我们要用发展的眼光筛选相关指标，满足指标体系可持续性的研究要求，以此更好地指导各级公共文化机构日常工作开展和服务优化，推动公共文化服务从"够不够"向"好不好""精不精"发展，满足公众对高质量公共文化服务的要求。

3.1.1.2　评价指标体系设计基础

1）进行广泛深入的公共文化云平台建设现状调研

一是广泛查阅相关文献资料，归纳和借鉴已有的研究成果与实践经验，为评价指标体系的设计奠定了坚实的研究基础。二是实地走访国内东、中、西部多家公共文化机构，并以北京市石景山区为样本，系统评估公共文化云的服务资源、服务功能及服务效能情况，对重要功能和资源配置进行优化，系统跟踪服务效能表现，测试效能提升效果。三是对重点机构用户、重点个人用户及潜在用户进行深度访谈，发掘不同用户群体对公共文化云的深层次需求，增强指标的针对性、系统性，提升公共文化云的服务功能和服务效能。四是通过专题研讨形式，征求业内专家对评价指标体系的意见和建议，提高指标体系对实践指导的科学性和合理性。

2）基于公共文化云平台统计指标体系的前期研究成果

为更好地完善公共文化云平台建设和管理机制、提升公共文化云平台服务效能，结合研究者对公共文化云平台资源、功能、效能和管理4个维度的分析，以及"十四五"期间公共文化云平台建设的政策导向，本章从用户数据、资源数据、服务数据和运行数据4个维度，形成了公共文化云平台统计指标。制定统计指标体系的原则主要包括：①全覆盖，从用户数据、资源数据、服务数据、运行数据4个方面进行全面统计；②重视用户行为指标统计，以提升数据应用水平；③指标设置符合《公共文化云建设项目"十四五"建设指南》中的最新要求。具体指标内容如表3-1所示。

表3-1 公共文化云平台统计指标

一级指标	二级指标	三级指标
用户数据	用户数量	注册用户总量
		活跃用户量
		新增用户量
	用户信息	用户特征
		用户标签
		用户访问终端
	用户行为	使用频次
		使用时长
		用户满意度
资源数据	直、录播	总点击量
		实时观看量
		完播率
		用户评论、转发、点赞量

一级指标	二级指标	三级指标
资源数据	培训课程	课程总量
		课程点击量
		课程报名率
		课程完播率
		用户评论、转发、点赞量
服务数据	线上活动	活动总点击量
		发布频率
		活动报名率
		活动实际参与率
		用户评论、转发、点赞量
	场馆预约	活动发布量
		可预约活动数
		场馆查询率
		馆均发布量
		馆均预约率
运行数据	平台建设	访问终端建设
		系统维护
	平台运行	平台访问量
		访问响应速度
		搜索响应速度

3.1.2 公共文化云平台服务效能评价指标

根据评价内容的不同，效能评价指标划分为平台影响力、服务参与率和用户满意度 3 个维度。根据评价细化标准，每个一级指标下分设 5 个二级指标，总计 15 个二级指标，并配以指标说明，对指标的具体计算方法作出明确规定，如表 3-2 所示。

为使评价更具准确性与客观性，评价指标以定量指标为主。因公共文化服务体系建本身具有一定的复杂性和不易量化的特点，故评价指标体系含有定性指标，主要体现在"用户满意度"中，通过第三方问卷调查方式获取。

制定原则主要包括：①重点关注能够体现服务效能的指标；②选取关键指标，在精不在多；③基本可通过"统计指标"中数据转化而来；④注重用户评价。

表 3-2　公共文化云平台服务效能评价指标

一级指标	二级指标	说　　明
平台 影响力	注册用户占比	云平台注册用户数/服务人口数×100%
	人均平台访问量	云平台中所有网页（含文件及动态网页）被用户浏览的总次数/服务人口数
	平均服务成本	文化云服务每位用户的时间和人力资本等平均成本
	二次传播次数	用户分享、转发至其他平台或渠道的次数
	媒体宣传次数	省级以上媒体平台宣传报道次数
服务 参与率	资源使用率	被访问资源量/资源总量×100%
	活动预订率	最终活动预订量/可预订总量×100%
	活动服务人次占比	参与活动总人数/服务人口数×100%
	热门活动占比	热门活动量/活动总量×100%（热门活动：90%订票率的活动）
	空间预约率	最终空间预约量/线下总空间预约量×100%
用户 满意度	资源质量满意度	通过问卷获取
	文化活动满意度	通过问卷获取
	系统运行满意度	通过问卷获取
	个性化服务满意度	通过问卷获取
	整体满意度	通过问卷获取

3.2　公共文化云平台服务数据统计与应用水平提升路径

公共文化云平台的建设与发展，需要精准对接用户需求，提升用户体验。因此，要以用户需求为中心，提升云平台服务数据的统计水平和应用水平。通过线上线下相结合的方式，多渠道、全方位进行用户信息、用户行为和服务活动的数据采集与统计工作。在此基础上，对云平台用户进行画像，根据用户习惯与偏好，实现服务的精准推送。

3.2.1　云平台服务数据统计水平的提升路径

3.2.1.1　建设大数据采集管理系统，多渠道协同统计

加强大数据技术在公共文化服务领域的深度应用，构建覆盖全面、结构合理、运行高效、技术先进的公共文化服务大数据采集、分析、挖掘、运用、管理系统，实现数字文化服务常态化。

硬件方面主要包括信息采集设备（人脸抓拍摄像机、高清摄像头等）和数据处理服务器（高性能深度学习工作站、高性能深度学习服务器、知识图谱服务器、系统平台服务器）。软件方面主要面向公共文化场馆的大数据统计与应用系统。面向公共文化场馆的大数据应用系统分为数字资源采集、算法模型、文化应用三层架构，主要用于实现多数据库来源的数据交互与共享，实现效能评估、文化需求分析的统一发布与管理，支持公共文化活动全要素、全流程管理，支持百万级人群的公共文化需求分析，实现服务效能的数据量化与智能评估，支持公共文化场馆的自我能力评价。主要核心应用模块包括：①基于深度学习的文化活动视频智能分析模块；②基于机器视觉的情绪识别与分类模块；③公共文化资源知识图谱构建与推理模块。

3.2.1.2　线上线下统计相结合，扩大数据采集范围

推动来自平台、服务、管理、评价等多渠道数据的兼容并蓄，汇集、对接、聚合、构建总体数据库，可即时、客观、准确反映公共文化云平台乃至全区的公共文化服务状况，为公共文化服务体系运行提供即时指导。一是线上云平台服务数据采集。分类、分众抓取线上点击、预约、参与、反馈及其行为特征、内容偏好、参与时段、参与频度等数据，建立可供数据挖掘的"线上平台数据库"。二是线下设施服务数据采集。依托各类文化场地设施数据采集终端，获取线下公众参与各实体文化服务项目的行为特征、内容偏好、参与时段、参与频度等数据，并进行分类、分众加工，建立可供数据挖掘的"线下服务数据库"。通过线上线下数据的采集与统计分析，测量公共文化云平台线上发布的引流作用和实际转化效果。三是管理数据采集。对现

有公共文化云平台所涉及的主体、服务、活动、品牌、资源以及政府扶持项目等数据进行采集、分类、分项加工，建立可供数据挖掘的"管理数据库"。四是评价数据采集。政府、专业机构、第三方及其主体对公共文化设施、机构、服务、活动、品牌等定期或不定期开展的各种公共文化评估进行数据归集与加工，建立可供数据挖掘的"评价数据库"。

3.2.1.3 纳入公共文化大数据体系，注重横纵向对比

依托现有公共文化云平台大数据工作的技术、资源和平台基础，将公共文化云平台纳入本地公共文化大数据服务平台与管理系统。建立健全公共文化云平台与全区公共文化服务机构、场地设施、服务活动、服务品牌、交流合作、管理评价、需求反馈等无缝衔接的数据归集渠道和载体。全面汇集包括机构业务数据、场地设施服务数据、云平台参与数据、多渠道需求反馈数据、产品生产和服务提供数据、日常业务和行政管理数据、绩效评价数据在内的公共文化大数据。同时，注意按照标准规范进行采集、存储、分析，以便后续与国家公共文化大数据系统实现互联互通。

探索建立公共图书馆、文化馆、美术馆、科技馆、博物馆及其他各级各类公共文化机构和场地设施的数据统筹、数据归集和融合利用的工作机制，加强数据的横纵向对比。一是注重分析不同时段，如每周、每月、每年和跨年度的公共文化云平台服务效能。二是对比同一时段不同公共文化场馆的统计指标与服务效能。三是重点节假日数据对比分析，尤其是在文旅融合背景下，居民和游客对公共文化服务享有不同的需求。

3.2.2 云平台服务数据应用水平的提升路径

3.2.2.1 打造个性化菜单，实现精准推送

用户画像的构成要素主要包括用户的专业背景、兴趣偏好、社会关系、位置情况、时间信息等，可通过大数据技术来获取此类关键信息。公共文化云平台的用户画像是建立在真实数据的基础上，能够描述用户对公共文化服务的需求和偏好的目标用户模型，真实数据包括通过大数据技术获取的用户

背景、地理位置、兴趣、习惯、行为等能够反映用户特征的数据，是实现精准推送公共文化服务的基础。在公共文化服务中，为用户画像提供支撑的数据可分为静态数据和动态数据两种类型。静态数据主要包括用户的基本信息，如性别、出生年月等基本不会发生变化的数据。动态数据是指伴随着用户体验而不断变化的数据，主要包括地理位置、兴趣爱好、用户习惯等。

用户特征分析是了解用户诉求点的关键，用户的大多数需求和一些比较隐蔽的需求，是无法通过问卷调查、用户访谈等比较表面的方法挖掘的。运用大数据分析用户的行为和特征，才可以更深入地了解用户的诉求。利用数据分析技术，可以实现主题语义层面对用户查询意图的分析，以此预测用户需求，更加精准地推送用户感兴趣的公共文化活动。用户每一次使用平台查阅的信息和预约的活动，都能够反映用户的兴趣爱好，能够为用户画像和后期的精准推送提供有力帮助。在获取用户的地理位置和历史数据建立用户画像后，就可以为不同的用户提供个性化的推荐服务，更好地满足用户的信息需求，实现同一平台下文旅信息的"千人千面"，将各类人群喜好的公共文化服务内容推送给用户。

为了更好地实现信息与服务的精准推送，一是要为市民绘制"画像"，建立特征标签，描绘市民的行为特点和习惯偏好，分析形成用户标签属性，摸清大众文化的需求。通过大数据分析进行用户画像、需求分析及服务推送，促进公共文化服务供给与需求精准对接，提高服务效能和服务品质。二是面向"主客共享"的文旅融合背景，结合用户的地理位置变化，向游客推送本地特色公共文化服务，并开发实时定位的语音导览服务。在大数据技术的支持下，可以通过平台基于位置的服务（Location Based Services，LBS）自动识别游客所处的地理位置，为游客精准推送当地文化和旅游相关信息与服务。公共文化服务的特点是常态化开展，而且在节假日也有特色的活动，这些服务不仅面向本地居民，也可以免费向游客提供。

3.2.2.2 结合用户体验，打响特色品牌

一是聚集优质资源。与传统的公共文化服务相比，公共文化云平台以用户为中心，以用户需求为导向，通过对公共数字文化云资源的整合，集成共

享与优化配置，促进了公共数字文化资源的有效利用，提升了用户满意度，实现了资源价值、用户价值和服务价值的综合提升。通过云平台建设，进行信息资源的分享，提供多层次多样化服务，用户可通过手机、电脑、智能终端等实现信息资源的查询和接受各类服务。在资源内容建设方面，云平台要不断丰富电子图书、舞台艺术、知识讲座和影视节目等数字资源，提高公共文化服务的信息化、网络化水平，提供更多具有自主知识产权的网络文化产品，发展和传播健康向上的网络文化，使云平台成为传播社会主义优秀文化的新途径、公共文化服务的新平台、精神文化生活的新空间。

二是打造特有知识产权（Intellectual Property，IP）。IP 是一个独特的标识，具有唯一性。"独特"的特点会使公共文化活动在一定区域内，特别是在互联网上具有更大影响力。在数字化发展阶段，传统公共文化服务活动要依托云平台，基于其独特的资源禀赋，从资源、活动、名人等多方面打造不可替代的独特标识。从总体来看，目前在全国或地区具有较大影响力和辨识度的品牌还比较少，数字文化服务品牌更是稀缺。公共文化机构应实施品牌发展战略，塑造品牌、经营品牌、管理品牌，以提升公共文化机构核心竞争力，彰显公共文化服务独特魅力。具体可从网站、资源、推广三方面来塑造特色品牌，通过对数字文化特色服务品牌的打造，广泛吸引社会公众对营销推广活动的关注，快速提升公共数字文化资源的利用率。同时，也要在云平台服务的基础上，借助现场互动体验、新型社交媒体、培训讲座、联盟合作、用户投票等各类文化活动推广公共文化资源与活动，扩大服务的社会影响力。

三是借力口碑营销。随着移动互联网的飞速发展，人们的娱乐方式和消费习惯也随之改变，催生了抖音、快手、微博、小红书等自媒体、短视频社交媒体平台。尤其是近三年，越来越多的公共文化机构通过社交媒体开展个性化传播，以提升自身的品牌影响力和旅游吸引力。在当前自媒体、全民发表和全民点评的时代，人们的生活和消费方式深受互联网上口碑的影响。因此，公共文化云平台要充分利用口碑营销的几何级倍增优势进行宣传与推广，将平台上优质的公共文化资源和公共文化服务活动与社交媒体进行分享，吸引更多的网友到访，使其变身成为"网红打卡地"，将丰富的、优质的公共文化资源和服务传递给更多用户，扩大覆盖面和影响力。同时，也要鼓励互动与分享，激发公众的自我表现与自我创作，将自身满意的用户体验向大众分享，更好地服务内容与活动，促进公共文化服务的良性持续发展。

3.2.2.3 监测实时数据，提供决策支持

在数据采集方面，应进一步提升数据采集的精细度，如活动人群的停留时间；提升数据的精确程度，如识别活动人群的性别、年龄等基本信息；增加数据的采集维度，主要是多维度确定活动人群的信息，构建公共文化服务用户画像和知识图谱，为差异化服务提供数据支持，逐步完善以需求为导向的公共文化供给机制。同时也要注意采集文旅公共服务大数据，例如居民和游客到达图书馆、文化馆、博物馆等公共文化场馆的人次，在游客服务中心逗留的时长，参与文化惠民演出的次数和线上欣赏文化旅游资源的频次等，通过深入地挖掘分析、数据建模、交叉对比，优化文旅公共服务资源配置。根据其特点和需求，优化调整文旅公共服务供给，在文旅融合时代更好地提供主客共享的文旅公共服务。

通过可视化的数据，直观展现公共文化场所的运行情况与群众参与水平，展现公共文化服务效能大数据和主题分析成果。进一步优化云平台的功能，分级设置综合展现门户和移动端驾驶舱，完善大数据综合展现门户的上墙应用，对区内各设施的公共文化服务效能指标，以各种图表、文字、仪表盘的形式直观展示，对关键指标进行实时分析和监控。支持查看实时视频，了解公共文化服务设施实际服务状况。同时，在电脑端、政务通、微信小程序等终端发挥大数据驾驶舱功能，对服务群体进行画像，综合分析服务对象的性别、年龄、停留时间、偏好、情绪愉悦指数等信息，精准推送服务和活动项目，进一步提升服务效能。方便工作人员随时随地查看、了解区域公共文化服务效能各项指标运行数据，使云平台成为行走的口袋驾驶舱微门户。

加强云端数据挖掘和分析能力，推动公共图书馆、文化馆（站）实现包括智慧服务、智慧分析、智慧评估和辅助决策等功能在内的智慧化运

营，优化数据反馈模式，进一步完善统计功能。在活动安排上，尽量通过活动错位安排，合理分流。在数据监测方面，建立以效能为导向的公共文化服务评价监督机制，定量与定性相结合，保证大数据信息准确、全面，充分发挥大数据平台在公共文化服务效能评价中的重要作用，为科学决策提供支撑。

3.3 地方公共文化服务高质量发展创新实践

为更好地推动公共文化服务智慧化、精细化发展，北京市石景山区对前期已有的单一数据平台进行整合，搭建了公共文化服务效能大数据云平台（以下简称"云平台"）。云平台覆盖全区三级公共文化设施，包括 3 个区级馆、9 个街道综合文化活动中心、150 个社区综合文化室。上线运行 2 年多以来，云平台注册用户已达到 26 万，超过地区常住人口数的 40%，累计发布活动近 5000 场，成为市民群众参与公共文化服务的主渠道之一。

3.3.1 数字平台搭桥梁

石景山区作为国家公共文化服务体系示范区，全面整合地区数字文化馆、图书馆、博物馆线上资源，深度整合已有数据平台，搭建公共文化服务云平台，实现本地区数据和云平台的互联互通。云平台集合了已有的四大平台。①石景山文 E 系统，是面向群众提供公共文化服务的 C 端平台，实现了设施数据，活动数据，用户数据，群众活动浏览、预约、签到、评价等数据的实时采集。②石景山图书系统，成功对接北京首都图书馆服务资源，率先实现市级图书馆和区县图书馆的资源共享，实现了藏书、借阅、归还、读者等数据的实时采集。③公共文化设施监测系统，主要是通过摄像头等物联网设备，采集公共文化设施使用人次，来馆人员性别、年龄等数据。④台账助手，是针对公共文化服务人员的 B 端平台，实时收录石景山区所有公共文化设施建设与使用、活动举办、图书借阅、图书流转等数据信息，活动举办的详细情况。同时，在活动发布、用户访问、数据积累、宣传推广等方面实现与国家公共文化云的对接联通。

云平台以数据资源建设为依托，将优质资源和服务下沉到街道社区，激发基层公共文化服务资源的活力。石景山区图书馆在共享工程普及到街道图书分馆的基础上，结合总分馆制建设，在 60 个社区基层服务点配备电子阅览设备。在云平台上提供的数字资源内容包括电子图书、数字国学、学习百科、在线音乐、连环画、地方文献、外文绘本、西山永定河文化带、冬奥数据库等，区域性、资料性、时代性突出，与各街道（社区）联合资源总量达到 50TB。石景山区文化馆在云平台上设有文化信息、活动预告、培训辅导、慕课、直播、志愿者服务、特色资源库等栏目，其中在线培训 15 类，教学视频达 300 余个。新平台的改版上线是石景山区文化馆转变服务理念、推动"互联网+公共文化服务"云平台建设的重要实践。如今，在该平台上参加"文·艺"慕课以及"文·艺"云课堂学习已成为广大民众的新风尚。

3.3.2 数字统计筑基础

石景山区公共文化服务云平台基于大数据技术汇聚石景山图书系统图书数据、石景山文 E 系统活动信息数据，完成了平台公共文化数据积累，打破了数据孤岛。目前，石景山区公共文化服务云平台已上线运行 2 年多，覆盖全区三级公共文化设施，包括 3 个区级馆、9 个街道综合文化活动中心、150 个社区综合文化室。截至 2021 年 12 月，平台汇聚了石景山区图书馆图书信息 1614441 条、读者信息 108630 条、借阅信息 2503302 条、还书信息 2411012 条；石景山区公共文化数字平台用户信息 255213 条、活动信息 38112 条、设施信息 364 条、活动订单信息 55811 条、活动详细信息 6852 条，同时借助视频分析累计识别了 88.58 万人次数据。

图 3-1 至图 3-3 是平台建成后的数据展示示例。一是建立大数据综合展现门户的上墙应用，对区内各设施的公共文化服务效能关键指标，以各种图表、文字、仪表盘的形式直观展示，对关键指标进行实时分析和监控。同时支持查看实时视频，了解公共文化服务设施实际服务状况。二是基于微信

小程序，搭建驾驶舱微门户，通过智能聚合区域公共文化服务效能大数据采集分析平台各应用的信息资源、移动端访问情况。让主管机构的领导和工作人员可以更方便地查看、了解区域公共文化服务效能各项指标运行数据，实现随时、随地、随身访问，使云平台成为口袋里的驾驶舱微门户。

云平台通过对服务人群年龄、男女比例、参与活动类型、参与活动偏好、图书借阅偏好、微表情进行数据分析等，识别群众文化需求、习惯爱好，为市民建立特征标签画像，定向推送符合用户个性需求的公共文化产品和服务，建设公共文化服务大数据驾驶舱，为公共文化服务体系建设决策提供数据支撑，提升政府公共文化治理能力。

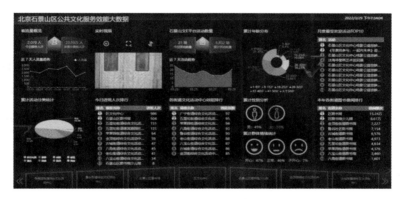

图 3-1 石景山区公共文化服务云平台首页用户数据实时采集及统计分析页面

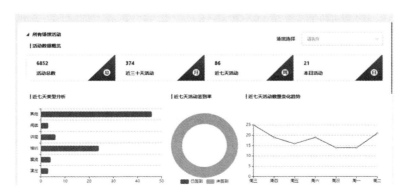

图 3-2 石景山区公共文化服务云平台活动数据统计分析

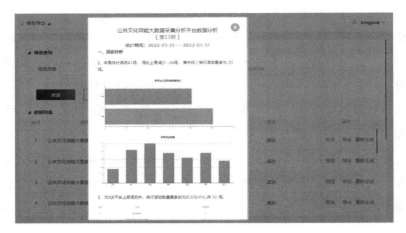

图3-3 石景山区公共文化服务平台每周数据分析报告页面

石景山区公共文化服务云平台为提升全区公共文化服务效能，提高人民群众满意率、知晓率、参与率提供了坚实的数据支撑，实现了"用数据说话、用数据决策、用数据管理、用数据创新"的创新思路，有助于辅助石景山区文化和旅游局进行有效管理和科学决策。

3.3.3 数据应用做纽带

云平台的搭建改变了过去单向的公共文化服务供给模式，通过对场馆人流数据、活动开展情况等进行采集，综合分析服务对象的性别、年龄、停留时间、偏好、情绪愉悦指数等信息，精准推送服务和活动项目，形成公共文化服务个性化推荐。同时，完善活动发布、用户预约、扫码签到、用户浏览行为、用户评价等功能。结合传统移动通信短信息方式，推出大数据平台信息推送、推荐提示，进一步提升市民的知晓率、参与率、满意率。如上班族小李经常在线上点播戏曲节目，那么云平台就会将戏曲添加到其用户画像中，研判其可能感兴趣的方向，为其推送相关的周末线下课程或活动，这样小李选择活动的时间成本降低，继续参与和分享文化活动的意愿会更加强烈。

3.3.4 数据分析助决策

云平台实现了在电脑端、政务通、手机端小程序实时获取运行画面及效能数据，以科技力量赋能公共文化服务发展。能够实时掌握各场馆服务人群信息，分级设置综合展现门户和移动端驾驶舱，可视化展现公共文化服务效能大数据和主题分析成果，为政府部门和工作人员提供可视化综合管理工具。以数据大屏方式面向领导侧，实现数据可视化，一屏尽览场馆与活动人群的实时运行情况，形成直观印象。同时，可根据不同部门和工作人员的管理需要，形成统计和分析报告，为公共文化高质量发展提供决策辅助的数字支撑，提升政府的文化治理水平。石景山区公共文化服务云平台数据分析的总体框架如图 3-4 所示。

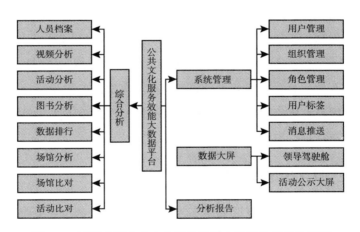

图 3-4 石景山区公共文化服务云平台数据分析总体框架

3.4 小结与展望

本章以服务效能提升为导向，初步构建了公共文化云平台的统计指标与评价指标，并提出以用户需求为中心，提升云平台数据统计和应用水平的具体路径。未来需持续关注"十四五"时期公共文化云平台的建设与发展动

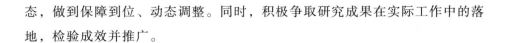

态，做到保障到位、动态调整。同时，积极争取研究成果在实际工作中的落地，检验成效并推广。

3.4.1 指标体系与"十四五"重点工作任务相衔接

根据文化和旅游部全国公共文化发展中心最新工作安排，结合《公共文化云建设项目"十四五"建设指南》，在 2022 年乃至"十四五"时期与公共文化云建设相关的重点工作任务包括以下几点：一是加强国家公共文化云平台建设；二是推动"三个中心"，即"群众文化活动中心""全民艺术普及国家资源中心""全国公共文化和旅游产品交易中心"持续建设；三是着力在乡村公共文化服务建设和青少年美育方面做出新尝试和重点突破。在下一发展阶段，公共文化云的建设与发展，也势必与"十四五"时期的重点工作任务相结合。因此，对于公共文化云平台的指标统计和数据挖掘，也应当与此相衔接。根据"三个中心"的建设发展要求，设计相应的统计评价指标，反映"三个中心"的建设成果和群众需求，发现建设过程中存在的问题。与乡村公共文化服务建设和青少年美育试点工作相结合，设计符合现实需求、体现发展趋势的统计指标体系。同时应当重点关注现有数据的挖掘，明确群众需求，引导发展方向。

3.4.2 设计体现融合发展的服务指标

党的十九大以来，以习近平同志为核心的党中央高度重视数字化发展，明确提出"数字中国"战略。较多的市级公共数字文化服务平台充分运用"互联网+政务"的服务理念，融入当地政务一体化平台，使公众更加方便地从更多渠道获取文化和信息服务。因此，在下一步的指标设计与数据统计中，应当将地方文化云平台与当地政务平台的融合发展考虑在内，测量与评价云平台是否做到互联互通、数据共享、便捷高效服务。同时，在新发展阶段，文化赋能产业发展的趋势愈发明显，"文化+"已展现出无限广阔的发展前景，涌现出"文化+旅游""文化+教育""文化+康养""文化+商业"等多元发展模式，形成了"文化+"的大格局。因此，在未来的指标设计与数据统计中，应当充分考虑文化云平台在融合发展进程、跨领域资源整合和加强产业链延伸中的作用发挥程度，将能够体现融合发展的指标包括在内。

3.4.3　推动指标体系与实践工作相结合

积极推动成果落地，做到保障到位、动态调整、验证推广。一是加强与完善机制保障、技术保障与人员保障。明确公共文化的重点服务指标和服务标准，建立需求采集制度，明确需求采集主体、需求采集渠道等要素。建好相应的基础设施层、平台层与应用层。对公共文化服务效能进行横向、纵向等多维监测。二是根据实践发展对指标进行动态调整。根据国家政策引导新方向、公共文化云建设新任务和公众对于公共文化新期待，对本章指标进行动态调整，做到与时俱进。三是推动成果的验证与推广。继续加强与石景山区公共文化云平台的合作建设，积极推动成果在其他地区的推广应用。将公共文化云平台统计指标与服务评价指标在具体工作中进行落地检验，并在实践中不断补充完善。

第四章

公共文化资源库群构建与智能化
关键技术研究[*]

基于公共文化资源共建模式研究，本章着重开展公共文化资源库群建设标准规范研究和公共文化资源库群的构建技术研究，并研发了公共文化资源库群的自动化管理关键技术，目的在于最终建成一个可控、可信、自组织的公共文化资源自动化库群服务网络，从根本上解决文化资源重复建设、资源分布不均衡、应用服务单调、利益相关者不协调等问题，提升我国公共文化资源服务水平。

4.1 公共文化资源库群标准规范

4.1.1 数字文化资源大数据产生和应用

图书数据资源主要来源于搜索、收集、组织、查询和传播等过程。在此过程中，人们可以获取各种所需信息并生成各种多媒体资料，如数据库、互联网资料和电子版本等。数字图书馆主要是将图书馆的图书转换为电子数据

---

* 本章由西北大学郑杰、南开大学朱先忠共同撰写。参与写作人员：辛慧洋、王卓君、吴光硕。

并提供图书检索服务。不仅每个图书馆可以建立一个数字图书馆，而且来自不同地区、不同国家的图书馆也可以共同建立数字图书馆。这两种方法的实质都是通过数据集的信息共享来实现图书馆资源的共享。

将文化馆逐步纳入公共数字文化工程建设体系，《文化部办公厅关于开展第四次全国文化馆评估定级工作的通知》中明确要求，文化馆要建设公共电子阅览室或文化共享工程服务点，并开展公共数字文化服务。这就要求文化馆整合并提供基层群众需要的数字文化资源。

公共文化云是指充分利用云计算技术，整合各类数字化的文化资源，并在此基础上运用网络技术建设服务平台，以实现文化资源的全民共享。随着信息技术的不断发展，公共文化数字资源的应用范围已经迅速辐射到各个领域，运用公共文化云加强文化馆数字化建设已经成为不可阻挡的趋势。公共文化云可以有效增强文化馆的用户体验效果，实现服务渠道的多元化，从而提高文化馆的实用性和利用度，是互联网与大数据的有效整合统一。合理运用公共文化云，是各级文化馆数字化建设的关键举措，是丰富基层群众文化生活的重要方式，也是传统文化与现代技术的有效统一。在文化馆数字化建设中，群众不仅是文化的受益者，也是文化的传播者，极大地促进了文化资源的共享。除此之外，公共文化云还可以整合全国各个地区文化云的资源，提供统一的检索推荐平台，能够让大众迅速找到需要的文化资源，提升文化云使用的体验感。

4.1.2　文化馆（站）服务数据采集要求

综合各地、各级文化馆（站）的发展水平的差异性，本章对文化馆（站）的服务数据采集工作中的采集指标、采集方式、数据规范和采集过程管理等进行规范化和标准化。

4.1.2.1　采集指标

本章将文化馆（站）服务数据的采集指标定义为基础数据项和可选数据项两大类。其中，基础数据项为开展公共数字文化服务建议具备的数据项，可选数据项是对基础数据项的扩充，各地各级文化馆（站）可以根据实际情况选用可选数据项，也可结合实际工作需要进一步扩展新的数据项。

4.1.2.2　采集方式

文化馆（站）大数据需要根据数据来源的不同采用不同的数据采集方式。通常有两种采集方式。①软件采集方式。通过文化馆（站）已有的服务平台或系统采用接口对接、数据库共享、文件交换等方式，或利用硬件设备配合软件系统进行数据自动采集。②人工采集方式。对于暂时无法通过技术系统自动采集但又有价值的数据，采用人工统计录入的方式采集。

4.1.2.3　数据规范

在采集中，需要对各类数据进行规范性约定，包括日期和时间型数据规范、文本型或数字型数据规范、数据字典型数据规范三大类。

4.1.2.4　采集过程管理

在采集过程中，我们还要从三个方面对数据进行管理。①敏感数据的脱敏处理。文化馆（站）在开展大数据建设时应注意保护用户个人信息和隐私。对于涉及用户个人信息和个人隐私的敏感数据在采集后应予以脱敏处理。处理后的脱敏数据保持唯一性且不可反推回真实数据。②异构数据处理。文化馆（站）大数据建设需要采集来源不同的异构数据，异构数据的数据格式和数据内容都应当满足本规范的要求。可通过数据格式转换和内容转换使异构数据满足本规范具体要求。③数据保存与利用。各级文化馆（站）为建设文化馆（站）大数据而采集的数据应妥善保存，确保数据安全。同时应定期开展数据分析工作，充分发挥大数据的作用，优化公共数字文化服务。

4.1.3　文化馆（站）数字资源标签和用户标签通用要求

在公共文化资源的智能共建和全民共享研究中，对文化馆（站）数字资源和个人用户的标签定义可以实现公共文化资源的有效管理和面向用户的精准有效推荐。不同于以往面向研究的等级分类体系（如中图法、唯一标识符等），该标准将聚焦服务，面向资源传播、用户应用需求构建以资源服务为核心的标签体系。建立标签体系有助于推动各级文化馆（站）以及各类型馆面向用户提供资源服务，以促进全国公共文化资源库群的智能共建共享，提高用户查询文化资源的匹配度，从而实现面向服务的资源管理和用户个性化推荐。

4.1.3.1　数字资源标签的基本要求

数字资源标签主要记录文化馆数字资源的基本属性以及面向个人用户的服务属性，其中资源的服务属性可以分为资源管理、资源传播、浏览下载、用户反馈、分时段统计数据五类。

4.1.3.2　用户标签的基本要求

用户标签主要记录访问文化馆（站）数字资源的个人用户的基本属性和行为属性。用户基本属性标签包括但不限于姓名、性别、联系电话、证件类型及证件号、学历、职业、常驻地域等。其中，姓名、性别、联系电话为必备项。用户注册时需填写的基本属性宜控制在 3~5 项。除上述基本属性外，还可按照各平台实际应用需求定义用户基本属性。用户行为属性标签包括上网习惯、资源浏览、互动行为、深度交互四类操作。对用户标签的操作包括标签数据的生成和标签数据的更新两个部分。

4.1.3.3　标签数据的过程管理

对标签数据的过程管理包括标签生成和更新的基本操作、数据预处理以及标签数据的规范化要求等。

4.1.4　公共文化云平台资源共享操作导则

鉴于各文化馆（站）的数字文化资源服务辐射范围有限，尚未形成统一互通的整体，数字文化资源"孤岛化"现象尚未得到有效解决，为了让数字文化资源发挥其易存储、易传播的优势，让民众能更大范围地获取文化资源，应实现各数字文化资源平台的共享。公共文化云平台资源共享的操作要点和共享流程的提出，为实现大范围的数字文化资源共享提供了解决方案。本章从资源池的共建者、管理者和获取者三个角度提出了数字文化资源共享操作中各环节的实施要点，为资源在数字服务平台间共享提供了统一参考。适用于各级文化馆（站）公共文化云平台资源的共享操作，其他场馆或服务平台的数字文化资源的共享操作也可参考使用。主要技术内容包括资源共享操作中的用户管理、资源准备、对接方式、资源上传、资源目录管理、资源获取等方面。

4.1.5　公共文化资源库群互操作规范

4.1.5.1　公共文化资源库群技术的约束条件

公共文化资源库群技术的约束条件包括：①应适配新网络媒体环境的版权协议需求，需支持数字实时交易、开放内容生态链、技术与交易相融合；②满足内容发布的多主体治理，应实现生态开放、节点自主，自动网络治理，能进行简单可靠的部署运行。其中，节点架构借鉴区块链技术（去中心化），内容分发借鉴比特流（Bitrottent）。

4.1.5.2　公共文化资源库群技术应实现的功能

公共文化资源库群技术应实现的功能范围包括以下几个方面。①资源发布。注册，提交，对元数据和对象数据的保存。②内容展示。目录开放、定位获取、对象分布、分发均衡。③资源类型。能容纳内容多类型、许可多模式。④部署运营。节点和内容受控，发布必须可控，内容可屏蔽，节点可撤销。

4.1.5.3　公共文化资源库群服务框架

公共文化资源库群服务框架包含 CLAP 文化资源库元数据共享协议、CLOP 文化资源库交互操作协议、CCAP 内容链内容存取协议、CCOP 内容链节点互操作协议。通过内容链节点，资源主体可以快速构建自己的共享内容发布库，共享资源方式（元数据级共享、内容对象级共享）和保护级别（开放存取、许可存取），自主选择。聚合站点可通过自己的内容链节点获得内容链上的共享资源元数据，自主构建自己的聚合门户。

基于内容链公共文化机构可以实现一个分层的（根节点、种子节点、普通节点）文化资源库群自治网络；利用种子节点实现对整个资源库群的共识验证；充分利用所有节点的算力和存储能力，实现全国范围内公共文化资源注册、保存、分发与服务，同时也可实现所有文化共享服务应用的许可、分发与运行。

通过超级种子节点实现对所有资源和所有节点的直接和间接授权与许可，满足国家对文化内容资源可控的要求；通过资源库访问接口，资源库群向所有的应用服务开发者和文化内容创建者开放，社会力量将创建更加丰富的文化资源和应用服务，进而实现政府与社会融合促进的公共文化资源建设环境；最终将建成可控、可信、自组织的公共文化资源的自动化库群服务网络，从根本上解决文化资源重复建设、资源分布不均衡、应用服务单调、利益相关者不协调等问题，提升我国公共文化资源服务水平。

4.1.5.4　基于内容的库群节点体系结构

基于内容链的文化资源库群平台大体上参考了区块链的技术框架，包括从底层构建的内容链这一基础架构、上层应用文化资源发布系统和内容资源阅读器。基于内容链的文化资源库群平台技术架构如图4-1所示。整体框架主要包括数据持久层、基础组件层、业务逻辑层、接口层以及应用展示层五个部分。

（1）数据持久层实现对各种类型数据的存储，结合 PostgreSQL、LevelDB、本地文件系统对内容发布数据、内容对象数据、交易数据等数据进行存储。

（2）基础组件层实现底层加密算法、P2P 网络连接以及存储相关的数据库调用，还有在内容存证过程中需要用到的基础组件，比如版权加密组件等。

（3）业务逻辑层实现内容链所包含的业务逻辑，包括内容发布、内容交易、内容获取等与内容相关的操作。

（4）接口层负责进行交互，向上暴露可调用的 SDK，向下实现对内容链中具体操作的封装，有承上启下的作用。接口层包括三种类型的接口：节点间消息收发、节点管理 API、应用交互 API。其中节点间消息收发包括与同步相关的节点间消息类型与节点间命令。

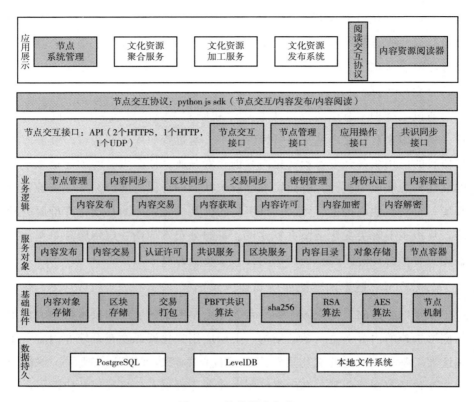

图 4-1 整体技术架构

（5）应用展示层则实现具体的业务场景，包括服务端的文化资源发布系统和阅读端的内容资源阅读器。

4.1.6 文化资源大数据参考模型规范

随着各类数字化文化资源信息的不断产生，各类数字化文化资源库的不断建立与完善，人们能够获取海量的数字文化资源。对于海量数据来说，如果没有通过一定的融合、整合，就无法被称为大数据。此外，文化数据整体框架上面也存在碎片化的状态。文化资源的管理需要消除这些信息孤岛，有效整合数字化文化资源，对这些资源的价值进行进一步的挖掘和利用。本章规范了公共文化数字资源的大数据参考模型，主要包括文化数字资源的定义、类别、生命周期、涉及的角色和管理、资源描述的需求以及参考模型框架等内容。

4.2　基于弹性搜索的公共文化资源智能加工方法

基于弹性搜索的公共文化资源智能加工，是指通过人工智能深度学习技术对公共文化资源进行加工，从而生成资源描述对应的语义标签，同时利用弹性搜索的技术在给定只含少量信息的文字时，系统仍能迅速准确地检索到相应的目标文化资源。

4.2.1　方法的提出

在文化资源数量呈快速增长趋势的时代背景下，文化资源服务提供商需要具有稳定可靠、高效便捷的文化资源采集能力，即适应文化资源数据特征、适合文化资源消费者使用习惯、顺应大数据时代发展潮流。为实现这个目标，本章提出人智协同文化资源采集技术。它是一种基于融合多源、多模、多类别的协同数据分布式采集框架技术，是实现异构多平台资源的分类采集的文化资源采集技术。其中，多源是指文化资料来源的多样性，多模是指文化资源采集工作模式的多样性，多类别是指文化资源数据的多样性。人智协同文化资源采集技术的一个重要特点就是文化资源数据的自动感知，无须人为干预，系统便能自动进行文化资源数据的更新，并且整个采集过程都为自动化采集。

4.2.1.1　人智协同文化资源加工

海量的文化资源数据，难免会面临资源数据繁杂冗余、检索效率低下、分类模糊不清的困境，改善困境的方法就是对这些文化资源数据进行加工，通过数据加工提升数据质量，包括数据的精准度和适用度。同时，数据加工还能分类排序，使检索和查找更快捷、更方便。对于系统的后续功能，数据加工也使得相关分析更加简单，降低了复杂度，减少了计算量。同时，考虑到文化资源数据的相关特性，本章提出多点协作文化资源加工，这是一种基于知识元理论等技术对内容进行分析，建立文本资源索引映射和计算机制，多层次、多维度标注的文化资源加工技术。

多点协作文化资源加工首先是将主动采集的数据进行清洗，采集数据分为分布式数据库数据采集和非数据库数据采集，清洗工作包括数据筛选、数据归一化和数据标注；其次是基于机器学习和深度学习的数据分析，使用机器学习模型库进行分类、聚类和回归以标注数据，使用深度学习模型库结合已有知识库进行深层隐含数据特征抽取，提取到的特征同时按照需要放入知识库，标注的过程根据情况可以结合人工进行辅助标注；最后是文化资源对象加工管理，在确定校验规则的条件下，监督文化资源的自动标引，同时将文化资源对象加工推广到文化资源库群。

4.2.1.2　公共文化资源智能处理

公共文化用户来源广泛，用户对资源服务以及公共文化的需求呈现差异化、多样化发展趋势，但是当前的公共文化服务供给又存在一定程度的"供需错位"，这就需要公共文化资源智能处理为用户提供更有针对性的个性化、智能化服务。公共文化资源加工的好坏直接关系到公共文化资源推荐服务的准确度，特别是公共文化资源加工后的分类和标签直接决定公共文化资源的推荐方式方法，因此，公共文化资源精准推荐服务模型及系统以及公共文化资源加工模块的重要性不言而喻。

4.2.1.3　智能检索文化资源

即使有公共文化资源精准推荐服务模型及系统，用户可能还是想检索自己感兴趣而未收到推荐的内容。面对庞大繁杂的文化资源数据，倘若用户了解的目标资源的信息较少，同时检索手段贫乏低效，那么用户将会花较多时间用于搜索资源，此时用户体验会急剧下降，这是文化资源服务提供商最不希望看到的结果。因此，系统必须具有文化资源智能检索功能，即使在给定只含少量信息的文字时，系统仍能迅速准确地检索到相应的目标资源，这些用于检索的文字可能并不直接出现在相关资源中，而是出现在该文化资源中文字的总结性概括，或是图片的文字化描述，或是音视频的文字化描述等。

这就需要将文化资源中每个能够反映自身特征的字段进行智能化信息处理，即通过机器学习和深度学习提取出用于智能检索的关键特征值，然后存放到待与检索字样比对的数据库中。

4.2.2　关键技术

目前，我国的公共文化服务仍不尽如人意，主要表现在：公共文化服务水平整体提升下的有效供给不足；公共文化资源空间配置的"结构性失衡"；公共文化供给模式单一，社会化主体参与缺位。如在数字文化资源方面，虽然大多数群艺馆（文化馆）已建有自己的门户网站、微信平台、数字文化资源、特色数字资源库，面向大众开展数字化和信息化的文化服务工作，但信息和资源的更新及访问速度较慢、用户访问量较小，功能不齐全、不完备，不能有效实现资源和信息的一站式展示和管理。解决这些问题的有效方法就是丰富文化资源的检索模型，建设文化资源的检索系统。

4.2.2.1　弹性搜索

弹性搜索（Elastic Search）是一个 Apache 组织管理的基于 Lucene 的搜索服务器，是一个分布式、高扩展、高实时的搜索与数据分析引擎。在传统的关系型数据库中，索引是检索数据最有效率的方式，但是对于搜索引擎来说，索引不能满足搜索的要求，面对海量的、多种格式的数据，数据库系统很难进行有效的管理，弹性搜索的倒排索引（Inverted index）在很大程度上解决了这个问题。

4.2.2.2　描述生成

由于涉及的国家公共文化云的原始数据保存在其结构化数据库中，为了使资源能够被更容易地检索、排序，就需要对每个公共文化资源的描述性特征进行扩展。对于一些没有文字描述的文化视频资源，还需要对其生成描述。根据《文化馆数字资源元数据规范》《文化馆数字资源分类规范》《国家公共文化云平台标准规范 4：数字资源元数据标准规范、交换标准规范及著录规则》等文件的描述，可以得到公共文化资源的粗略定义，方便资源对象的保存、迁移、交换和使用。这些规范能够轻松扩展未来收录的其他文化资源库机构已采用的标识符，从而统一纳入国家公共文化数字支撑平台体系中进行标识管理。

描述生成（Captioning）就是指计算机对图像或者视频生成一段描述，对在线视频的检索等有很大帮助。近年来，数据驱动的深度学习的方法占据了主要位置。这也是计算机视觉和自然语言处理领域的主流方法。常用方法有基于模板的 Video Captioning，基于序列到序列的 Video Captioning，基于生成对抗网络（GAN）和增强学习（Reinforcement Learning）等。

4.2.2.3　多模态学习

公共文化云中包含的文化资源大体可以分为四类，分别是图片、文字、音频、视频，均被认为多模态数据。模态是指人接收信息的特定方式，多模态数据是针对同一个描述对象，通过不同领域或视角获取到的不同数据类型。由于多媒体数据往往是多种信息的传递媒介，多模态学习已逐渐发展为多媒体内容分析与理解的主要手段。单模态表示学习负责将信息表示为计算机可以处理的数值向量或者进一步抽象为更高层的特征向量，而多模态表示学习是指通过利用多模态之间的互补性，剔除模态间的冗余性，从而学习到更好的特征表示。在这种情况下，进行多模态数据挖掘工作需要综合利用多个模态之间的信息，挖掘它们之间的潜在联系。

在应用多模态特征之前，应通过适当的方法提取单模态特征。因为，尽管不同的多模态特征提取模型可能共享相似的神经网络结构，但彼此用于提取模态特定特征的基本组件却可能完全不同。比如，用于图像特征学习的最流行模型是基于卷积神经网络（CNN）的复杂模型；例如，VGGNet、ResNet、DenseNet、ShuffleNet 等。虽然它们可以集成到多模态学习模型中，并与其他模型组件一起训练，但考虑到对训练数据和计算资源的需求，一个合适的预训练模型可能是多模态特征提取的更好选择。对于文本数据，最流行方式是单词嵌入（Word Embedding），例如，word2vec、Glove、TextCNN、Bert 系列、GPT2.0，它们将单词映射到分布向量空间中。对于视频模态，每个时间步的输入都是图像，因此可以通过用于处理图像的技术来提取其特征，也可用针对视频格式数据设计的深度网络进行特征提取，比如利用 faster-rcnn 网络识别视频中的物体。除深度学习学到的特征外，手工特征仍广泛用于视频和音频形式的多模态分析。在音频领域，诸如梅尔频率倒谱系数（MFCC）、感知线性预测（Perceptual Linear Prediction）、线性预测编码（Linear Predictive Coding）和线性预测倒谱系数（Linear Predictive Cepstral Coefficients）之类的声学特征已被语音识别中的数据驱动深度神经网络和用于副语言分析的递归神经网络所取代，例如，VGGish、DFSMN 等。

4.2.3 具体实施方式

本节通过多模态机器学习，提出一种对视频文化资源的检索方法，如图 4-2 所示。文化资源信息包括视频、音频、封面、标题、简介等。我们首先将这些信息按照处理方法分为三类，即图像处理、自然语言处理和音频/语音处理。其次，分别为这三类信息选择对应的训练模型 vgg-19、VGGish 以及 Bert，进行多模态特征融合，达到分类的效果。最后，利用视频描述模块生成对视频的描述，利用语音识别模块，将视频中的语音信息转换为文字信息以方便检索。

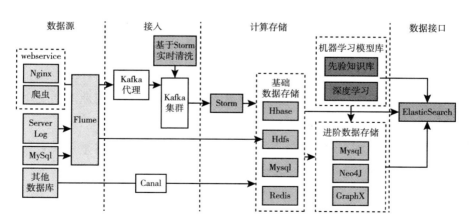

图 4-2 总体框架

以下提供了一种基于弹性搜索的文化资源级联查询接口的实现方法，其工作流程如图4-3所示，具体步骤如下。

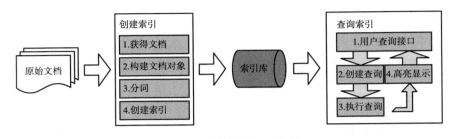

图4-3 弹性搜索工作流程

（1）获取数据源，从国家公共文化云网站或者其他的渠道，通过爬虫的方式进行爬取，主要是针对缺少文字信息的、难以用传统方式检索到的视频资源。

（2）对获取到的数据进行预处理，对资源进行唯一标识，存储到基础数据库中。

（3）将所有发生变动的资源 ID 存储到 Redis 消息缓存中，包括新增的和修改的。

（4）重复以上步骤，直到消息缓存中的数量到达设定值。

（5）分别针对视频资源的标题、封面、简介、音频等，利用预先训练好的针对不同模态的模型进行多模态学习，再进行分类，从而获得新特性。

（6）利用视频描述和语音识别，得到文化资源新的文字属性。

（7）编写查询接口，使用弹性搜索的多条件查询，使用原本的文字信息，再加上通过深度学习模块生成信息。

（8）测试阶段，用户输入关键字进行查询，能够通过新生成的视频描述信息与语音识别信息获取文化资源。

4.2.4 实施效果

公共文化云资源的描述主要包括资源标题和资源简介两部分，而检索的接口目前以模糊匹配为主。这就要求资源的标题一定要包含足够多的描述信息，这样才容易被检索发现。

例如，通过在国家公共文化云中进行检索关键词"青花瓷"，可以发现有两个关键词的匹配结果，如图4-4所示。

图4-4　处理前的检索结果

经过人智协同的公共文化资源特征的深度学习模型的识别后，进行语义描述，进一步进行人工审核，对与青花瓷的公共文化资源建立"资源—描述"映射关系，存储到弹性搜索的数据库中。在检索时，一方面通过传统的模糊匹配查询，检索资源标题；另一方面也通过模糊匹配查询每个资源的语义描述字段。如此，经过人智协同的公共文化资源加工出来后，检索后的结果可以扩展到9个（未考虑排序），如图4-5所示。

通过研发的基于弹性搜索的文化资源智能加工平台，增加了检索结果数量，并对检索结果按照关键字进行了排序；使用深度学习模块，将文化资源的描述特征进行扩充，对于图片视频资源添加描述以及新特征。因此，在现有技术手段不足的情况下，利用弹性搜索的良好性能，以及深度学习在当前的优异表现，提高了大众获取文化资源的体验；并且通过文化资源智能加工的检索效果，能快速处理相关数据，使当前的海量文化资源得到充分的利用。

图 4-5　处理后的检索结果

4.3　基于内容链的库群节点发布技术

4.3.1　基于内容链的库群发布技术体系架构

在库群构建体系中，要求公共文化资源库群中每一个参与方应是自主的，整个库群服务网络中库群中的节点地位也应平等；从主管者的角度加入库群中的节点也是可控、可信的。传统的内容共建共享平台一般采用集中式的管理方式，数据集中存储在中心节点上。但是中心节点集中存储的数字内容易遭受攻击泄露或被篡改，此时内容的安全性与可靠性得不到保证；或者是由主管单位统一整合各自资源库中的内容，实现元数据级或者内容级的资源整合，但是各参与方之间地位是不平等的，不能充分发挥各参建单位的主观能动性，且主管单位之间信息数据的不透明也容易导致内容资源重复建设。

　　而区块链是一种多节点共同维护、共同信任的分布式存储技术，可以用来管理以时间为记录顺序的数据并保证数据不可篡改，区块链技术去中心化的特点正好可以满足节点自主自治。因此，针对公共文化资源库群的特点，通过研究现有的主流区块链的技术框架，借鉴了区块链的共识自治技术架构，从技术底层构建了一个自主的基于内容链的文化资源库群发布体系。相较于现有集中式的内容共享平台，基于内容链的文化资源库群平台具有以下优势。①区别于传统区块链。内容本身（即内容对象数据）与内容交易记录都在链上，且内容链中存储的数据都是基于版权保护的。②区别于传统数字内容共建共享平台。传统平台依赖于服务端的维护，如果内容发布系统倒闭则无法继续查看数字内容；而发布到内容链上的信息由内容链中的节点共同维护，节点之间地位平等，不依赖某一个节点，且内容安全性高，如果某一内容发布系统倒闭，不会影响已发布内容的正常状态。

　　内容发布系统接入内容链的方式更安全、更高效。内容链中的所有节点是平等、自主、自治、可控、可信的。通过库群节点构建技术，资源发布机构可构建自主自治的内容链节点。同时，通过将自主研发的发布系统以及阅读器以不同的方式接入内容链中，将内容发布、内容交易、内容获取、内容阅读、内容下架等相关服务一体化。该内容链节点可在图书馆、文化馆、出版社、美术馆等需要资源共建共享的机构运行。

　　在内容链中，一共部署了五种类型的节点，包括根节点、CA 节点、种子节点、普通节点、内容节点。各种类型的节点具有不同的功能。①根节点从种子节点中选取，具有种子节点的全部功能权限。除此之外，根节点负责审核资源、节点的合法性，增删节点，屏蔽资源内容。②CA 节点负责节点身份认证、密钥管理、版权管理、内容许可认证。③内容节点负责对内容对象数据进行存储维护，种子节点和普通节点也是内容节点。④种子节点默认参与共识表决，存储维护完整的内容目录列表，对内容进行发布、查询、交易、获取、下架等操作，对内容对象数据进行存储维护。⑤普通节点与种子节点功能相同，但是不参与共识。

4.3.2　内容链接口设计

在内容链中，为了更方便地与外部应用以及节点之间进行交互，内容链采用暴露接口的方式，实现业务开发者对内容链进行操作和内容链中节点间通信。内容链开发的接口包括节点交互操作 CCOP、节点管理 CCNP、节点应用操作 CCAP。

4.3.2.1　CCOP

用于内容链中节点之间的通信以及阅读器与内容链中节点的交互。通信方式包括两种类型，一种是采用 UDP 协议实现的节点之间的同步操作，另一种是基于 HTTP 协议之上的节点间命令调用，对应 5554 端口号。

4.3.2.2　CCNP

对应 80 端口号，基于 HTTP 协议之上的命令调用。该接口用来实现内容链管理员对内容链中各种数据及节点的管理。

4.3.2.3　CCAP

对应 5555 端口号，基于 HTTP 协议之上的命令调用。用于发布系统与内容链间的交互。

4.3.3　面向内容的分层共识机制

区块链中的数据由所有节点共同维护，每个节点都有一份完整的区块链账本，通过共识机制使节点达成一致，实现了节点间数据共享，从而解决了各个利益相关方间的信任问题。但正是由于交易需要通过共识机制，在所有节点间达成一致，因此交易效率低。在对现有的共识机制存在的问题进行分析后，实现了一种面向内容的分层共识机制。该分层共识机制针对数字内容交易与分发场景中的具体业务以及内容链中的功能需求，设计出相应的交易类型，简化了共识流程，提高了共识效率；通过设立内容节点，将对内容对象数据的共识加入整个共识过程，实现了内容对象数据与链的融合；通过分层共识机制，将内容链中的节点按功能需求分成三种不同的类型，既实现了对内容发布的管控，又实现了内容发布的不可篡改性及安全性。

4.3.3.1　共识类型设计

针对数字内容共建共享场景，从底层设计出相应的交易类型，每种交易类型对应一种具体的业务逻辑，包括内容发布、内容交易及内容停止发布。其中内容交易根据交易性质分为内容所有权交易和内容使用权交易，内容停止发布根据操作类型分为内容下架和内容屏蔽。

4.3.3.2　共识流程

内容链的共识机制采用以 PBFT 为核心的共识算法。发布系统在发布内容、内容交易和停止发布内容后，对应的内容链节点发起相应的交易于交易池中，被选举出的主节点负责从交易池打包交易，产生区块，产生的新区块交给共识算法模块处理。共识算法模块接收新区块，并根据接收的共识消息包完成共识流程，最终将达成共识的新区块写入内容链。区块上链后，从交易池中删除已经上链的交易。共识成功后，主节点广播生成的区块给其余所有节点，保证节点间区块高度的一致性。共识流程如图 4-6 所示。

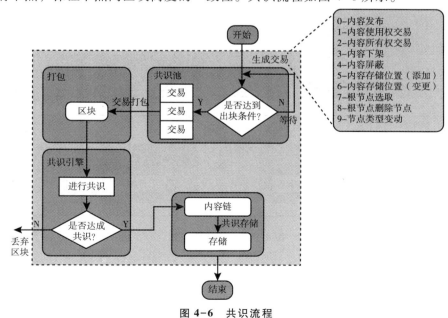

图 4-6　共识流程

4.3.4 自动切换的多备份版权内容存取

为了解决区块链存储扩展性差的问题，研究者设计了多种区块链存储扩展方案，主要包括链上存储和链下存储两种方法，在一定程度上解决了区块链存储大文件的问题，但是仍然不够完善。

通过研发，实现了内容分级存储，即将内容元数据利用区块进行存储，而内容对象数据采用三节点备份机制存储，确保了内容不丢失且可长期保存，同时节省了存储空间；并且内容在节点中加密存储，保证了版权内容的安全性；在保存内容时，通过节点选取算法选择备份节点，保证内容在所有节点中均匀分布，即节点负载均衡；最后通过哈希验证保证版权内容不被篡改。

内容链的存储模型包括三个部分：区块存储、内容对象存储和管理数据存储。内容存储模型如图 4-7 所示。

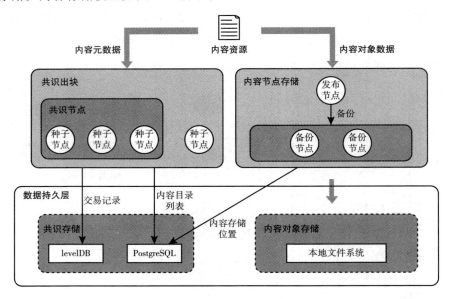

图 4-7 内容存储模型

4.3.4.1 区块存储

在内容链中，通过共识产生的交易数据利用嵌入式数据库 LevelDB 进行存储。存储的交易数据包括内容发布、内容所有权交易、内容使用权交易、内容下架、内容屏蔽五种类型。LevelDB 为 key-value 存储引擎，在实际存储中以内容链共识出块的区块高度 index 值作为主键，存储区块信息，区块的具体属性包括高度、交易详情、区块哈希、时间戳和前一区块的哈希；将交易哈希作为主键，存储交易信息，交易的具体属性包括交易哈希、交易数据和时间戳。区块结构如图 4-8 所示。

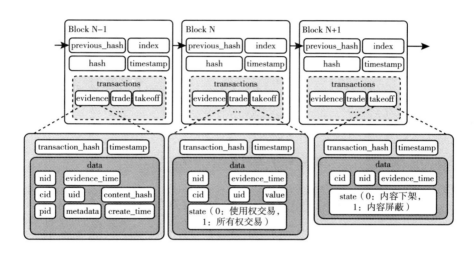

图 4-8　区块结构

4.3.4.2　内容对象存储与保护

为了解决内容对象数据的存储问题，内容链采用基于内容节点本地文件系统存储加密后的内容对象数据。

1）内容节点选取机制

内容节点选取机制根据存储空间、服务质量、地理位置等因素对节点进行筛选。

2）内容对象数据保存

内容对象数据在内容链中以 1：3 的比例进行保存。具体算法流程如图 4-9 所示。

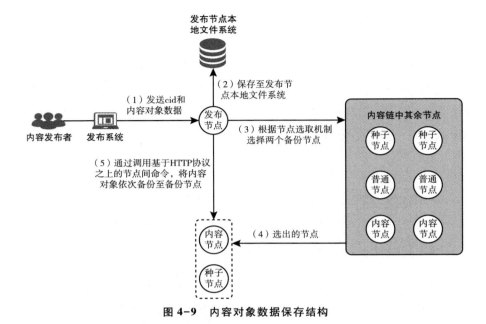

图4-9　内容对象数据保存结构

①发布系统连接的种子节点/普通节点作为发布节点对内容对象进行保存。根据 cid 将内容对象保存在发布节点相应的目录下。

②发布节点将数据存储成功后，根据节点选取机制选出的两个内容节点作为备份节点备份内容对象数据。

③通过调用基于 HTTP 协议之上的节点间命令，将内容 cid 及内容对象数据发送给备份节点。

④备份节点接收到请求后，执行存储流程，执行完成后将结果返回给发布节点。

⑤如果发布节点接收到存储失败的结果，采用与保存时相同的方式从剩余所有内容节点中再次选出一个节点作为备份节点，直到收到两个存储成功的结果。

⑥发布节点发起共识请求，将内容存储位置写入区块中。

3）内容对象数据获取

获取内容对象数据的具体算法流程如图4-10所示。

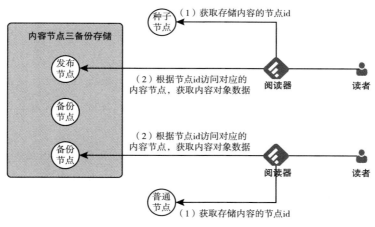

图 4-10　内容对象数据获取结构

①根据内容对象的 cid，在内容对象数据存储位置表中查询存储内容对象数据的内容节点 id。

②从查找到的三个内容节点中随机选取一个内容节点。

③根据 cid 向该内容节点请求内容对象数据。

④该内容节点根据 cid 从自身本地文件系统中获取内容对象数据，并将结果返回。

⑤如果出现选取的内容节点出现故障，无法获取内容对象时，重复以上步骤，从剩余内容节点中选取新的节点进行内容获取。

4）内容同步

①内容发布时，备份节点同步发布节点的内容对象。

②节点永久退出系统时，选取新的内容节点同步数据。

③节点丢失数据时，随机向内容对象存储位置表中记录的其余两个内容节点发起请求，同步内容对象数据。

④节点临时宕机，因故障重置数据对存储内容对象数据进行同步。

4.3.5　分布式开放环境的内容版权保护技术

通过对版权内容分布式存储，解决平台对用户版权内容的单一控制；通过密钥管理机制，管理内容版权保护过程中相关的密钥；通过密钥保存和分发机制，采用不同的存储策略，保证密钥在存储和传输过程中安全可靠，且密钥的生成由集中方式（即许可认证节点）生成，所有站点共享，弥补分布式站点密钥生成安全性弱的不足；通过对内容对象进行加密存储及完整性验证，实现了内容本身的安全性与可靠性；通过内容许可认证方法，保证了用户必须获得授权后才能使用内容。

内容链通过 CA 节点实现对内容的版权保护，主要功能包括内容加密、密钥管理、ID 生成、内容许可认证等。CA 节点总体功能设计如图 4-11 所示。

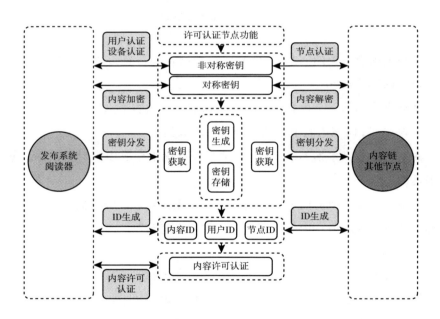

图 4-11 CA 节点总体功能

4.3.5.1 密钥管理

CA 节点既负责密钥的生成，也负责密钥分发。本系统涉及的密钥包括对称密钥和非对称公钥私钥，如表 4-1 所示。

表 4-1　密钥分类

密钥种类	生成对象
非对称公钥私钥	用户、内容链节点、阅读设备、发布者
对称密钥	内容

1）密钥生成与分发

①非对称公钥私钥

用户公钥私钥：公钥用于对称密钥加密，私钥用于对加密后的对称密钥解密。用户注册成功后，CA 节点将为用户生成对应的公钥和私钥，用户阅读时向阅读端颁发私钥。

节点公钥私钥：公钥用于对节点加密，私钥用于对节点解密。当内容链节点发来节点密钥请求后，CA 节点为内容链节点生成公钥和私钥并将密钥返回给内容链。

阅读设备公钥私钥：公钥用于对用户公钥加密后的对称密钥进行双重加密，私钥用于解密操作。用户使用新阅读设备时，阅读端需向 CA 节点申请设备公钥和私钥，此时 CA 节点进行阅读设备的公钥和私钥生成与发送。

发布者公钥私钥：公钥用于在传输过程中对对称密钥加密，私钥用于在发布者端解密。发布者注册成功后，CA 节点将为其生成对应的公钥和私钥并将私钥返回给发布者。

②对称密钥

内容对称密钥：用于内容的加密解密。内容链向 CA 节点申请内容密钥时，CA 节点生成对应的对称密钥；内容加密时，密钥封装返回给发布端。

2）密钥存储

密钥生成后，CA 节点将密钥在本地数据库进行存储。为每个模块的数据进行建表，创建对应字段和属性。对于一些秘密信息，比如，各种私钥信息和内容加密的密钥，应在数据库中加密存储。密钥生成后，CA 节点将密钥在本地数据库中保存。

由于数据库有可能存在安全性隐患，存储密钥时需加密存储，具体方法为：在 CA 节点生成存储公钥私钥对，写入系统的隐蔽文件中，使用 RSA 加密算法，利用公钥对待存储密钥数据进行加密后，存储在 PostgreSQL 数据库中，来提高密钥存储安全性。

4.3.5.2 内容许可认证

内容许可认证保护内容资源不被盗版使用，是保护发布者和读者权益的重要方式，对于内容拷贝、未购买使用、盗取内容等损害版权利益的操作应起到全面遏制的作用。因此，对于内容许可的认证显得尤为重要。当阅读端与版权管理机制建立了双向连接，并有效验证了用户和内容的使用权限之后，才能保证内容资源被正确使用。

内容许可认证的流程如图 4-12 所示。

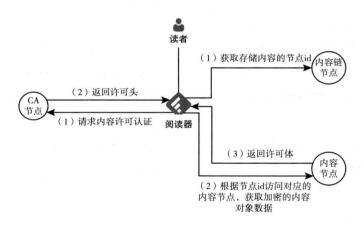

图 4-12　内容许可认证申请

当用户获取已购买的内容时，向 CA 节点请求内容许可。此时，CA 节点验证用户是否有获取权限，验证通过后，将内容对应的内容许可利用设备公钥进行二次加密以保证密钥安全性。用户收到内容许可之后，使用设备私钥及用户私钥进行解密，得到原始的内容密钥，用该密钥来解密内容。

4.4　面向开放版权交互协议的资源库群路由服务系统

4.4.1　资源库群路由服务系统技术体系架构

4.4.1.1　资源库发布网络架构设计

20 世纪 90 年代末，专家学者开始将目光聚焦到元数据的互操作方面，互操作协议希望资源共享双方商定同一规则，遵循相同的协议。

资源库发布网络架构设计在应用层面对共享服务进行集成。为了适应当下资源库分散且异构的现状，本章提出基于二层分布式资源库发布网络及一层中心式版权注册交易开放平台的架构方案。资源库在版权注册交易开放平台经过注册认证，便可加入发布网络。满足提供的路由接口规范，便可与版权注册交易开放平台请求通信。版权注册交易开放平台作为底层服务支撑，提供路由、逻辑处理等后端服务，不对用户设立开放入口，用户分散在各个资源库提供的门户，在某一个门户便可浏览到与该门户共享的所有资源。资源库之间不会直接请求，均通过服务路由进行转发。发布网络上的成员彼此可以选择与之共享的对象，建立了共享关系便可以资源库互操作协议传输资源目录，进而完成跨站点代销的交易行为。资源库发布网络架构设计如图 4-13 所示。

4.4.1.2　资源库互操作路由设计

本章定义资源库间通信方法为资源库群互操作路由协议。该协议规定资源库之间不允许直接请求连接，均需通过与路由服务平台建立请求连接，然后转发给其他资源库以达到跨库请求的目的。好处就是，对于中心路由服务来说，可以在该处进行统一身份认证，方便对整个资源库群的管理；对于资源库来说，无论库群里有多少资源库，资源库只需要与平台这一处的地址进行通信，降低了资源库的请求操作压力。依靠资源库互操作路由即可实现跨站点的共享、交易请求，资源库可以选择与任何其他在本发布网络上的资源

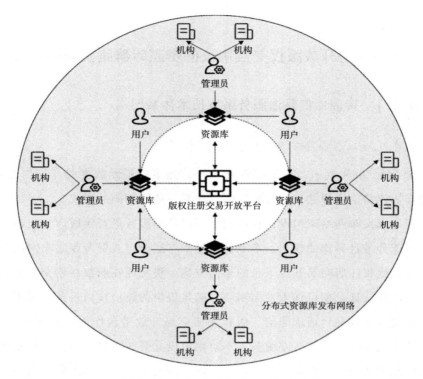

图4-13　资源库发布网络架构设计

库共享资源目录，由于彼此交换的是目录元数据而不是源文件，既减轻了网络传输负担，也避免了资源冗余、重复管理。资源库互操作路由架构设计如图4-14所示。

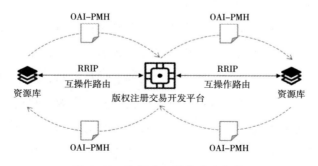

图4-14　资源库互操作路由架构

互操作标准接口包括版权声明管理、资源共享、资源交易、资源获取。

1）版权声明管理

版权声明管理包含资源库对版权声明的添加、查询、修改、删除操作。版权声明在存储时具有隐式 version 编号，该编号代表该版权声明的版本信息，初始值为 1。因为版权声明在后续交易过程中需要承担快照作用，所以版权声明的修改操作实际为新增一条修改后的数据，version 字段加 1。查询时默认查询最新的版本的版权声明内容。删除操作也不会真正地删除记录，而是修改字段值，记为下架操作。

2）资源共享

此接口为资源库基于 OAI-PMH 协议规范收割其他资源库元数据信息，支持 6 种原始收割动作，资源库可根据协议规范自行支持，平台负责认证校验及路由转发。在 6 种原始收割动作之外，平台另提供资源库共享列表收割、版权声明协议收割和用户信息收割 3 种额外请求动作，分别将其 verb 定义为 Libs、GetCcp、getReader，其中，Libs 的收割参数为 lid，GetCcp 的收割参数为 cid，getReader 的收割参数为 reader_ id。

3）资源交易

此接口为资源库交易接口，由下单资源库转发用户订单明细列表等信息到平台，平台负责校验以及调用第三方交易服务引导用户支付，支付成功后会自动返回给用户资源内容。如果是代销订单则涉及跨站点交易，需要回调资源提供方准备资源，进而转发给用户，实现资源的代卖。

4）资源获取

为了保证用户可以随时获取购买过的资源内容，本系统单独提供资源获取接口，获取流程与交易接口中交易完成后自动获取内容流程基本一致，只不过该请求为用户主动调用发起。

4.4.2　版权声明与版权授权许可格式规范设计

4.4.2.1　版权声明格式规范设计 CCP

版权声明格式规范是在资源库发布上传资源时，在后台请求传递至版权注册交易开放平台生成，具体分为作品信息、权属信息、价格体系信息三部分。

（1）作品信息是对作品本身的描述，在本章中支持的作品类别有文本、图片、音频、视频四种。资源形态支持数字形态、实体形态，交易主体支持作品内容和作品权利，并且支持对于数字文字作品的部分售卖方式。

（2）权属信息包含对权利人的描述、允许交易的著作权权利以及其他被允许的购买条件范围，如许可使用的地域、时间范围等。考虑到施行难度及成本问题，在本章中只针对不涉及二次创作的权利提供在线交易服务，即改编权、翻译权和汇编权以外的允许他人使用的权利。

（3）价格体系信息中包含资源内容及各项资源版权的价格。为了给用户及著作权人提供更加灵活的交易服务，每份作品需要对允许交易的权利分别进行价格声明，方便权利人和用户定制自身需求，拓宽交易模式。版权声明信息详细内容如表4-2所示。

表4-2　版权声明信息

数据项名称	填写方式	数据项类型	特殊说明
作品名称	人工输入	字符型	
作品类别	人工选择	枚举型,选项: 文字作品、音频作品、图片作品、视频作品	
创作性质	人工选择	枚举型,选项: 原创、改编、翻译、注释、整理、汇编	
版权编号	人工输入	字符型	
创作完成日期	人工输入	日期型,格式:yyyy-mm-dd	
创作完成地点	人工输入	字符型	
作品形态	人工选择	枚举型,选项:数字、实体	多选
作者姓名	人工输入	字符型	
权利人姓名	人工输入	字符型	
权利人所在地	人工输入	字符型	
权利人证件号	人工输入	字符型	
权利人联系方式	人工输入	字符型	

数据项名称	填写方式	数据项类型	特殊说明
权利人邮箱地址	人工输入	字符型	
许可使用的权利	人工选择	枚举型,选项: 复制权、发行权、出租权(仅视频作品)、展览权(仅图片作品)、表演权、放映权(仅图片、视频作品)、广播权、信息网络传播权、摄制权(仅视频作品)	多选
许可使用的地域范围	人工选择	枚举型,选项:中国、世界	多选
许可使用的时间范围	人工选择	枚举型,选项:五年内、十年内、二十年内、伴随作品终身	多选
是否允许营利使用	人工选择	枚举型,选项:是、否	
数据项名称	填写方式	数据项类型	特殊说明
是否允许部分售卖	人工选择	枚举型,选项:是、否	仅数字资源形态的文字作品
是否允许专有使用	人工选择	枚举型,选项:是、否	
代卖激励比例	人工输入	字符型,输入范围0~1	-1为不允许第三方代卖

4.4.2.2　版权授权许可格式规范设计 CCA

版权授权许可格式 CCA 在内容上由 CCP 权属信息和用户个性化交易信息组合而成。CCA 采用单次许可模式,每次仅针对一项权利使用进行授权。用户在相关资源库门户网站针对某一作品欲购买其版权许可时,在购买过程中将会围绕 CCP 的约束条件展开选择各类购买项,如版权种类、版权使用时间、地域限制等,版权授权许可信息如表 4-3 所示。不论用户购买了何种权利,将作为何种用途,都将在 CCP 的约束之下,不能超过 CCP 声明的权利,且都属于《著作权法》的保护范围。

表 4-3　版权授权许可信息

数据项名称	填写方式	数据项类型	特殊说明
购买用途	人工选择	枚举型,选项: 仅自用、印刷、复印等使用、发行、出版使用、出租使用、展览使用、表演使用、放映使用、广播使用、网络发布使用、摄制使用	
用途说明	人工输入	文本型	仅权利交易
购买使用的地域范围	人工选择	枚举型,选项:中国、世界	仅权利交易
购买使用的时间范围	人工选择	枚举型,选项: 五年内、十年内、二十年内、伴随作品终身	仅权利交易
是否盈利用	人工选择	枚举型,选项:是、否	仅权利交易
购买资源形态	人工选择	枚举型,选项:数字、实体	
是否部分购买	人工选择	枚举型,选项:是、否	
部分购买范围	人工输入	字符型	页数范围如 1~20
是否专有购买	人工选择	枚举型,选项:是、否	仅权利交易
应用份数	人工输入	字符型	仅复制权、发行权、出租权、展览权、摄制权、交易或实体内容交易

版权授权许可格式规范设计 CCA 在内容组成上分为三部分：CCP 权属信息、用户订单明细信息、支付信息。其中：CCP 权属信息与作品声明时内容一致，属后台隐式填写，在 CCA 中起交易快照的作用，方便后续审查权利是否按照声明要求售卖以及维权。用户订单明细信息的生成为用户自主选择，用户在下单时需要手动选定购买项。为便于统一描述及管理，资源内容购买记为"仅自用"，并将其统一划分到使用购买用途列表中。支付信息为用户确认订单在线支付完成后隐式填写，具体包含支付方式、总金额、实付金额、第三方支付订单创建时间、支付时间等。

4.5　资源发布系统

4.5.1　图书资源库

图书发布站点主要有四大特点。①纸数融合发布。发布站点支持纸质版和电子版发布。②站点间内容共享。各个站点之前的内容元数据共享，在任意站点可以浏览不同站点的数据。③发布内容自主。发布内容自主控制，并属于当前发布站点。④完备的版权管理体系。版权管理由之前讲到的路由服务系统提供，根据版权操作协议实现版权管理。

发布站点的几个重要功能分别与其他系统相关联，针对强版权的发布内容与内容链相关联，上链存储内容交易、路由转发由版权注册系统帮助实现。图书发布站点结构原理如图 4-15 所示，图书资源发布站点界面如图 4-16 所示。

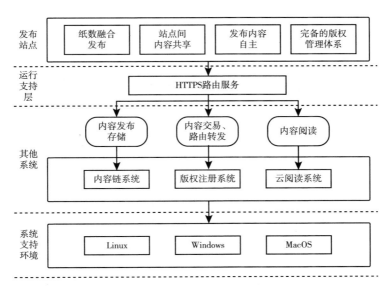

图 4-15　图书发布站点结构原理示意

图 4-16　图书资源发布站点界面

4.5.2　书法资源库

书法资源发布系统中书法的图片资源由"中国艺术科技研究所"提供，展示的汉字总计 119490 个，包括 80003 个字形、23 个朝代、5 种字体种类（草书、隶书、楷书、行书、篆书）。在检索界面，用户可以根据朝代、作者、字体、汉字名称等进行低延迟、无感知的精确筛选，并可以对选中的字体进行详情查看、临摹等。书法资源发布站点界面如图 4-17 所示。

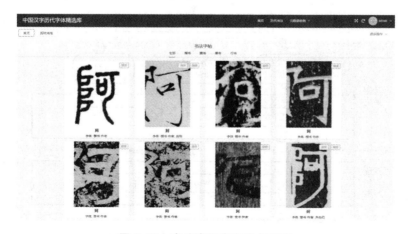

图 4-17　书法资源发布站点界面

4.5.3 音乐资源库

音乐资源库中展示的音频视频总计 6239 个，其中，音频资源 5981 个，视频资源 258 个。音乐资源发布站点界面如图 4-18 所示。

图 4-18 音乐资源发布站点界面

4.5.4 女书资源库

女书资源发布站点主要包括的内容资源有《三字经》《弟子规》《千字文》的女书对照以及女书作品 109 件，对女书作品点击可查看作品编号、规格和介绍；对于国学经典的女书对照作品点击可查看原文和女字音标以及女字。女书资源发布站点界面如图 4-19 所示。

图 4-19 女书资源发布站点界面

"女书"是一种独特的文化"化石",对研究人类文字和文明的起源、女性文化和民族的起源以及文明的发展历程等都有重要价值。被国内外学者叹为"一个惊人的发现""中国汉语文字历史上的奇迹"。

4.6 小结与展望

本章从公共文化资源建设的用户需求、共享模式、建设机制三个方面开展公共文化资源智能共建模式研究;同时开展公共文化资源库群建设标准规范研究,研究多类型的文化资源库的元数据语义表达规范与交互操作规范;研发支持多层次、多维度知识表达的文化资源大数据对象模型,满足多类型文化数据资源的自动化组织与智能计算。研发面向资源库群的人智协同、多点协作的文化资源采集加工技术,实现文化资源的自动化采集、标注、加工与入库;研发公共文化资源库群的构建技术,满足各种文化资源的共享;研发公共文化资源库群的自动化管理关键技术,开发非算力、分层、可控的文化资源库管理共识机制,开发文化资源的提交、存储、定位、分发操作的多主体资源存取协议,实现国家公共文化资源库群的智能化管理,最终将建成一个可控、可信、自组织的公共文化资源的自动化库群服务网络,为研究成果的应用示范提供基础支撑;同时培养一批相关技术人才,形成产学研相结合的技术支撑体系,并从根本上解决文化资源重复建设、资源分布不均衡、应用服务单调、技术支持缺乏、利益相关者不协调等问题,提升我国公共文化资源服务水平。

第五章

基于中台机制的公共文化
云平台对接优化研究

作为公共文化服务数字化的基础工程，公共文化云平台当前处于提质增效的关键期，只有通过各级平台之间的对接才能最大限度地发挥价值。公共文化云平台对接的宗旨是扩大数字云平台的覆盖力、提高数字资源的利用率、提升数字文化馆的整体服务效能。文化和旅游部全国公共文化发展中心对于公共文化云平台对接的要求从早期的平台对接、资源对接、数据对接和服务推广四个方面调整为端口对接、资源数据对接、服务数据对接、用户数据对接四个层面，这说明公共文化云平台的对接呈现"用户中心""城乡一体""合理布局""高质高效"的发展特征。本章通过"中台机制"在湖北省群艺馆的应用实践，探索以新技术、新服务打造文化治理体系，以系统性解决方案推动文化治理能力的现代化建设。

5.1　地方云平台与国家公共文化云对接现状[①]

为整合聚拢全国公共数字文化资源与数据，各级公共文化单位可以在国

[①] 本部分数据来源于国家公共文化云平台 2023 年 1 月的统计结果；本节由汉雅公司李心爽撰写。

家公共文化云注册账号，发布本地的活动和资源，利用国家公共文化云对本地的活动和资源进行宣传推广，也可以将本地的公共数字文化服务平台对接到国家公共文化云，以接口对接的形式上传资源内容。

5.1.1 正向对接情况

5.1.1.1 对接平台情况

截至 2023 年 1 月 11 日，国家公共文化云开展地方平台对接 182 个。其中，省级平台 45 个，包含省级文化馆 28 个，省级图书馆 11 个，省级厅（局）单位 5 个，其他 1 个；地市级平台 69 个，包含地市级文化馆 53 个，地市级图书馆 3 个，地市级厅（局）单位 12 个，其他 1 个；区县级平台 68 个，包含区县级文化馆 62 个，区县级厅（局）单位 6 个，如图 5-1 所示。

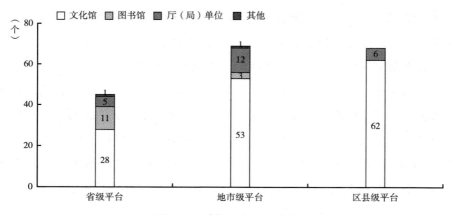

图 5-1 对接平台分级情况

5.1.1.2 对接数据情况

截至 2023 年 1 月 11 日，对接个人用户数 210756 人、机构用户数 859 家，对接资源分为接口对接、注册账号上传两种方式。其中，通过接口对接资源 408714 条，通过注册账号上传资源共 13370 条（其中发布了 9074 条）。累计服务次数 7563 次。

1）个人用户数据

截至 2023 年 1 月 11 日，地方平台接口对接个人用户数 210756 人，如图 5-2 所示。

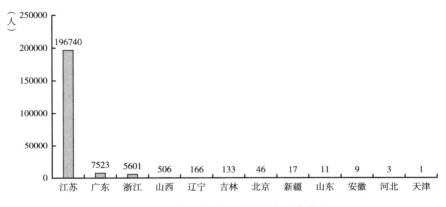

图 5-2　地方平台接口对接个人用户情况

除此之外，已实现三方个人用户对接的还有北京数字文化馆、天津公共文化云、辽宁省文化馆云平台、辽宁文化云、黑龙江数字文化馆、安徽公共文化云、甘肃省文化馆、哈尔滨市数字文化馆、南宁市数字文化馆平台、西安市数字文化馆平台、西宁市文化馆、新余市图书馆等。

2）机构用户数据

截至 2023 年 1 月 11 日，地方平台接口对接机构用户数 859 家，其中，江苏公共文化云对接 467 家，黑龙江数字文化馆对接 384 家，重庆群众文化云对接 8 家。

3）对接资源数据

①接口对接资源数据

截至 2023 年 1 月 11 日，地方平台接口对接资源 408714 条。包括资讯资源 205784 条，活动资源 121836 条，场馆资源 22171 条，视频资源 37103 条，图片资源 15765 条，直播 1879 条，音频 3207 条，课程资源 753 条，师资 206 条，电子书 10 条。

资讯资源对接最多，占比 50.35%，活动资源占比 29.81%，场馆资源占比 5.42%，视频资源占比 9.08%，图片资源占比 3.86%，音频占比 0.78%，直播占比 0.46%，课程占比 0.18%，书刊占比 0.002%，师资占比 0.05%，如图 5-3 所示。

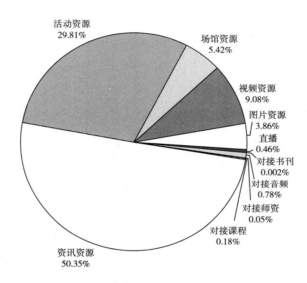

图 5-3　地方平台接口对接资源情况

各省级平台接口对接资源数据中，省级地方云平台对接资源 366949 条。其中，省级文化馆对接资源 305725 条，省级图书馆 29649 条，省级厅（局）单位 31159 条，其他分类 416 条。

地市级平台对接资源 31232 条。其中，地市级文化馆对接资源 26676 条，地市级图书馆 72 条，地市级厅（局）单位 4327 条，其他分类 157 条。

区县级平台对接资源 10533 条。其中，区县级文化馆对接资源 10041 条，区县级图书馆 0 条，区县级厅（局）单位 492 条，如图 5-4 所示。

②对接平台上传资源数据

截至 2023 年 1 月 11 日，对接平台通过机构账号上传资源共 13370 条。其中，上传活动动态 4938 条，文化活动资源 4274 条，文化场馆 1333 条，

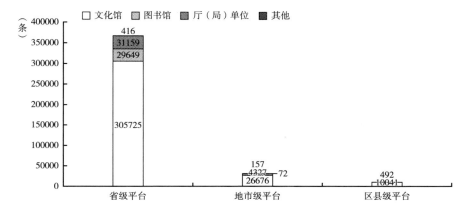

图 5-4　各级对接平台对接资源情况

视频剧集 1068 个，新闻资讯 829 条，短视频 371 条，场馆活动室 420 条等，如图 5-5 所示。

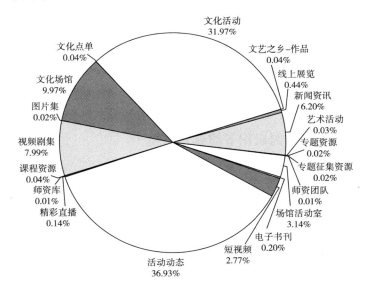

图 5-5　对接平台上传资源情况

4）服务次数数据

截至 2023 年 1 月 11 日，地方平台服务次数累计 7563 次。

5.1.2 反向对接情况

反向对接分为两种方式：反向接口对接和反向端口对接。

地方云平台可申请将国家公共文化云的资源对接到本地的公共数字文化服务平台，即反向接口对接，但目前暂无实现反向接口对接的平台。通过在地方云平台上外链国家公共文化云的飘窗及友情链接，即反向端口对接。

反向端口对接情况：182 个地方云平台中有 133 个外链了国家公共文化云的飘窗或友情链接，49 个暂时未反向链接。

5.2　数字化时代的文化（群艺）馆服务[①]

数字化时代进程加速，逐渐改变了社会、组织以及人的生活方式，科技不断创新、迭代升级，许多技术具有相当程度的颠覆作用，尤其是组织管理逻辑发生了很多改变，留给我们思考和调整的窗口期变得越来越短，这也给文化（群艺）馆提出了新的要求和挑战。

5.2.1　数字资源累积下的基础布局

以湖北省群众艺术馆为例，该馆在公共文化云建设方面落实资源先行，于 2016 年启动并成功申报中央转移支付资金项目"百姓大舞台"，2017 年成立了数字资源部，负责公共数字文化建设工作，逐步关注数字资源建设的规范化处理、合理化设计、统筹化建设等相关问题；截至 2022 年，湖北省群众艺术馆持续参与公共文化云建设项目数十个，获批中央转移支付经费2690 万元。地方特色资源建设情况如表 5-1 所示。

---

① 5.2 节到 5.7 节由湖北省群众艺术馆田耘撰写。

表 5-1　湖北省地方特色资源建设情况

序号	年份	项目名称	建设成果	建设单位
1	2018	薪火相传:黄州农民画风格动画片	60 分钟动漫视频,5 场培训,培训 200 余人,线上 H5 互动	省群艺馆
2		荆州花鼓戏慕课项目	6 个小时,共 8 章节课时	
3		湖北省群众艺术馆"美术馆藏"精品资源建设	共计 606 幅作品	
4		全民艺术普及——湖北大鼓慕课资源制作	高清慕课,52 课时 525 分钟	
5		黄梅民歌小调音频资源库	音频 481 集,88 小时 9 分 54 秒;视频 5 小时 30 分 20 秒	
6	2019	微游湖北民间文化艺术之乡(一)	高清微视频,12 集 60 分钟	省群艺馆
7		湖北地方戏曲慕课(楚剧、黄梅戏)	高清慕课,80 课时 1200 分钟,教学素材一套	省群艺馆、黄冈群众艺术馆
8	2020	微游湖北民间文化艺术之乡(二)	高清微视频,24 集 120 分钟	省群艺馆
9		湖北地方戏曲(三):汉剧	慕课,20 课时 300 分钟	
10		湖北地方戏曲(四):提琴戏	慕课,16 课时 240 分钟	
11		馆藏精品资源数字化(二)	高清,20 场次 1500 分钟	
12		湖北民间音乐资源库——湖北民歌(一)	高清微视频,20 集 200 分钟,培训 1000 人次,图片 1000 张,制作光盘、曲谱成册	
13		我身边的非遗——楚风楚俗之春节习俗	高清微视频,48 集 240 分钟	
14		湖北曲艺地方戏曲慕课:"汉川善书、湖北小曲"	慕课,30 课时 400 分钟,素材时长 800 分钟	
15		襄河道坠子慕课	慕课,15 课时 300 分钟	襄阳市群艺馆
16		当阳"关陵庙会"多媒体资源库	25 万文字,1000 幅图片,300 分钟视频,150 分钟音频,元数据 1500 条	当阳市文化馆
17		全民艺术普及之东路花鼓戏慕课	慕课,10 课时 200 分钟,教学素材 1 套	黄冈市群艺馆
18		咸宁市群艺馆馆藏精品数字化(一)	音频 280 件作品,时长 800 分钟;原创美术馆藏 1400 幅	咸宁市文化馆
19		恩施州地方戏专题片:南剧、巴东堂戏、灯戏、傩戏、柳子戏	专题片 10 集,7～11 分钟每集,素材时长 450 分钟	恩施州文化馆

序号	年份	项目名称	建设成果	建设单位
20		湖北民间音乐微视频项目（湖北民歌二）	高清，75集750分钟，培训2000人	
21	2021	湖北地方戏曲慕课项目	42课时750分钟，公开出版物1本	省群艺馆
22		悠游湖北·身临其境微视频项目（一）	25集，共840分钟	

虽然湖北省群众艺术馆的数字资源建设取得了一些成绩，但随着移动互联网的高速发展，人民群众的数字文化需求不断升级，对公共文化云建设提出了更高、更新的要求。在数字化、网络化、信息化的今天，用户需求呈现更加多元化和个性化的趋势，如何让用户与公共文化云平台"黏"在一起是文化（群艺）馆通过公共文化云平台提供数字化服务的一个难题，如何提供更好、更快的服务，来达到甚至超出用户的预期，从而提升平台用户的好感度、喜爱度、忠诚度，都是文化（群艺）馆需要关注、思考和研究的问题。

5.2.2　以用户为中心的平台优化

"十三五"以来，湖北省群众艺术馆依托公共文化云（原文化共享工程）等公共数字文化建设项目，积极谋划，统筹兼顾，持续性推进省内基层文化馆在完善数字化建设的同时对接省级公共文化云。2018年入选全国第四批数字文化馆建设单位，自此启动湖北省数字文化馆建设项目；2019年"公共文化云：平台应用2019年项目实施方案"获全国公共文化发展中心批复立项；2020年湖北省文化（群艺）馆基础网络建设项目是2019年公共文化云平台对接项目的一个延续性的建设；2021年对湖北省数字文化馆和湖北文旅公服云进行改版优化，改版后的平台包括"汇资讯""享活动""看直播""约场馆""学才艺""读好书""赶大集""品资源""聚行业""逛非遗""赏艺术"等板块，截至2022年8月31日，平台共发布资讯

10949 条，活动 1469 条，直播 531 场，学才艺课程 278 节，约场馆 6441 个，文创产品 1714 件，注册用户 2342 人，累计访问量 482575 人次，累计直播观看 2503071 人次。

5.2.3　统筹湖北省的多级对接

湖北省群众艺术馆数字文化馆建设包括平台、资源及线下体验区三大块，截至 2020 年 4 月，基本完成建设，进入优化调试阶段，为统筹全省公共文化云平台建设打下基础。全省 116 家县级及以上文化（群艺）馆通过 2019 年国家公共文化云平台对接项目和 2020 年湖北省文化（群艺）馆基础网络建设项目完成了 16 家市/州级文化（群艺）馆和 42 家区/县级文化馆的对接（详见表 5-2 中标注 * 的文化馆），其中账号对接 47 家、接口对接 11 家。

表 5-2　湖北省基层文化馆公共文化云平台对接情况

市/州级馆	自建平台	接口对接	账号对接	区/县级	自建平台	接口对接	账号对接
武汉 *	√		√	江岸区			√
				江汉区	√		√
				硚口区			√
				汉阳区	√		√
				武昌区			√
				青山区	√		√
				洪山区	√		√
				东西湖区			√
				汉南区			√
				蔡甸区			√
				江夏区			√
				黄陂区			√
				新洲区			√

续表

市/州级馆	自建平台	接口对接	账号对接	区/县级	自建平台	接口对接	账号对接
黄石*	√	√		黄石港区			√
				西塞山区			√
				下陆区			√
				铁山区			√
				阳新县*			√
				大冶市			√
十堰*	√		√	茅箭区*			
				郧西县*			
				竹山县*			
				竹溪县*			
				房县*			√
				丹江口市*			√
				郧阳区*			√
				武当山经济特区			√
宜昌*	√	√		西陵区	√		√
				伍家岗区			√
				点军区			√
				猇亭区			√
				夷陵区			√
				远安县*	√		√
				兴山县*			√
				秭归县*			√
				长阳县*			√
				五峰县*			√
				宜都市	√		√
				当阳市			√
				枝江市			√
襄阳*			√	襄城区*			√
				樊城区			√
				襄州区			√
				南漳县*		√	
				谷城县*			√
				保康县*			√
				老河口市			√
				枣阳市*			√
				宜城市			√

市/州级馆	自建平台	接口对接	账号对接	区/县级	自建平台	接口对接	账号对接
鄂州*			√	梁子湖区			√
				华容区			√
				鄂城区			√
荆门*			√	东宝区	√		√
				掇刀区			√
				京山市*			√
				沙洋县			√
				钟祥市	√		√
孝感*			√	孝南区			√
				孝昌县*			√
				大悟县*			√
				云梦县			√
				应城市	√		√
				安陆市			√
				汉川市			√
荆州*	√		√	沙市区			√
				荆州区	√		√
				公安县			√
				监利县			√
				江陵县	√		√
				石首市			√
				洪湖市			√
				松滋市	√		√
黄冈*	√	√		黄州区			√
				团风县*			√
				红安县*			√
				罗田县*		√	
				英山县*			√
				浠水县*		√	
				蕲春县*			√
				蕲春蕲州			√
				黄梅县			√
				麻城市*	√	√	
				武穴市			√

续表

市/州级馆	自建平台	接口对接	账号对接	区/县级	自建平台	接口对接	账号对接
咸宁*	√	√		咸安区*			√
				嘉鱼县	√		√
				通城县*			√
				崇阳县*			√
				通山县*			√
				赤壁市			√
随州（无文化馆机构）			√	曾都区*			√
				随县			√
				广水市			√
恩施州*	√	√		恩施市*			√
				利川市*			√
				建始县*			√
				巴东县*			√
				宣恩县*			√
				咸丰县*	√	√	
				来凤县*			√
				鹤峰县*			√
仙桃*			√	—			
潜江*	√		√				
天门*			√				
神农架*	√		√				

2022 年 3 月调研时发现，除了随州没有设置文化馆机构，其余 16 家市/州级文化馆仅有十堰市群艺馆实现了接口对接湖北省数字文化馆平台，武汉、黄石、宜昌、荆州、黄冈、咸宁、恩施州、潜江和神农架的自建平台未能实现与湖北省数字文化馆平台的接口对接，潜江、神农架还因为各种因素已经停用自建平台，出现这些情况的原因主要有两个：一是早于湖北省数字文化馆平台建成的平台，由于技术标准无法统一，后续无专项经费支持，无法实现接口对接；二是文化（群艺）馆缺少专业的数字化人才，当基层馆自建平台的承建公司与湖北省群众艺术馆平台承建公司不是同一家时，省

馆无法有效统筹市场主体间的协同合作。

尽管各级文化（群艺）馆的特色业务会有一些差别，但是同级文化（群艺）馆的职能是相同的。因此，所建平台的核心系统和流程应是类似的，如何能够机制化、产品化地解决这些问题，更好地通过产品的形式，将通用性的数据、功能、产品甚至经验进行统一规划和开发，进而更好地关注业务职能，提高服务效能，是文化（群艺）馆在数字化时代开展公共文化服务需要解决的首要问题。

5.3　中台与中台机制

5.3.1　中台的概念与特点

从渊源上来看，中台其实是个外来概念，主要被用在军事指挥上。在现代战争中，军队的单位变得越来越小，不同军种间的微观配合变得越来越频繁，因此传统的指挥模式已经不适合这种作战方式了。为适应这种变化，美军率先发明了指挥中台，对前方作战单位进行统一协调，在多场局部战争中，这种中台策略都发挥了重要作用。后来这种方式逐步被企业学习并采用[①]。

"中台"概念的蹿红与互联网时代的到来分不开，传统互联网行业一开始也没有这个提法，直到一家名叫 SuperCell 的芬兰手机游戏公司在几年内开发出了 10 款以上的游戏，其中部落冲突、海岛奇兵、卡通农场等几款游戏都成为经典中的经典。这些游戏看上去风格迥异，却存在许多共同之处，比如用户系统、基础设施、数据分析等，这些游戏正是依靠这个强大的"中台"支撑起各个游戏开发的小团队实现了高效地试错和迭代。国内互联网公司也紧随其后，纷纷开始了各自的中台战略，阿里巴巴提出了"大中

---

① 陈永伟. 备受互联网巨头追捧的数字中台究竟是什么［OL］北京：科技日报，2020［2022.11.01］. https://m.gmw.cn/baijia/2020-01/22/33502179.html.

台，小前台"的战略，华为提出了"平台炮火支撑精兵作战"的战略，腾讯从 2018 年 10 月调整组织架构，到 2019 年 5 月数字生态大会上开放数据中台和技术中台，紧接着是字节跳动、滴滴、美团、京东等企业都在中台赛道上各显其能，一些传统行业如海尔，也开始"自营体"中台的探索，希望借助中台成功实现数字化升级。

中台是在组织业务高速发展、组织规模不断膨胀的过程中暴露的种种问题需要解决时产生的，对于军事而言，"中台"是指学习这种高效、灵活和强大的指挥作战体系，互联网领域的中台是建立在业务基础上的，是指通过技术、业务、时间等其他能力不断沉淀下来的综合能力系统，并将系统封装成一个服务平台。本章研究的中台，更多意义上是一种系统架构思路，在公共文化云建设进程中，面临功能频繁迭代优化、用户量高速增长等状态时，很值得利用和借鉴中台的思路，将目前平台模块中大量可复用的功能和场景进行梳理，为用户量的高速增长做好准备。

5.3.2 优化对接视域下的中台机制

本章依托湖北省数字文化馆（湖北文旅公服云）2.0 优化升级实施，旨在平衡数字战略达成、技术变革推进、业务价值提升。其中，所提及的中台机制包括组织中台、流程中台、技术中台和数据中台 4 个要素，它们在公共文化云平台不同建设时期和不同实施主体方面侧重不同。技术中台主要是针对建设期内平台承建公司而言，组织中台和流程中台主要针对以湖北省群众艺术馆作为实施主体而言，数据中台是指构建数据采集、传输、存储、处理和反馈的闭环，打通不同层级与不同部门间的数据壁垒，建立全域数据中心。以上这四个要素搭建起一个贯穿平台层、对接层的中台机制（见图 5-6）。以期系统性地解决对接优化问题。四个要素分别阐述如表 5-3 所示。

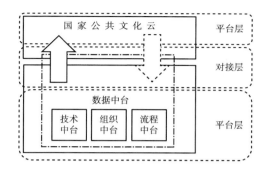

图 5-6　基于中台机制的对接

表 5-3　中台机制的四要素

要素	具体内容
技术中台	包括集成、运维等基础技术组件服务的平台——对内提供基础能力服务,为组织中台、流程中台、数据中台提供底层框架支撑,对外提供基础能力服务,在底层架构上保持了上层应用的统一
组织中台	包括职能职责调整、人员角色变动以及岗位匹配优化等内容——以湖北省群艺馆数字资源部为主导进行湖北省数字文化馆(湖北文旅公服云)2.0建设,行政办公室、文化活动部、培训辅导部、文化服务部等部门配合实施相关模块的需求调研、内容运维等
流程中台	制定建设和对接的标准以及机制,把不确定的业务规则和流程通过程式化的手段确定下来,以省级馆为总中台、市州文化馆统筹辖区内区县文化馆及文化站,国家、省、市、县、乡文化馆(站)五级联通,以减少沟通成本及沟通误差
数据中台	数据仓库和数据服务平台的结合,承接后台、支撑前台的需求。在功能架构上,数据中台中主要包括数据集成能力域、数据治理能力域、数据共享能力域和数据服务能力域

　　资料来源:白雪伟,杨疆,王涛.关于企业级智慧中台的构建方法研究[J].长江信息通信,2021(9)。

　　传统的信息化对接的基础技术架构非常复杂,无法轻易改动,且扩展能力弱、适配性不强,会造成平台后端的技术架构无法感知前端的业务需求,无法灵活响应数字时代多变的数据需求,更无法实现精细化的运维管理。作为服务全省群文系统的湖北公共文化云平台,前端用户场景不断变化,产生的数据、用户、技术经验等持续积累,中台机制的引入可以实现新旧业务模式无缝融合，将数字化能力扩展到业务生态调整、技术更迭、服务优化、品牌活动打造等方面，挖掘更多精细化运维的可能，随着数据量增加，模型和算法不断积累，促进公共文化云平台的提质增效。

5.4 贯穿平台建设期的技术中台逻辑

技术中台在平台搭建时期可以降低开发成本、提升响应速度。它的底层技术架构依托数据中台的建设，数据中台支撑着上层应用，逻辑上从传统的项目化研发模式改为"低代码"组件化研发模式，对可重用和基于组件的体系结构进行开发，引入开发"引擎"技术路线，将传统需大量技术投入和时间投入的组件化的研发点抽象为"引擎"开发，以满足平台高效可用的要求。

5.4.1 一种架构逻辑与思路

技术中台并不存在任何技术壁垒，它实际上是一种架构逻辑，只要能够秉持这个逻辑来搭建平台，就能实现基于数据分析的结果指导业务活动，业务活动又生成数据，继续反馈到数据分析里，数据分析再次指导业务活动的开展，如此循环反复。数据和业务之间形成的动态的、循环拟合的运转状态（见图5-7），有助于公共文化云平台服务的提质增效。

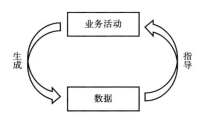

图 5-7 技术中台：数据驱动业务

5.4.2 案例：新增"赶大集"模块的搭建

湖北省数字文化馆（湖北文旅公服云）2.0在新增"赶大集"模块采

用了技术中台逻辑。一方面，因为国家公共文化云"赶大集"模块的建设标准和对接要求当时还未对外公布，而作为向下统筹全省文化馆平台、向上对接国家公共文化云平台的湖北省数字文化馆（湖北文旅公服云）的建设是一个不断学习、迭代、拟合的过程，这就决定了智能商业操作系统也是一个动态拟合的结构；另一方面，"赶大集"模块作为一个相对独立的完整体系，具备实现数据驱动业务的基础，通过技术中台搭建不同环节的工具体系，可以在数据共享的基础上使数据工具之间形成闭环。

"赶大集"模块的中台逻辑通过整合和包装各种技术中间件，把各项技术要素集成、融合、创新，助力创新性应用的快速开发迭代，通过高可扩展性、强兼容性实现安全、高效、可控、便捷的架构目标。

实施层面上，在 IaaS、PaaS、SaaS 三个层面贯穿"中台"技术思路（见表 5-4），搭建一个具备"韧性"和"柔性"的中台，对内为组织中台、流程中台、数据中台提供底层框架支撑，对外在底层架构上保持了上层应用的统一。

表 5-4　"中台"技术思路

层面	具体思路
基础设施服务（IaaS）	基于 Hippo Slot 搭建的资源弹性调度服务：解决机器资源分配问题，将一个物理机分成很多资源，根据应用单机不同的资源需求动态创建不同规格的容器（Docker），一个容器被视作一个 Slot。基于 k8s 搭建容器云平台服务，监控容器运行状态，自动重启一些坏掉的容器。基于 Nginx 集群搭建负载均衡服务，负载均衡策略与容器云紧密结合，根据各个数据节点的各项性能指标，动态决策数据流向
平台级服务（PaaS）	基于 Mysql 数据库集群构建"赶大集"元数据库群，此数据库作为"中台"的基础数据平台级服务，业务数据的入库和向国家公共文化云平台推送传输数据均基于此库。基于 Hadoop+Spark 框架搭建大数据存储平台，构建海量对象存储架构，实现高效存储。基于 Springboot+SpringCloud 框架搭建分布式部署框架，提供配置管理、熔断、路由、控制总线、分布式 session 等整套分布式架构所需的解决方案，符合微服务的构架理念
通用应用服务组件（SaaS）	基于深度学习算法构建"赶大集"板块店铺商品、供需方信息的敏感词鉴别，同时对用户 UGC 内容进行智能"黄暴恐"鉴别，提高系统言论安全性

5.5 组织中台与流程中台的协同优化

数字时代的到来迫使公共文化机构开始思考如何从工作流程、业务模式、思维方式、应用场景等方面加速数字化布局。中台机制并不是一个口号，它是至上而下的一种系统性的变革创新，包括战略制定、数据治理、技术更新、产品创新、组织变革、管理变革，需要不同部门之间的通力合作才能真正实现"数据驱动业务"。

5.5.1 组织中台

组织中台是指一个组织的整体结构，受战略定位、业务特征、管理模式等多因素影响，需要梳理整个团队的职能架构，再根据每个人的角色、岗位，划分具体的工作内容。组织中台能够让整个团队的协作更加系统化、规范化，进而提升效率。整个组织中台落地的第一步便是人才队伍的建设，既需要掌握数据战略的领导，也需要熟稔技术、应用、算法的中层干部和基层人员。

领导作为最高指挥官，需要推动每个业务场景下的转型任务，使技术部门与业务部门完美配合；作为"听得见炮火"的中层干部，需要既能理解领导的战略思路，又深谙技术原理和业务逻辑，这样才能有效推动数字转型工作，实现数据赋能业务；基层人员是解决将数据转变为数字化服务并赋能业务的实际操作者，只有形成一个"多兵种"的配合，才是中台机制中有效的组织中台。

5.5.2 流程中台

如图 5-8 所示，流程中台为战略服务，侧重流程的标准化建设，主要是制定建设和对接的标准以及机制，把不确定的业务规则和流程通过程式化的手段确定下来，以减少人与人之间的沟通成本及沟通误差。按照战略、业务、需求、应用、算法、数据由上到下的顺序进行：一是梳理公共文化云建设项目的"十四五"规划、总结湖北省数字文化馆（湖北文旅公服云）战略目标和愿景，制定实现战略目标的实施方案；二是依据新的需求来创建应用，建立开放、共享、便于迭代的算法和数据共享机制（见图5-8）。

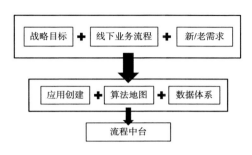

图5-8 流程中台的构建过程

湖北省群众艺术馆作为总中台，市州文化馆统筹辖区内区县文化馆及文化站，在构建国家、省、市、县、乡文化馆（站）五级联通云平台过程中，对内需要梳理省馆的业务流程和省馆内部的各个业务部门的需求，对外需要调研省内基层文化馆的需求和业务流程，这些并不是由相关人员主观决定的，而是由业务逻辑确定的。实际上，随着应用场景的不断变化，业务部门提出的需求在很多时候都是一个创意，但这个创意很难变成一个明确的需求，因此，在梳理流程中台时不仅需要业务部门参与，还需要技术部门和其他部门的配合。

流程中台并不意味着所有业务模式都需要实现数字化，设置太多数字化互动模式反而会因基层文化馆从业人员专业能力相对较低而产生负面影响。以直/录播板块运维为例，直/录播活动业务的填报和初审流程均在线下完成，这就是对基层文化馆进行业务和需求梳理后，在省馆平台的中台流程与基层文化馆实际情况之间达到平衡，避免过度数字化打击基层文化馆工作人员的积极性；同时还可以给予一定的激励政策，鼓励数字化团队积极落实业务部门的需求。

5.5.3 组织中台与流程中台的协同优化

从中台机制的系统性和整体性思考，组织中台和流程中台的协同优化是满足公共文化云平台建设和不同时期运营需求的一种比较可靠的方法。它要求从组织的职能架构到组织成员的角色、岗位，划分具体的工作内容，把不确定的业务规则和流程通过程式化的手段确定下来，呈现多样化、复杂化、动态化、系统化、智能化、个性化的特征，这就需要在协同理论的指导下研究优化对接问题。

为了满足多维度的业务需求，数字资源部作为中台机制的主导方、推进方和统筹方，需要围绕数据应用逻辑，对各个部门业务中各环节产生的数据和需求加以整理，建立开放、共享、便于迭代的算法和数据共享机制，形成数据智能应用系统，帮助确定数据智能应用的区域和模块，为规划数据智能应用解决方案提供指导意见。除了对接国家公共文化云的部分，数据智能应用系统应该灵活，可随着业务需求的变化作出相应调整，时刻满足多变的业务需求，并根据各地的特色文化资源和服务搭建特色应用，帮助文化（群艺）馆实现数据赋能业务。经过近 5 年的调研、建设、优化，湖北省群众艺术馆关注数字化技术与业务，并与组织架构、生产流程、管理模式深度融合，积累和形成了一些经验、思路、专业流程和理论知识，在调研期间，依照国家公共文化云改版后的标准，研制了"湖北省数字文化馆建设服务指南"（草拟稿）、"湖北省文旅公服云对接标准指南"（草拟稿），希望可以通过打通数据壁垒、梳理数据资产，帮助省内基层文化馆快速找到数字化转型的正确方向，从而实现数据赋能业务。

5.5.3.1 协同理论

"协同理论"是由德国物理学家 Hermann Haken 在 20 世纪 70 年代首次提出，他认为协同是指"两者或两者以上寻找互相融通、彼此关联、互相渗透的关系，寻找多方主体之间的平衡方案，使多方主体从无序到有序，达到系统统筹最优"，Cigler 认为组织间是从松散型的非正式的"网络关系""合作关系"到紧密型的正式的"协调关系"再到最紧密、最正式的"协同关系"演变过程，Innes 和 Booher 则认为"协同活动源自从业者和市民们的工作，而不是被哪种理论催生或者建立在哪个理论之上的"。可见，协同理念是一个形成于物理学科，但是在社会学、经济学、管理学等多学科基础上发展成熟的，已经成为系统科学的重要分支理论。

协同理论就是在看似不相关的、各自独立的、有生命无生命的、宏观的微观的、自然的社会的系统中找到关系，把握运用好这种关系实现同一目标①。它强调子系统的合作关系，而不是子系统自身属性与特征，更在于寻找协同的基本规律、探索协同的内在本质、把握协同的发展趋势，通过自己内部协同作用，自发地出现时间、空间和功能上的有序结构。协同创新能够整合各类创新要素和资源，有效突破协同活动的体制机制壁垒，促进全面协作与深度合作，激发创新活力，从而创造"1+1>2"的社会经济价值②。

5.5.3.2　协同优化策略

协同管理本身具备多样性。为了更好地开展管理工作，发挥出协同管理的积极作用，围绕目标找到契合点，进行有针对性的管理，这样才能取得较好效果。协同优化指"运用协同论和系统优化的思想和方法，将研究的对象理论看作一个理论系统，确定研究目标、借鉴成熟的相关理论的理论体系结构和方法，引导构建研究的对象理论的构架，在此基础上建立起理论体系完整、内容协同有序的新理论的一种研究方法"③。

1）机制协同优化：基于用户需求

通过对稳定用户群及潜在用户群行为轨迹、关注内容、服务需求等进行多方采集和多维分析，掌握各类用户的需求，精准挖掘供需契合点，协同打造全流程的协同优化机制。

2）组织协同优化：人才保障

在不同发展阶段，要注重战略目标能及时动态性地调整。在协同优化机制中，一部分元素发生了变化，另外一部分也需要进行相应的调整，组织保障与战略目标二者之间是一个互为变量的关系，无论因为内部环境还是外部环境，发生变化之后就必须保持二者之间的高度一致性。

---

① 陈明非. 基于协同理论的物流系统多式联运优化问题研究［D］. 沈阳：沈阳工业大学，2020.

② 陈世银. 产学研协同创新中的信息保障研究［D］. 武汉：武汉大学，2013.

③ 曹英. 艺术市场营销组合策略研究［D］. 武汉：武汉理工大学，2015.

3）流程协同优化：标准化、规范化

协同优化是基于整个战略目标，并按照阶段性的差异制定流程，以推动战略目标的实现。具体指对内部工作和业务开展的流程调整，尤其是在管理理念、管理方法方面需要进行一定的优化，才能为其发展带来积极影响。

5.5.3.3 协同优化的路径

在组织中台与流程中台的协同优化路径建设中，用户和用户需求是核心，要保持战略和用户需求的协同性。

在组织中台方面，需要按照阶段性目标的不同，重新制定战略，或将战略进行阶段性的调整，优先对战略进行完善。流程中台作为内部管理的理念和依据，按照标准化、规范化的前提开展管理，重视调整战略、优化管理，以促进其综合性发展。组织中台和流程中台的协同优化路径如图5-9所示。

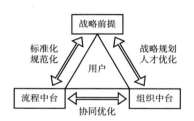

图5-9　组织中台和流程中台协同优化路径

5.5.4　案例：湖北省数字文化馆（湖北文旅公服云）的建设与运维

表5-5以湖北省数字文化馆（湖北文旅公服云）2.0优化改版为例，详细介绍了不同时期的组织中台的主导方、配合方的角色/职责。在建设期、测试期、试运行期、正式运维期等不同阶段，随着数字化建设进程的推进，平衡点也随之改变，组织内人员岗位和职责的设定应与不同时期的要求相匹配，通过组织中台在内部组织资源、搭建流程、开展业务、落实管理方面，完成职能职责调整、人员角色变动以及岗位匹配优化等内容，以构建一个合格的组织架构作为项目顺利执行的核心支撑。

表 5-5　不同时期的组织中台：以湖北省数字文化馆
（湖北文旅公服云）2.0 优化改版为例

阶段	主导方	角色/职责	配合方	角色/职责
建设期	数字资源部	主要推动者：需求调研，梳理业务线，建设方案可行性分析，制定建设规划，落实建设方案，统筹推进建设	省群艺馆其他部门	提出业务需求
			平台承建方	建模、代码实现
测试期	数字资源部	主要统筹者：使用体验收集、整理、反馈，研制数字文化馆建设各项技术标准	平台承建方	内测、优化应用
			省群艺馆其他部门	从用户角度测试平台
试运行期	数字资源部	主要统筹者：协助业务部门熟悉平台使用规范，完善数字文化馆建设各项技术标准	省群艺馆其他部门	专业模块的管理者
			平台承建方	优化算法、数据管理
正式运维期	省群艺馆其他部门	业务内容协助管理者：提供平台运维内容，业务信息审核	平台承建方	提供技术支撑
	数字资源部	信息管理者：提供专业培训，基于数据提炼业务价值，利用数据解决业务问题		

　　表5-6以湖北省数字文化馆（湖北文旅公服云）"看直播"板块为例，列出了其活动服务数据。作为群众反馈好、用户喜爱度高的模块，无论是建设期还是运营期，都是由数字资源部按照品牌直/录播活动的指标要求，梳理文化活动部的线下活动开展流程及相关需求，并统筹考虑省内基层文化馆的直播需求及活动流程，综合考虑算法地图和数据体系，最终搭建起"看直播"应用模块。

表 5-6　湖北省群众艺术馆品牌直/录播活动服务数据

建设时间	2020 年	2021 年	同比
总场数（场）	10	16	60% ↑
直播观看人次（人次）	877442	2730294	211.2% ↑
线上宣传阅读及转载次数（次）	9963	46449	366.2% ↑
服务总人次（万人次）	147.9566	226.1417	52.8% ↑

在正式上线运行不到一年的时间，平台上共开展 600 多场直/录播活动，其中：湖北省内的直/录播活动 399 场，在国家公共文化云平台直/录播 40 场，其余 359 场均是在湖北省数字文化馆（湖北文旅公服云）"看直播" 板块进行直播或录播，占总数的近 90%。这一切都归功于将现有业务架构进行梳理，分析当前面临的问题及痛点。只有通过梳理业务方式和业务流程，才能清楚哪些业务环节可以优化、重组，最终才能更高效且低成本地用数字技术和方法达到战略目标。从湖北省群众艺术馆 2020 年至 2021 年的品牌活动直/录播开展的情况可见，2020 年因为疫情影响，线下的群众文化活动无法开展，因此逐步以直/录播的方式向线上转移，随着省群艺馆直/录播负责团队和申报审核流程的确定，负责直/录播活动的运营团队分工明确，申报审核工作流程清晰，吸引了一批 "看直播" 栏目的忠实粉丝，因此 2021 年的品牌直/录播活动服务数据同比有非常大的增长（见表 5-6）。

如图 5-10 所示，梳理后形成的组织中台和流程中台，构成了中台机制这一系统的核心要素，两者从赋能业务的角度出发，选择要解决和产生业务问题的场景，针对这些场景进行需求采集和数据资源整合，梳理这一系列流程，形成不同维度的数据应用类别。两者都服务于战略目标，并依据战略梳理业务方式和业务流程，形成需求清单，结合数字化的技术手段，依靠建立

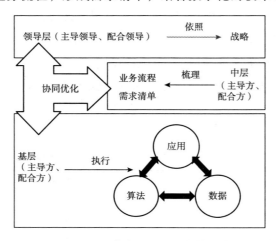

图 5-10　组织中台和流程中台协同优化

开放、共享、便于迭代的算法和数据共享机制来最终实现应用设计和创建。

湖北省数字文化馆（湖北文旅公服云）向上以对接国家公共文化云、打造高质高效公共文化云服务平台为目标，由领导层依照战略目标，负责数字化的全局把控、统筹推进；中层主导方协调中层配合方梳理业务部门的工作方式和工作流程，并将业务部门的需求汇总、提炼，再用于线上业务流程的重构、优化，并报领导层批示；基层主导方即数字资源部，按照领导审核通过后的方案，与业务部门配合，制订数据应用规划，营造应用环境，完善应用体系，通过数据技术建立可扩展的数据应用环境，建设以数据应用为核心的数据中台架构及数据资源多维度切分、共享、调配机制，便于业务人员随时调用数据资源，提升运营能力，提高数据应用效率，同时完善数据应用体系。[①] 围绕已掌握的数据资源，通过数据采集、处理、存储、分析、挖掘、可视化和安全验证，挖掘和展现数据蕴含的价值，加强业务创收能力。

5.6　数据中台赋能平台的价值

在数字化浪潮席卷的今天，传统数据应用模式下建立的大数据平台系统已无法有效满足用户的需求。数据中台是介于前台和后台之间架设在底层架构之上的中间层，它的构建需要依赖稳定的底层 IT 技术与多维数据，利用数据基础技术架构对系统数据、社交数据、机器日志等进行存储和优化，推动数据高效应用。

5.6.1　数据赋能业务

数据中台搭建的目的是集中管理和控制技术平台及前端业务数据，从而满足用户的不同需求。即便是以公益性为目的的湖北省公共文化云平台也需要构建数据中台，依靠数据中台汇聚而成的数据体系对数据资源进行管理、

---

① 李海娟. 基于大数据技术，企业管理数字化转型的方法分析［J］. 电脑知识与技术 . 2021，17（35）.

规划，并把数据场景化，达到技术降本、应用提效、业务赋能的目的，为数据共享提供了一种新的方式。

对于数据中台的搭建而言，数据资源的规划起着至关重要的作用。首先，管理人员和技术人员要在规划数据资源的过程中紧密协作，调研、分析业务需求，明确需要获取的数据资源，以便保障数据应用的预期效果；其次，需要对这些数据进行盘点，提高数据应用的效率；最后，构建数据模型，使数据模型的应用与数据资源相匹配，提升数据资源的利用率。

5.6.2 案例：湖北省数字文化馆（湖北文旅公服云）

湖北省数字文化馆（湖北文旅公服云）的数据中台是数据仓库和数据服务平台的结合，承接后台、支撑前台的需求。在功能架构上，主要包括数据集成能力域、数据治理能力域、数据共享能力域等（见表5-7）。

表5-7 湖北省数字文化馆（湖北文旅公服云）数据中台的构建

功能架构	具体要求
数据集成能力域：数据采集、数据开发等能力	基于 Hadoop+Spark 框架，构建统一的大数据平台，具备海量数据的采集、大数据计算、数据多维度加工开发等必要的数据能力
数据治理能力域：统一数据规范、冗余数据清理、谬误数据清洗、数据安全等	数据规范：制定符合国家公共文化云数据格式标准规范的底层元数据库，提供标准对外 API 协议 数据治理：通过数据 ETL（Extract-Transform-Load）清洗，实时 ID-Mapping，元数据质量入库监控等数据治理手段，实现规范标准的数据流转流程 数据安全：建立完善的数据网络安全体系，包括外网"流控"监测平台、ips-ids-waf 网络防火墙等软件体系；构建数据分级分类策略，即按照一定的分级原则和安全级别的高低对数据定级，对访问权限定级，从而使访问层级减少，防止数据穿透、泄露；构建基础数据访问控制策略，即在用户身份认证、用户密码策略、配置访问权限、数据最小授权原则等方面做到切实安全可控
数据共享能力域：模型共享、标签共享、指标共享、源数据交互等能力	在保障数据安全的基础上，构建数据共享开放平台，开放方式支持 REST、WebService、RPC 等主流共享方式。同时在数据交互能力上支持实时和非实时两种模式，实时模式通过 MQ 推送以完成实时交互，非实时交互通过数据游标、时间戳、数据版本等手段完成比对后交互

一个好的数据中台应具备前瞻性、开放性和兼容性，并保障数据安全。数据中台是新一代的数据架构思路，其工作原理是以应用为出发点进行数据整合，构建一个好的数据中台需要数据、业务、算法、应用和组织五要素。湖北省数字文化馆（湖北文旅公服云）2.0改版优化的过程中，在算法和数据埋点这两方面相对较弱，下一步的优化将着重打造数据中台，使其能够实现数据访问和数据操作，可为数据分析、数据仓库处理、数据操作一致性、数据迁移、主数据管理和互联网数据共享等提供数据传输基础架构，为数据赋能业务做准备，提高数据资产的灵活性，确保其符合战略发展方向，满足业务需求。

5.7　小结与展望

中台机制在湖北省公共文化云建设中率先运用，取得了较好的效果。但由于湖北省公共文化云建设起步较晚，在地方经费支持、高素质专业从业人员方面都较为欠缺，尤其是一些偏远地区的基层文化馆，关键决策人对于数字化转型缺乏信心，也有业务人员拿出一部分精力配合这样的创新，但是在创新过程中发现效果并不理想，因此对数字化产生排斥心理。这些情况都是可以通过定期的培训逐步改善的；而且有的基层文化馆对于数字化工作本来是机械性应付，但是在完成硬性指标工作中逐渐感受到数据的价值。中台就像是在前台与后台之间添加的多组"变速齿轮"，将前台与后台的速率进行匹配，是前台与后台之间的桥梁。中台机制是真正为用户而生的，它存在的唯一目的就是更好地服务业务部门创新，进而更好地响应服务引领用户。

在大力倡导新基建背景下，数字化浪潮不可阻挡。很多用户不再满足于享受标准化的服务，而是更倾向于个性化、定制化的服务。中台机制既能够构建用户画像、积极响应用户个性化需求，又能优化活动前期的运营能力、满足业务部门的多维度运营需求，包括公域运营、私域运营、流量运营等。

　　作为统筹全省公共文化云建设的湖北省群艺馆，需要深入洞察行业变化，抓住用户需求的本质，应时而变、应需而变。下一步的工作重点是统一数据质量与业务指标，完善数据中台的实施落地，改变以往数据治理围绕"聚通用"的处理方式，形成"用通聚"的数据建设模式，从而通过复用数据资产，实现前端业务的高效创新，面向未来提升战略能力。

第六章

公共文化资源智能共建共享语义规则
与处理机制研究[*]

进入 21 世纪以来，随着数字技术的迅速发展和网络的快速普及，社会对公共文化服务资源的需求日益增长。在网络环境下，公众更需要一个功能强大的信息系统，能将不同机构的数字文化资源集成在同一平台，以供检索和获取，最终实现资源的共享。因此，公共文化服务便呈现融合趋势，即不同的公共文化服务机构开展合作，通过整合公共文化数字资源，为公众提供一站式数字文化服务。本章依托国家公共文化大数据中心，结合公共文化云以及地方文化馆的数据与服务的支撑，研发了公共文化用户规则触发海量数据规则并行分析系统、公共文化资源区块链智能确权系统，实现了资源汇聚共享、语义规则网的并行处理以及资源自动确权功能，为公共文化资源的查找、确权服务提供了有效的支撑。

6.1 公共文化资源语义规则网自动生成、优化及划分

6.1.1 语义规则网基础理论

6.1.1.1 规则的基本概念

为了更好地分析规则模型，首先介绍几个基本概念。

* 本章由中国科学院自动化研究所王云、杨旭东、张桂刚共同撰写。

1. 事件

本章中的事件只指数据库中关系表的数据发生变化这种特定类型事件。如数据从无到有、数据的数值发生更新、数据被删除三种情况。不考虑外部事件、时钟事件以及其他各种事件。

2. 小粒度事件

关系表里的一个特定的记录的某个属性值的改变而激发的事件，被称为小粒度事件，如某商品价格发生变化。

3. 大粒度事件

关系表里的一组记录（关系表子集）的某个属性值的改变而激发的事件，被称为大粒度事件，如饮料类商品生产日期发生变化。

4. 动作

本章中的动作只有通知一种。通知就是向用户或者系统管理员发送某些信息。在通知中，只需要对数据库进行查询，将从数据库中某些查询得到的数据通知给用户或者系统管理员。它不涉及因为规则触发后，引起数据库中的各种数据变化的问题。故本章中的海量规则一旦被触发，并不会影响数据库中数据的完整性和一致性，不会对其他规则的执行产生任何影响，不需要对规则进行事务处理。

6.1.1.2 规则网中节点表示

为了更好地分析规则，将规则中的节点进行图形化表示。规则节点类型有两大类：非计算规则节点与计算规则节点。

1. 非计算规则节点

非计算规则节点是指不需要进行集合操作运算的各种规则节点。在规则中的非计算规则节点主要有规则关系节点与规则动作节点两种。

1）规则关系（Relation）节点

规则关系节点用矩形框表示。它表示一个关系表，如书籍表、借阅表、文化活动表等。每一个关系表均由很多条记录组成，它是一系列数据记录的集合（Set），规则关系节点图形化表示如图 6-1 所示。

书籍表

图 6-1　规则关系节点

2）规则动作（Action）节点

规则动作（Action）节点用三角形表示。它表示当规则的条件满足时，所触发的动作，例如，当规则设定人刘冰想要买的书籍《公共数字文化共享》可出售时（图书馆的书籍表中出现了书籍《公共数字文化共享》，且数量>0），则立即发送消息给刘冰本人，规则动作节点的图形化表示如图 6-2 所示。

图 6-2　规则动作节点

2. 计算规则节点

计算规则节点是指需要进行集合操作运算的各种规则节点。在规则中的计算规则节点主要有规则选择节点、规则联合节点、规则交集节点、规则否定节点、规则连接节点与规则笛卡尔积节点等。

1）规则选择（Selection）节点

规则选择节点用圆圈表示，它表示一个选择（Selection）关系。选择又称为限制（Restriction），它是在关系 R 中选取符合条件的元组，是从行的角度进行的运算。如书籍《公共数字文化共享》价格小于 100 元/本，京剧演出票价格小于 300 元/场，这些都属于一个选择关系，规则选择节点图形化表示如图 6-3 所示。

图 6-3　规则选择节点

2）规则联合（Union）节点

规则联合节点的图形化表示如图 6-4 所示。规则联合节点用椭圆表示，它表示一个并（Union）的关系。规则联合节点，又称为规则"或"节点。它是指从两个或者多个对象集合中，将只要满足其中任一条件的集合进行的运算，而不需要任何条件约束。R 和 S 的并是由属于 R 或属于 S 的元组构成的集合，记为 R∪S。如北京市海淀区于 2020 年 9 月 9 日有京剧演出活动，或者北京市昌平区于 2020 年 9 月 9 日有京剧演出活动时的关系记录的一个联合（如图 6-4 中集合 SetA 与集合 SetB 的一个联合）。

图 6-4　规则联合节点

3）规则交集（Intersection）节点

规则交集节点用六角形表示，它表示一个交的关系。规则交集节点，又称为规则"交"节点。它是指从两个或者多个对象集合中，将满足其中所有条件的集合进行的一种交的运算。设关系 R 和关系 S 具有相同的关系模式，关系 R 和 S 的交是由属于 R 又属于 S 的元组构成的集合，记为 R∩S，规则交集节点的图形化表示如图 6-5 所示。

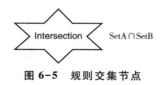

图 6-5　规则交集节点

4）规则否定（Denial）节点

规则否定节点用五边形表示，它表示一个否定计算的关系。它是那些满足或不满足 SetA 条件的节点，规则否定节点的图形化表示如图 6-6 所示。

图 6-6　规则否定节点

6.1.2 语义规则网的生成、优化及处理技术

针对现有规则系统无法描述更具语义内涵的规则，以及现有的规则引擎不允许用户自主设定的问题，本章从四个方面对规则网的生成、优化及处理技术进行了研究，使其能够服务于公共文化资源的建设。①语义规则网的生成、优化及处理研究，注重规则网络构建、划分算法的研究。②提出了用户规则触发海量数据规则并行处理系统底层算法。③提出了基于公共文化资源的语义规则网的生成方法。④构建并开发了公共文化用户规则触发海量数据规则并行分析系统。

6.1.2.1 语义规则网的生成、优化及处理研究

针对现有规则系统无法描述更具语义内涵的规则，以及现有的规则引擎不允许用户自主设定的问题，对公共文化语义规则网的生成、优化及处理技术进行研究。针对公共文化资源，明确了语义规则中的一些基本概念，包括事件、小粒度事件、大粒度事件、动作等。结合规则的结构化自然语言表示方法，描述了各种规则节点及其图形化表示方法，包括：规则关系节点、规则动作节点、规则选择节点、规则联合节点、规则交集节点、规则连接节点、规则否定节点、规则笛卡尔积节点等。基于以上规则节点构建规则网图形化表示模型，如图 6-7 所示。

图 6-7 的规则网中包含三条规则，用自然语言分别描述如下。

①如果北京市海淀区京剧演出时间为 2020/09/09，并且北京市昌平区京剧演出时间也是 2020/09/09，若两个条件同时满足，那么执行动作 Action1。

②如果北京市海淀区京剧演出时间为 2020/09/09，或者北京市昌平区京剧演出时间也是 2020/09/09，两个条件只要任意一个条件满足，那么执行动作 Action2。

③如果只有北京市昌平区京剧演出时间是 2020/09/09，那么执行动作 Action3。

其中规则关系节点有北京市文化活动表；规则选择节点有 S1、S2、S3、

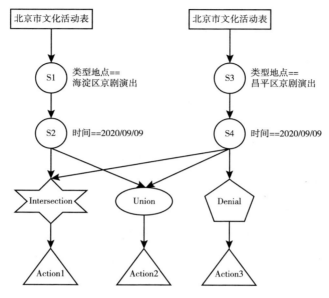

图 6-7　规则网图形化表示模型

S4；规则交集节点有 Intersection；规则联合节点有 Union；规则否定节点有 Denial；规则动作节点有 Action1、Action2、Action3。

基于生成的语义规则网模型，结合每种规则节点流量，计算语义规则网计算代价。如图 6-8 所示，其中 $a1$ 经过该规则选择节点筛选后的出度流量为 $b1$；$a2$ 经过该规则选择节点筛选后的出度流量为 $b2$；……；ak 经过规则该选择节点筛选后的出度流量为 bk。

规则选择节点 S 计算代价为：

$$\mathrm{Cost(S)} = (a1+a2+\cdots+ak) \times v \times (\delta+\Omega)$$

其中，v：该规则选择节点的可选择性；δ：该规则选择节点执行一次遍历操作所需耗费时间代价；Ω：进行一次规则选择判断所需耗费时间代价。

为了减少处理机的计算工作量，通过规则合并与规则模块等价替换的两种优化方法，从而使得规则网处于计算代价尽量最小状态。

规则合并的优化方法如图 6-9 所示，当用户设定的规则不完全相同，但

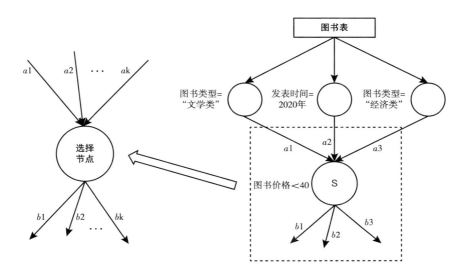

图 6-8　规则选择节点计算代价模型

是一个规则的选择集合是另外一个选择集合的子集，可汇总为（a）、（b）、
（c）三种合并方式，通过规则合并将左边的两条规则合并为右边的规则。

数据库关系模式计算中存在大量的等价规则变换方式，也就是说，不管
数据库中关系表的记录如何发生变化，对于一系列操作采用不同的操作方
式，它们最终的结果是一样的。正因如此，可以通过低计算代价的规则网模
块取代高计算代价的规则网模块，而并不影响规则计算结果。如图 6-10 所
示，列举了几种常用的规则模块等价变换方式。

针对现有规则系统无法描述更具语义内涵的规则，以及现有的规则引擎
不允许用户自主设定的问题，该语义知识库聚焦研究规则网的生成、优化及
处理技术，实现通过结构化规则描述语言对用户的语义规则进行建模。使用
规则的图形化方法描述计算规则节点与非计算规则节点，构建规则图模型；
通过计算规则单元流量执行代价，用流量代价小的规则单元替换代价大的规
则单元，实现规则网的优化。

6.1.2.2　海量规则模式匹配模型及并行处理研究

海量规则网是根据成千上万的用户设置的千万条甚至上亿条的海量规则

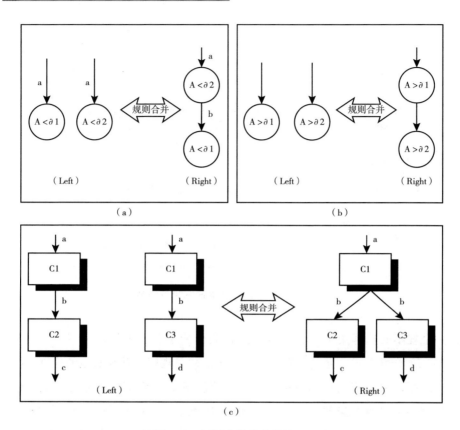

图 6-9　规则合并的优化方法

所构成的网。海量规则模式匹配模型与其他传统模式匹配模型一样都是通过匹配事实表（数据库中的记录）与设定的规则中的条件，看它们之间是否匹配，若某条规则的节点条件部分均能完全匹配，则该规则匹配成功，可以放到规则处理库中去等待处理。海量规则模式匹配模型体系结构如图 6-11 所示。海量规则模式匹配模型由四大部分组成，分别为数据库关系表中的数据、海量规则网、海量规则模式匹配算法、规则执行库。

（1）数据库关系表中的数据。规则的触发是由数据的变化引起的，数据库关系表中的数据一旦发生变化，可能就会引发某些规则的条件得到满足。

（2）海量规则网。这里的海量规则网一般指已经经过优化的规则网。

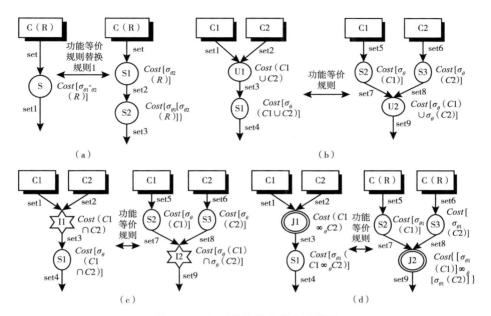

图 6-10　规则替换的优化方法举例

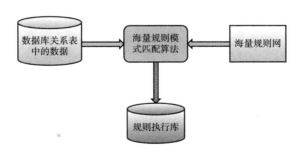

图 6-11　海量规则模式匹配模型体系结构

它是由用户设定的成千上万的规则按照规则增量生成算法生成的一个庞大的网络。海量规则网中包含：规则关系节点与规则动作节点两种非计算规则节点；规则选择节点、规则联合节点、规则交集节点、规则连接节点、规则否定计算节点和规则笛卡尔积节点 6 种规则计算节点。

（3）海量规则模式匹配算法。海量规则模式匹配算法是该模型中的核心所在，它负责判断用户设定的哪些规则可以在某时刻处理，怎么处理等。

（4）规则执行库。如果经过模式匹配算法处理后，用户设置的某些规则条件匹配全部成功，则直接将其放入规则执行库立即执行规则。如果条件匹配不成功，则继续等待，直到条件得到满足、模式匹配成功为止。

海量规则模式匹配算法核心就是将模式网络（事实网络或者事实表）与海量规则网进行比较。其基本匹配算法描述如下。

步骤一：匹配海量规则网的规则关系节点与模式网中的模式。若匹配成功则继续匹配相应的关系节点表下的所有选择节点与模式网中的所有事实。若匹配不成功，则将该关系表以及该关系表下所有节点的出度流量均置为0。同时计算匹配成功的海量规则网中关系节点的出度流量（见图6-12）。

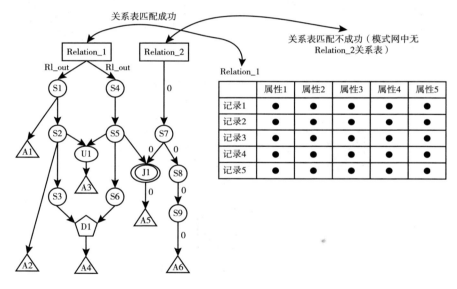

图6-12 海量规则模式匹配算法步骤一

如图6-12所示，在进行匹配海量规则网的关系表节点与模式网中的模式的过程中，海量规则网的关系节点有两个，分别为 Relation_1 与 Relation_2。而在模式网络中，只有 Relation_1 这样一个模式匹配成功，计算出 Relation_1 关系节点的出度流量，它总共有两个出度，均将其置为 R1_out。而 Relation_2 模式没有匹配成功，故将海量语义关系网中的关系节点 Relation_2 以及它之下所有节点的出度均置为 0。

　　步骤二：若步骤一匹配成功，选择该关系表下的所有选择节点与模式网络中的所有事实进行匹配，若匹配成功，则计算各个匹配成功的规则节点的出度流量，并将所有匹配不成功的节点的出度流量置为 0（见图 6-13）。

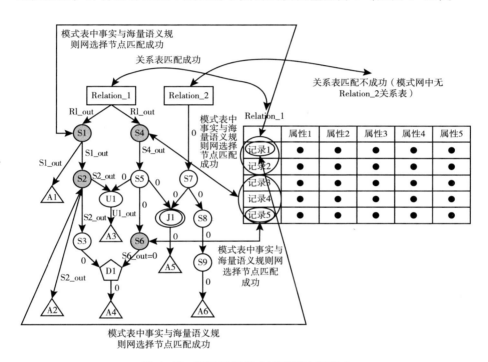

图 6-13　海量规则模式匹配算法步骤二

　　如图 6-13 所示，首先从海量规则网中选择匹配成功的关系节点下所有选择节点（可以将选择节点存储为一个数组），然后一个个地与关系表中的所有事实进行比较。通过反复循环比较运算，得出 S1、S2、S4、S6，分别与关系表 Relation_1 中的相应区域的事实符合要求。于是立即计算这些能够与事实相符合的节点的出度流量。S1 的两个出度流量均相等，为 S1_out，S2 的三个出度流量均相等，为 S2_out，S4 有一个出度，其流量为 S4_out，S6 也有一个出度，其流量为 S6_out。而在匹配过程中，在关系表里没有找到相应匹配事实的选择节点有 S3、S5 两个，将它们两个的出度流量置为 0。

这里的出度流量就是通过选择筛选后关系事实表里的满足条件的数据记录的实际条数。即：

$$\begin{cases} S1\_out = 2 \\ S2\_out = 1 \\ S3\_out = 0 \\ S4\_out = 3 \\ S5\_out = 0 \\ S6\_out = 1 \end{cases}$$

匹配之后，满足节点 S1 筛选条件的记录条数为 2 条，分别是图中的记录 1 与记录 2。

满足节点 S2 筛选条件的记录条数为 1 条，是图中的记录 1。

满足节点 S3 筛选条件的记录条数为 0 条。

满足节点 S4 筛选条件的记录条数为 3 条，分别是图中的记录 3、记录 4 与记录 5。

满足节点 S5 筛选条件的记录条数为 0 条。

满足节点 S6 筛选条件的记录条数为 1 条，是图中的记录 5。

步骤三：计算所有其他节点（除关系节点与选择节点之外的所有节点）的出度流量，如图 6-14 所示。

在海量规则网的关系节点 Relation_1 下的所有节点选择节点已经全部处理完毕，只剩下一个联合节点 U1 与一个否定节点 D1。分别调用联合节点的出度流量计算算法与否定节点出度流量计算方法。可以得出：

$$\begin{cases} U1\_out = S2\_out = 1 \\ D1\_out = 0 \end{cases}$$

步骤四：最后得到凡是所有动作节点的入度流量大于 0 的所有规则（规则中所有条件均已经满足）均放到规则执行集中，进行规则触发，如图 6-15 所示。

经过上述几个步骤后，动作节点 A1、A2、A3 三个节点的入度流量均大于 0，也就是说，关系表里的事实有满足规则节点的条件的记录。于是，将 A1、A2、A3 三个动作节点所对应的规则 1、规则 2、规则 3 分别放入规则

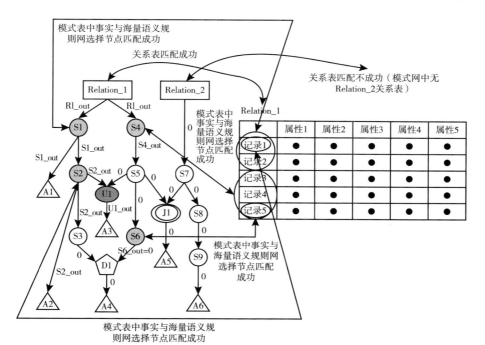

图 6-14　海量规则模式匹配算法步骤三

执行集中，触发它们，并将触发之后执行的动作结果发送给相应的用户。

步骤五：凡是动作节点的入度等于 0 的所有规则（规则中部分条件不满足或者全部条件均不满足）仍然处于非激活状况，等待发生事实条件的改变。即所有的规则仍然处于不被激活状况。

同理，经过上述几个步骤后，动作节点 A4、A5、A6 三个节点的入度流量均为 0，也就是说，关系表里的事实没有满足规则节点的条件的记录。于是，将 A4、A5、A6 三个动作节点所对应的规则 4、规则 5、规则 6 仍然置于非激活状况，继续等待关系表里的事实数据的发生。

步骤六：算法完毕。

基于海量规则模式匹配模型，使用并行处理技术对海量规则进行处理，其效率将明显优于传统的单机处理。海量规则网并行处理架构如图 6-16 所示。将海量规则网划分成多个规则子网，通过规则网划分/分配，将任务划分到相应的处理机。

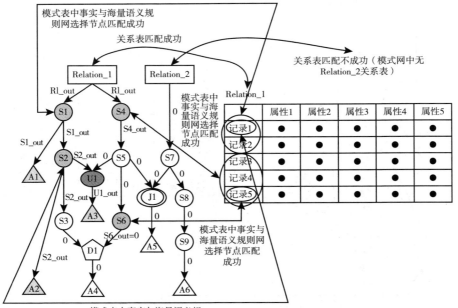

图 6-15　海量规则模式匹配算法步骤四

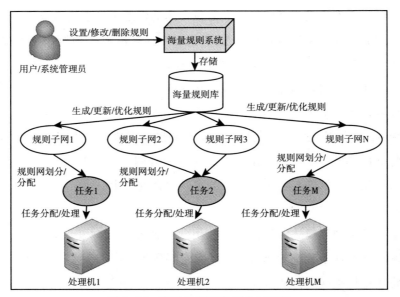

图 6-16　海量规则网并行处理架构

6.1.3　公共文化用户规则触发海量数据规则并行处理分析系统

针对现有规则系统无法描述更具语义内涵的规则，以及现有的规则引擎不允许用户自主设定的问题，在公共文化领域实现用户自设规则、管理规则的功能；并通过规则提取的方式，提取国家公共文化云六大板块数据的规则，用于辅助用户所设置规则的执行情况；构建系统数据中心，有利于超级管理员分析系统的实时情况。系统前端设计参照国家公共文化云网页前端风格。

本系统的主要功能有用户自主设定规则功能、规则管理功能、后台管理功能、规则提取功能以及规则数据中心。系统为 B/S 架构，主要使用 Django 框架开发。针对不同的用户（普通用户、管理员、超级管理员）构建了 3 个子系统。

普通用户自主设定并管理规则的子系统，如图 6-17 所示。针对普通用户，通过用户登录界面登录子系统，该子系统功能如下。规则设定界面包括规则语义输入、规则模式查看、消息提醒功能、信息推荐功能；规则管理界面用于管理用户自主设定的规则，并查看规则子网。

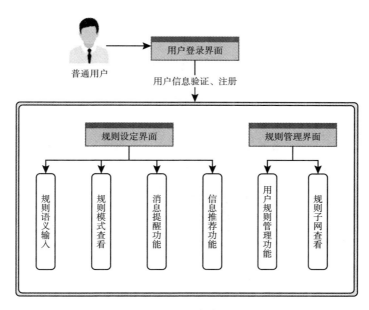

图 6-17　普通用户子系统

管理员管理用户数据、规则数据、资源数据的子系统，如图 6-18 所示。针对管理员，通过管理员登录界面登录子系统，该子系统功能包括用户数据管理、规则数据管理、资源数据管理。

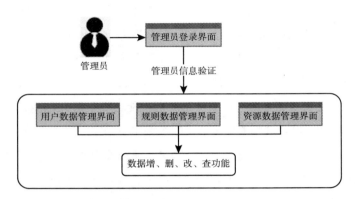

图 6-18　管理员子系统

超级管理员提取规则子系统，如图 6-19 所示。该子系统功能包括专家规则录入、规则提取等。

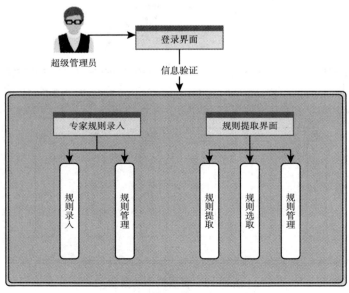

图 6-19　超级管理员子系统

6.1.3.1　普通用户子系统

普通用户子系统界面的开发，参考"国家公共文化云"网站的设计风格。并针对国家公共文化云的六大板块（汇资讯、看直播、享活动、学才艺、订场馆、读好书）提供相应的规则模式，供用户参考。普通用户通过登录界面进入子系统，如图 6-20 所示。

图 6-20　普通用户登录界面

1）规则设定界面

规则设定界面如图 6-21 所示，包括设置规则板块、信息推荐板块、消息提醒板块。

2）设置规则

如图 6-22 所示，用户可以在"设置规则"板块输入规则，并点击按钮实现规则的提交。为了方便用户输入可解析的语义规则，可通过下方的规则示例按钮，参考相应的语义规则模式进行输入。用户也可查看热门规则、已执行规则、未执行规则。

3）信息推荐

当用户提交的规则被执行，并且该规则执行有对应的信息链接，便会通过信息推荐进行展示。

图 6-21 规则设定界面

<u>设置规则</u>

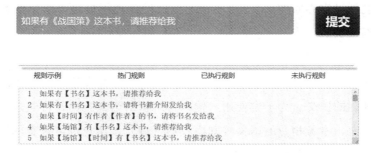

图 6-22 设置规则板块

4）消息提醒

当提交的规则被执行后，结果将通过"消息提醒"板块进行展示。

6.1.3.2 事件查看界面

事件查看界面如图 6-23 所示，包括规则管理板块、规则子网板块。

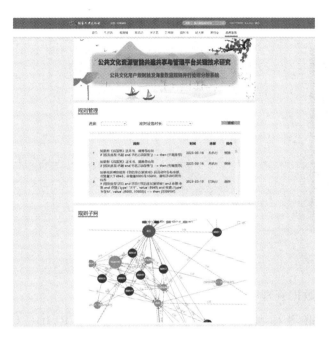

图 6-23 事件查看界面

1）规则管理

用户可以在"规则管理"板块管理自己设定的规则，通过"进展""时间"两个限制进行查看所需规则，通过"删除"按钮删除选中的规则。

2）规则子网

通过规则网的方式展示用户目前所设置的规则，包括用户名（USER）、规则（RULE）、条件（IF）、结果（THEN）。用户可以在"规则子网"板块动态查看自己设定规则网分布，并可通过右上角的按钮实现"还原"和"保存为图"功能。

6.1.3.3 管理员子系统

管理员子系统的主界面如图 6-24 所示。包括右侧菜单栏板块、快捷操作板块以及最近动作板块。管理员子系统的主要功能是管理公共文化用户规则触发海量数据规则并行处理分析系统所涉及的数据表，包括用户数据、资源数据、规则数据。

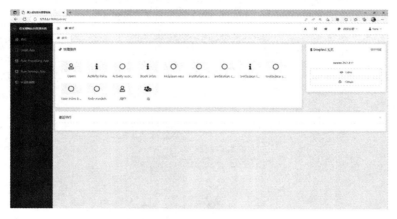

图 6-24 管理员子系统界面

1）用户数据管理

用户数据界面如图 6-25 所示，包括 USER ID、USER NAME、PASSWORD、GENDER、EMAIL。管理员可以在界面对用户数据进行增、删、改、查操作。

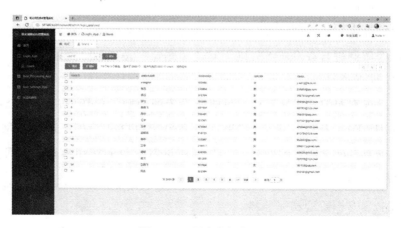

图 6-25 用户数据界面

2）资源数据管理

资源数据界面如图 6-26 所示，公共文化用户规则触发海量数据规则并行处理分析，系统资源数据主要包括：电子书数据、公共文化活动数据、公共文化场馆数据。管理员可以在界面对资源数据进行增、删、改、查操作。

图 6-26　资源数据界面

3）规则数据管理

规则数据界面如图 6-27 所示，可以查看所有普通用户设置的规则。

图 6-27　规则数据界面

6.1.3.4 超级管理员子系统

超级管理员子系统主要功能包括：专家规则录入、基于国家公共文化云规则提取。

1）专家规则录入界面

专家规则录入界面如图 6-28 所示，在主界面分为左右两部分，左边为规则展示板块，右边为规则录入板块。规则的录入分为两种方式：通过上传文件导入规则；通过输入规则以及设定人进行提交。

图 6-28 专家规则录入界面

2）基于国家公共文化云规则提取界面

基于国家公共文化云规则提取界面如图 6-29 所示。规则处理板块分为左右两部分，左边用于展示所提取的规则，并进行删除操作；右边为规则提取操作部分。

6.1.4 应用示范

公共文化用户规则触发海量数据规则并行处理分析系统部署在国家公共文化云服务器，包括 nginx 服务器、web 前端服务器、用户及规则数据库服务器、国家公共文化云资源服务器。

国家公共文化云网站针对每个研究成果，开发了相应的展示界面，如

图 6-29　基于国家公共文化云规则提取界面

图 6-30 所示。为公共文化用户规则触发海量数据规则并行处理分析系统对应的展示界面"我的订阅"。界面包括用户提交规则功能、规则示例展示、热门规则展示、用户历史规则、用户的规则、信息推荐链接、用户消息提醒。

图 6-30　集成应用示范界面

"我的订阅"界面将通过数据接口与公共文化用户规则触发海量数据规则并行处理分析系统传递数据。图 6-31 为系统在国家公共文化云应用示范架构图。用户登录国家公共文化云，通过"我的订阅"界面访问公共文化用户规则触发海量数据规则并行处理分析系统，所提交的用户规则通过访问国家公共文化云资源库执行。

图 6-31　系统在国家公共文化云应用示范架构

图 6-32 为江苏省文化馆应用示范架构图。用户录入所需规则，该规则将保存至规则网，用户有权利管理该规则（删除、修改）。规则网通过与江苏省文化馆数据对接，从而执行规则。通过前期调研，所需规则包括但不限于资源数据、用户数据。如果规则被满足，便执行该规则，执行结果通过两种方式反馈给用户：有结果的链接将通过信息推荐反馈用户；通过手机短信方式将执行结果发送给用户。

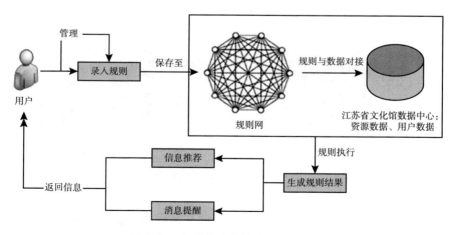

图 6-32　江苏省文化馆应用示范架构

用户通过江苏省文化馆访问国家公共文化云，系统获取该用户 ID，用户通过语义规则网系统设置规则，获取规则执行结果。其中，多个用户所设置的所有规则将组建为规则网。规则网与数据进行对接，从而获取规则执行结果并反馈给用户；江苏省文化馆的资源数据以及用户行为数据作为该系统的查询数据。江苏省文化馆提供数据接口，将数据定时更新保存至本地服务器，用于与规则网进行对接，对接的过程如图 6-33 所示。

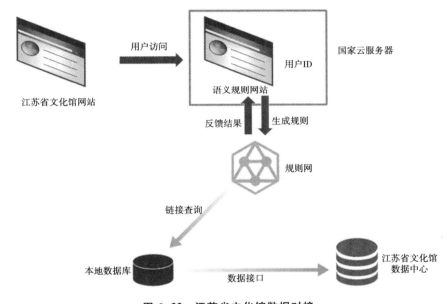

图 6-33　江苏省文化馆数据对接

6.2　公共文化资源的智能汇聚和共享模型

6.2.1　公共文化资源智能汇聚和共享模型的研究背景

公共文化资源的网络化、数字化和智能化已经成为推动我国文化产业高质量发展的新动能和新增长点。各地的公共文化建设服务单位积极利用数字化技术将实体的文化资源复刻至网络上，使不同地域的民众可以通过网络轻松地进行资源的访问。构建一个全国性的公共数字文化智能共建共享与管理平台，为大众访问公共文化资源提供便利，广泛传播公共文化资源，提升各省（区、市）的公共文化服务水平，推动社会主义文化建设具有非常重要的现实意义。

通过对不同地区和机构所提供的公共文化数字资源进行调研，发现，实现公共文化资源的智能汇聚和共享面临以下几个难点。①公共文化数字资源是海量的，难以统筹，从而会造成数字文化信息的过载与浪费。②不同的文化服务机构在数字资源的组织、运营和维护上存在差异，使得数据的存储方式也存在差异，难以实现数据汇聚。③公共文化数字资源的版权难以界定，从而使得盗版资源猖獗，降低了文化创作的积极性。④缺乏与用户之间的有效互动，难以把握大众真正感兴趣的公共文化数字类型和方向。

为了克服上述困难，有效地实现公共文化资源的汇聚和共享，本章将利用基于多维度语义关联、深层语义聚合、细粒度语义关系表述模型的语义关联技术，对具有位置分散、多源和异构等特点的公共文化资源进行汇聚，并将搭建智能汇聚和共享应用示范来验证所设计的汇聚和共享模型的效果。

6.2.2　公共文化资源智能汇聚和共享模型构建

6.2.2.1　模型整体架构

公共文化资源智能汇聚和共享模型的构建以国内外在文化共享共建方面已有的研究成果为前提，其核心在于构建公共文化资源智能汇聚模型，将具有分散、多源和异构等特点的资源数据进行汇聚，并且为不同身份的用户提供访问、管理等功能。公共文化资源智能汇聚模型的构建思路如图6-34所示。

（1）确定模型数据来源和服务对象。经过前期的调研，当前构建的公共文化资源智能汇聚和共享模型中涉及普通用户和机构用户。普通用户能够通过平台提供的访问接口进行文化资源数据的访问；机构用户能够利用平台提供的接口进行文化资源的管理，主要包括对资源数据的增加、删除、修改和查询等。所涉及的文化资源机构包括文化馆、博物馆、美术馆等。

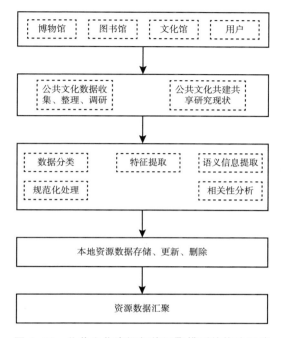

图6-34 公共文化资源智能汇聚模型的构建思路

（2）数据收集和现状分析。多层次、全方位地分析来自不同公共文化机构的文化资源数据的类型、结构、数量，以及采集手段、处理方法和应用机制等。详细梳理当前公共文化资源智能汇聚的发展情况，深入开展公共文化机构存在的信息孤岛、数据归集标准不统一等问题的研究。

（3）数据处理。根据文化资源的类型，建立相对应的标准。对文化资源进行规范化处理，提取描述文化资源的属性、特征和语义信息等，同时对资源属性之间的相关性进行分析。

（4）本地数据存储。按照统一的标准，从多个维度、多个粒度对文化资源进行描述，并且采用 MySQL 对描述信息进行本地存储。

（5）资源汇聚。将本地存储的资源数据存储至中心云的 Neo4j 数据库中，从多个维度对数据进行汇聚。

基于模型的构建思路，提出的模型架构如图6-35所示。

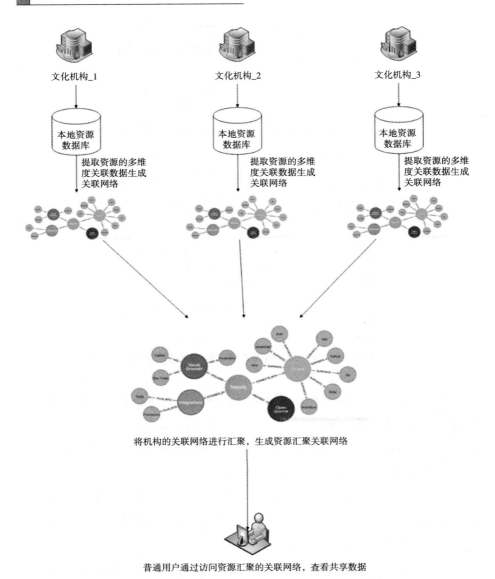

图 6-35　模型架构

　　公共文化领域包含众多文化机构，每个机构都拥有自己的资源数据库，机构之间的资源数据具有跨类型、跨领域的分散和异构特性。为了实现多机构资源数据汇聚和共享，需要分析各机构的资源数据，提取资源的多维度数据信息，包括时间、地点、事件等，将这些关联信息构建为本机构的资源关联网络；再将各机构的关联网络进行汇聚，组建一个开放的语义关联数据网络。普通用户可通过访问汇聚的关联数据网络进行查询所需资源，从而获取所需资源所在机构的数据。

6.2.2.2　汇聚数据存储与共享

图数据库是一种非关系型数据库，其整体的思想是基于图论，对复杂的网络型关系结构有着高效的处理能力。图数据库模型中存在节点、关系和属性等特征。其中的属性节点既可以作为实体节点，也可以当作属性值进行展示；节点可以没有属性，或者只有一个属性，或者存在多个属性；关系能有多个属性或者多个标签，在通常情况下，一个关系具备两个节点。在图数据库构建的过程中，能够对数据之间的关联特性进行直观展示，也可以用属性图的方式来展示复杂的网络。其优势在于简洁方便，便于用户的理解，同时为图的遍历提供了最佳的查询性能，当数据存储后，可以在后台进行可视化的关联展示。

本章采用 Neo4j 作为图数据库。Neo4j 具有简单容易的查询语句、支持完整的 ACID、提供多种语言的 API、查询效率快等优点，并且支持集群部署、备份与故障转移等。由于这些特性，Neo4j 在图数据库中流行度最高，被企业广泛应用于商品推荐、人员关系挖掘与社团发现等场景。

1）公共文化资源的数据维度和数据粒度

明确公共文化资源的数据维度和粒度对于资源的汇聚和共享是十分必要的。首先，公共文化资源数据主要来自图书馆、博物馆、文化馆、艺术馆等公共文化机构，因此，将提供文化资源的机构按性质分为图书馆、博物馆、文化馆和艺术馆。其次，按照区域，对各文化机构进行划分，划分的粒度包括国家、省、市、县4个层级。由于不同区域、不同机构在早期的资源数据管理过程中，并未采用统一的标准，这就造成了资源数据的异构特性。为了便于对异构的数据进行汇聚，本章针对不同类型机构（图书馆、博物馆、文化馆等）所存储的资源数据进行调研，确定了一些必要的特征属性来对资源进行描述。例如，对于图书类资源，必须要具备图书编号、图书名、作者、出版单位、类别等属性；对于博物馆里的文物，必须要具备文物编号、名称、出土时间、年代、类别等属性。对资源边界进行定义的方式如图 6-36 所示。

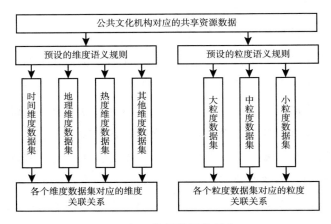

图 6-36 资源数据的划分

大粒度、中粒度和小粒度的界定依赖不同的维度。例如，从时间维度进行考虑，大粒度的划分可以依据古代、近代、现代，中粒度的划分可以根据朝代分成秦朝、汉朝、唐朝等，小粒度的划分可以年、月、日为单位等。因为存在多个维度和多种粒度，将维度和粒度进行组合后，会产生多种文化资源的数据集合，这为后续的数据汇聚提供了便利。

2）数据汇聚与共享算法

数据汇聚与共享的目的在于将分布在不同地区、机构的数据资源按照预设的维度和粒度进行汇聚，方便用户进行资源的访问。由于公共文化资源数据是海量的，将资源集中存储至服务器中，需要消耗巨大的计算资源。因此，在本章中，主要基于资源的属性、元数据、资源存储位置等信息进行汇聚，而原始的资源数据仍然由收藏、产生的机构进行保存、维护和更新。

本章主要以图书馆、文化馆和博物馆三类机构为例进行研究，对于三类机构中馆藏的文化资源如表 6-1 所示，为博物馆的资源逻辑表字段信息，逻辑表通过外键关联着众多其他数据表。从表格中可以发现，不同类型的资

表 6-1　博物馆的资源逻辑表字段信息

列名	数据类型	字段类型	长度	是否为空	默认值	备注
access_num	int	int		YES	0	访问数
activity_type	varchar(255)	varchar	255	YES		活动类型
activity type_dic	varchar(50)	varchar	50	YES		活动类型,取自数据字典表:sys_dict
address	varchar(512)	varchar	512	YES		地址
area_id	varchar	(11)varchar	11	YES		区域
bocking_ak	varchar(255)	varchar	255	YES	0	对接接口的 ak
cetagory	varchar(255)	varchar	255	YES		分类
category_id	int	int		YES		分类 ID
celebrityId	int	int		YES		征集者机构用户 id
colect_num	int	int		YES		收藏数
copyright_id	int	int		YES		收藏数
copyright_owner	varchar(500)	varchar	500	YES		版权所属单位
copyright_validity	date	date		YES		版权有效期
create_time	datetime	datetime		YES		上传时间
creator	int	int		YES		创建者,关联表:sys_user. id
id	int	int		NO		主键 ID,自增
keywords	varchar(255)	varchar	255	YES		资源关键词 SEO
label	varchar(255)	varchar	255	YES		关键字
label_id	varchar(2000)	varchar	2000	YES		标签 ID,关联表:bizlabelid,多个 ID 用英文逗号隔开
latitude	varchar(255)	varchar	255	YES		经度
longitude	varchar(255)	varchar	255	YES		纬度
modifier	int	int		YES		修改者
platform_name	varchar(516)	varchar	516	YES		对接平台名称
pub_category_ld	int	int		YES		发布栏目 id
pub_mark	int	int		YES		共享标志

续表

列名	数据类型	字段类型	长度	是否为空	默认值	备注
res_desc	text	text	65535	YES		简介
res_name	varchar(1000)	varchar	1000	YES		名称
res_poster	varchar(255)	varchar	255	YES		资源图片 url
res_poster_id	int	int		YES		海报,关联表:res_source. id
res_short_name	varchar(255)	varchar	255	YES		资源短标题
res_status_dic	varchar(50)	varchar	50	YES		节目状态取自字典表:sys_dict
res_url	varchar(255)	varchar	255	YES		资源 url
res_word_name	varchar(255)	varchar	255	YES		
resource_type	varchar(255)	varchar	255	YES		资源类型
resource_type_dic	varchar(50)	varchar	50	YES		资源类型,取自数据字典表:sys_dict
resource_area	varchar	varchar	32	YES		区域位置,关联表:sys_area. area. id
serial_no	varchar(100)	varchar	100	YES		唯一码
show_label_flag	varchar(2)	varchar	2	YES	0	是否显示标签,0:不显示 1:显示
starA ward_access_num	int	int		YES	0	专题浏览量
starA ward_to tal_praise	int	int		YES	0	专题点赞量
sub_title	varchar(1000)	varchar	1000	YES		子标题
third_party_id	varchar(255)	varchar	255	YES		第三方资源 ID
topic_access_num	int	int		YES	0	专题访问量
totalpraise	int	int		YES	0	点赞数
undate_time	datetime	datetime		YES		更新时间
venue_id	int	int		YES		所属场馆,关联表:res_venue,id
venue_name	varchar(255)	varchar	255	YES		场馆名称
venue_type	varchar(255)	varchar	255	YES		场馆类型
venue_type_dic	varchar(50)	varchar	50	YES		场馆类型,取自数据字典表:sys_dict

源具有不同的属性类型，相同类型资源包含的属性类型也不尽相同；同时，还可以发现资源的属性值可能存在某种程度的关联。为了便于对资源的属性和属性之间的关联性进行表达，采用图数据库 Neo4j 对公共文化资源数据进行汇聚。为了对汇聚算法的流程进行展示，以某个机构中某种类型资源的汇聚为例，汇聚的流程如图 6-37 所示。

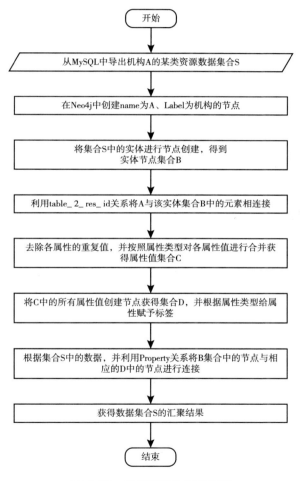

图 6-37　数据汇聚的算法流程

①数据的输入为某个机构 A 中的某类资源（图书、古籍、视频等）集合 S，其中 S 包含所有的资源实体和属性，实体集合为 S = $\{item_1,$ $item_2, \cdots, item_n\}$，每个 item 包含的属性类型集合为 $O = \{a_1, a_2, \cdots, a_m\}$，$item_i$ 包含的属性值表示为 $item_i = \{a_{i1}, a_{i2}, \cdots, a_{im}\}$。

②在 Neo4j 中创建名字 A、标签为"机构"的节点（每个进行数据汇聚的机构在 Neo4j 中都有且仅有一个节点）。

③Neo4j 中为 S 中每个 item 创建一个节点，得到实体节点集合 B。

④为机构节点 A 和实体节点集合 B 中的每个元素创建 table_2_res_id 类型的关系，表明 B 节点所代表的实体数据来自机构 A。

⑤对于 O 中的任一属性 a_i，去除重复值，并且给去重后的数据赋予一个标签，表示为 $temp_i = \{(a_i, v_{i1}), (a_i, v_{i2}), \cdots, (a_i, v_{ik}\}$。对 O 中的所有属性，重复上述去重操作，获得 TEMP = $\{temp_1, temp_2, \cdots, temp_m\}$。

⑥将 TEMP 中的数据进行属性间的合并。当两个不同类型属性的属性值相同时，例如 $x = \{a_i, v_{ii}\}$，$y = \{a_j, v_{ii}\}$，合并后的结果为 $z = \{(a_i, a_j), v_{ii}\}$，表明了值 v_{ii} 对应两个数据类型 (a_i, a_j)。同理，对于两个以上的情况，也采用此种方式进行合并，最终得到所有具有唯一值的属性集合 C。

⑦Neo4j 中为 C 中每个元素创建新节点获得集合 D，Label 为该属性值所对应的属性类型。例如 $z = \{(a_i, a_j), v_{ii}\}$ 中，对应 Label 为 (a_i, a_j)。

⑧根据数据集合 S 中的对应关系，为实体节点结合 B 和属性值节点集合 D 建立 property 类型的关系。

⑨将 A 机构中某类资源数据 S 根据属性值从不同的维度进行了汇聚，并最终以图数据的方式存储至 Neo4j 数据库。

根据图 6-37 所示流程，能够完成某个机构中的某类资源数据的汇聚。涉及多个机构、多种类型异构数据的汇聚时，在汇聚的过程中，会出现机构内不同类型资源、机构与机构之间的数据汇聚。下面以两个机构间的数据汇聚为例进行说明，汇聚的过程如图 6-38 所示。

①输入两个已经完成本地数据汇聚的图数据网络 A 和 B。

②将图数据网络 A 的数据完全导入 Neo4j 中。考虑到机构名和机构中的实体编号是唯一的，因此，将 B 中节点为机构名、关系为 table_2_res_id 指向的节点导入 Neo4j 中。

③获取 B 中由实体 e 通过 property 关系指向的所有节点 x，节点的值 v，标签为 L= $\{l_1, l_2, \cdots, l_m\}$，即 $x=\{v, (l_1, l_2, \cdots, l_m)\}$。

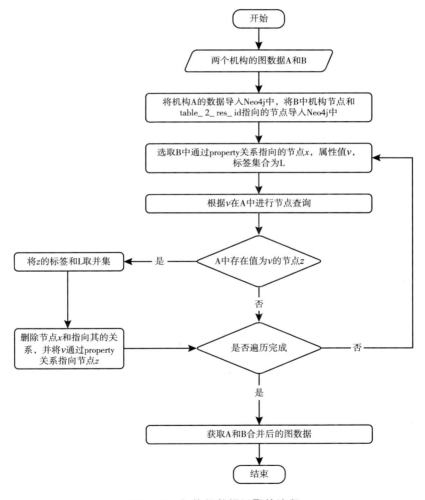

图 6-38 机构间数据汇聚的流程

④在 A 中查询值为 v 的节点，如果不可以查到，则不需要进行修改，进入步骤 6；如果可以查到，则进入步骤 5。

⑤获取 A 中属性值为 v 的节点 y 的标签集合 D，并且将 D 和 L 取并集得到新的节点标签集合 N。将 y 的标签更新为 D，并且删除 e 指向 x 的边和节点 x，同时将 e 通过 property 关系建立与节点 y 的连接。

⑥判断是否完成对 B 中所有属性值的遍历，若已完成则进入步骤 7，否则进入步骤 3。

⑦输出本地机构 A 和 B 数据的汇聚网络。

采用上述数据汇聚的方法，可以随时对不同领域的公共文化数据进行添加。从上述汇聚的过程还可以发现，当参与数据汇聚的机构较多时，可以采用并行的方式加快汇聚的速度。

以下将以某地的图书馆、文化馆和博物馆三个机构为例对数据汇聚的效果进行展示。示例中每个机构都采用了 50 条数据。图 6-39、图 6-40、和图 6-41 分别表示由图书馆、博物馆和文化馆的本地数据得到的子图，图 6-42 表示将图书馆、博物馆和文化馆的数据进行汇聚后的效果图。

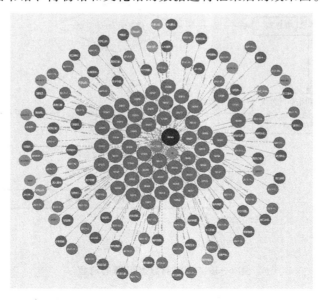

图 6-39 图书馆图数据库展示

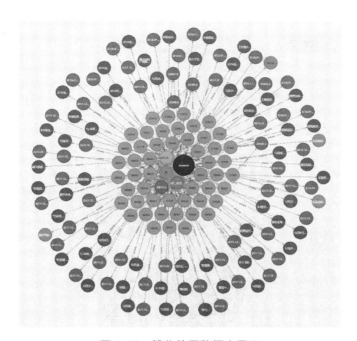

图 6-40　博物馆图数据库展示

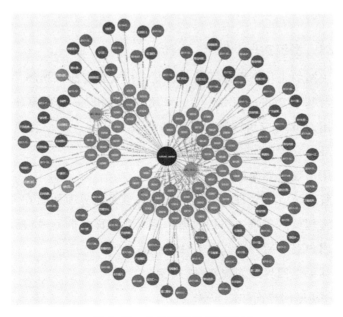

图 6-41　文化馆图数据库展示

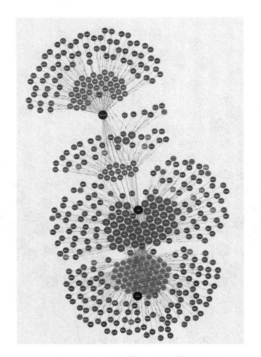

图 6-42　三个机构的数据汇聚效果展示

6.2.2.3　系统实现示例

基于前中期的工作，设计了关于公共文化资源智能汇聚和共享的应用平台。应用平台基于 Python 语言编写，采用 Mysql 和 Neo4j 数据库进行数据存储，同时利用 Diango 应用框架来进行 Web 端的构建。下面将通过界面来展示实现的效果。

①机构用户登录界面如图 6-43 所示。

②超级管理员（可管理所有机构数据）登录后界面如图 6-44 所示。

③机构管理员（管理本机构数据）登录后界面如图 6-45 所示。

④普通用户登录后界面如图 6-46 所示。

⑤查询结果返回界面如图 6-47 所示。

⑥查询 All 返回界面如图 6-48 所示。

⑦查询详情，所示界面如图 6-49 所示。

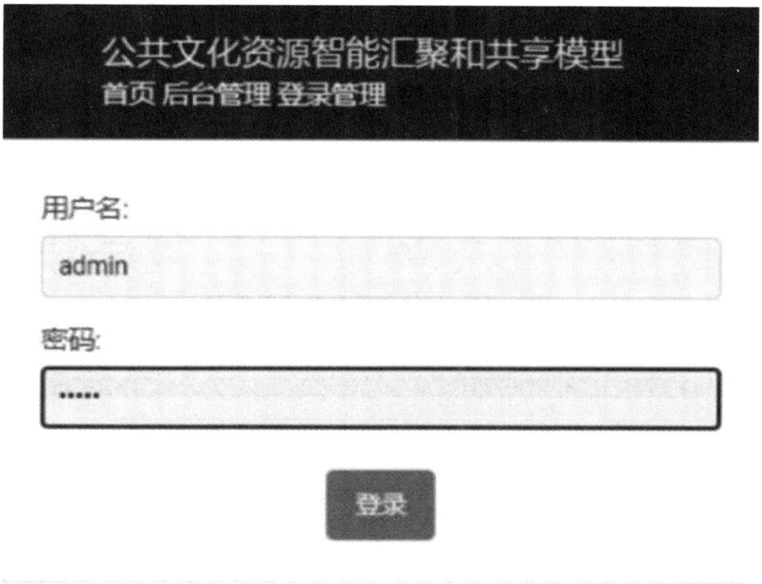

公共文化资源智能汇聚和共享模型
首页 后台管理 登录管理

用户名：

admin

密码：

•••••

登录

图 6-43 用户登录界面

图 6-44 超级管理员登录后界面

图 6-45　机构管理员登录后界面

图 6-46　普通用户登录后界面

图 6-47　查询结果返回界面

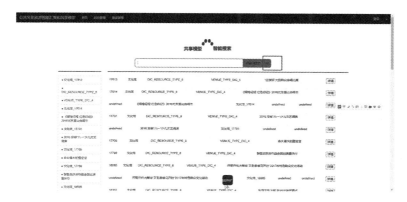

图 6-48　查询 All 返回界面

图 6-49　查询详情所示界面

6.3　公共文化资源的预先调度与智能分发技术

6.3.1　基于网格化的云资源分发调度方案

随着社会的发展和进步，大众对传统文化教育的需求日益增加，呈现出多层次、多样化和多方面的特点。在国家公共文化云平台上，文化资源都处于云端，然而传统的对于资源的调度与分发存在层次混乱、整体效率低下、达不到全局最优等问题。因此应结合访问场景与行为的需求，基于预测方法、资源热度与传输开销的模型，研究构建资源预先调度方法。

研究方向主要针对建立层次化、区域化、时延能效敏感的资源分发机制，有效解决传统资源分发调度时存在的问题。充分基于网格化带来的层次化分发调度决策，能够清晰体现出各层具有的功能，并考虑系统全局的效率问题，尽可能实时捕捉系统状态且向全局最优调整。在整个过程中结合有关博弈论观点，着力解决系统中用户在全局最优情况的问题，从而达到具有动态优化性质的云资源分发调度。

为此，本章提出了以网格化为基础的，能够根据全国文化馆分布实际特征的云资源分发调度方案。

针对传统调度方法中层次混乱的问题，提出将云资源调度分发系统划分为国家公共文化云端、省域级资源服务器、区域级资源服务器和用户四个级别。当系统收到已注册用户所发出的资源请求时，区域级资源服务器首先根据该用户历史访问记录，对用户的访问行为利用以下公式查询与该用户相似的用户：

$$sim_{u_i, u_j} = \frac{1}{1 + JS(p_{u_i} \mid p_{u_j})}$$

其中，$JS(p_{u_i} \mid p_{u_j}) = \frac{1}{2} \times KL\left(p_{u_i} \mid \frac{p_{u_i} + p_{u_j}}{2}\right) + \frac{1}{2} \times KL\left(p_{u_j} \mid \frac{p_{u_i} + p_{u_j}}{2}\right)$

其中，$KL(p_{u_i} \mid p_{u_j}) = \sum p_{u_i} \log \frac{p_{u_i}}{p_{u_j}}$

利用用户和其相似的用户历史访问行为进行预测，根据预测结果使接近客户端的区域级资源服务器进行资源的检索。由于公共文化资源背景下存在权属问题，因此区域级资源服务器应考虑以下三种情况：①资源在该服务器上且用户具有获取资格；②资源在该服务器上但用户没有获取资格；③资源不在该服务器上。对于上述情况①，该服务器可以立即向用户进行响应；对于上述情况②，该服务器应该向系统的上一层去申请该用户的获取资格；对于上述情况③，该服务器首先向同级服务器发起资源的检索，当能够检索到资源时进行服务器间的资源调度，反之将请求上一级的资源调度。区域级资源服务器的上一层即省域级资源服务器，其对于区域级资源服务器发起的调度请求的处理与在区域级类似，首先通过同级进行检索，当无法获取时再向中心服务器发起请求，最后向下逐层分发至用户。整个系统在运行时也会结合有关博弈论观点，利用帕累托最优适时改善服务器上存储资源，以达到全局动态最优。

$$T_S = \min\left\{\sum T_{ij} + W_j\right\}$$

其中，T_{ij} 为信息资源分配到节点用户等待的时间，W_j 为信息资源组需要等待的最短时间。

整个系统建立了层次化、区域化、时延能效敏感的云资源分发调度机制，如图 6-50 所示。

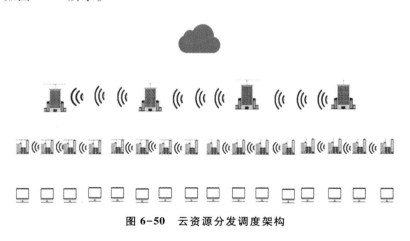

图 6-50　云资源分发调度架构

除了完成基础的调度以外，还可以根据管理员输入的语义信息进行针对性调度。例如，管理员输入"将热门资源分发给全国文化馆"，针对这种语义规则，根据规则处理结果调度的目的地以及资源类型参数输入调度模型，然后将资源调度到指定机构中，来实现基于管理员语义规则的调度。

6.3.2 基于长短期记忆神经网络与社会影响力的群体需求预测方法

根据公共文化云平台对公共资源预先调度与智能分发的要求，需要基于用户访问场景语义信息、行为特征等信息，建立用户的访问预测模型，并通过访问行为与资源历史访问行为的匹配，实现用户需求预测。通过对应用场景等的具体调研，发现群体需求预测对预先调度与智能分发的实现也有一定的作用。对主流需求预测方法进行调研后，最终确定了一种基于长短期记忆神经网络与社会影响力的群体需求预测方法。它主要是利用用户长短期兴趣对用户个人需求进行预测，进而分析用户在群体中的社会影响力来形成群体预测，以提高公共文化云平台资源访问的效率。

与传统的群体需求预测技术不同，公共文化云资源中的群体需求预测的最终目是将云端资源按照用户需求预先调度到靠近群体用户的位置，解决云资源使用的效率问题。因此，需要直接按照用户访问时的 IP 地址进行群体划分，根据区域用户的历史访问记录和实时访问情况预测群体需求。而且，现有的大多数群体需求预测方法，主要考虑用户偏好问题，而较少考虑到影响群体决策的一些其他因素，例如，个体用户兴趣迁移问题和群体成员间社会影响力。因此，在建立一种实时性、高效率的群体需求预测机制时，将用户兴趣迁移与成员间社会影响力纳入考量也很有必要。本章构建基于长短期记忆神经网络与社会影响力的群体需求预测方法，具体实现流程如图 6-51 所示。

①按照用户 IP 地址划分群体。

②根据用户对资源的历史访问数据挖掘用户需求随时间的变化情况。首先，对资源类别进行编号标码，构建资源类别标签词典，并根据资源属性取值将资源归属到不同类别中，进而构建资源—类别表；其次，建立用户—资源访问时间表和用户—资源评分表；最后，对于每一个用户，分别从资源—类别表、用户—资源访问时间表、用户—资源评分表中筛选出与该用户相关的记录，构建该用户在不同时刻的兴趣—评分关联表；其中，每个用户的兴

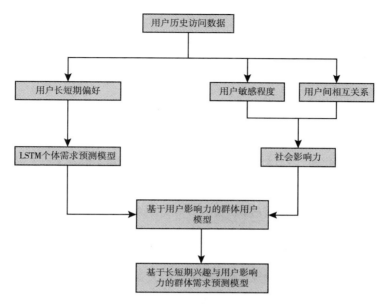

图 6-51　群体需求预测流程示意

趣—评分关联表中的记录按照访问时间升序排序。

③基于长短期记忆神经网络（Long Short-Term Memory，LSTM）模型。根据用户在不同时刻的兴趣—评分关联表建立相应的个体项目评分预测模型，获取用户对项目的初始评分矩阵，逐行提取兴趣—评分关联表中的记录，将用户随时间发生变化的部分作为 LSTM 模型的输入，将用户评分作为模型的输出，去训练每个用户基于 LSTM 的网络模型，由于遗忘门、输入门、更新门和输出门四种门结构的存在，LSTM 能够智能记忆用户长短期访问兴趣，以预测各用户在下一时刻对各个项目的评分。另外，神经网络模型采用按时间展开的反向误差传播算法（BPTT）进行训练，依照预定义的损失函数迭代修正网络中的权重参数，以最小化 t 时刻用户对某一项目的预测评分与实际评分的误差。

④通过社交网络上的用户数据，获取用户对其他用户意见敏感程度以及群体成员之间的相互关系，构建基于社会影响力的群体用户模型，进而对不

同群体需求进行预测。在考虑群体用户个体偏好的同时，也考虑群体成员之间的社会影响因素，包括由个体用户的专业性与本身个性等造成的在群体间表现出来的敏感度和由用户间密切程度、联系频率、用户间共同好友数等所形成的用户间的相互关系，使得群体需求预测研究更贴合实际情况，并提高个体用户满意度与群体预测效果。

6.4 公共文化资源智能确权关键技术

6.4.1 区块链的基础概述

6.4.1.1 区块链的概念

区块链是随着比特币等数字加密货币的发展而逐渐被人们所熟知的。区块链是一种分布式数据存储机制，由一串使用密码学方法相关联产生的数据块构成，每一个数据块中包含了一批比特币网络交易的信息，用于验证其信息的有效性（防伪）和生成下一个区块。该概念在 Satoshi Nakamoto[①] 的论文 Bitcoin：A Peer-to-Peer Electronic Cash System 中提出，Satoshi Nakamoto 创造了第一个区块，即"创世区块"。区块链在网络上是公开的，可以在每一个离线比特币钱包数据中查询。比特币钱包的功能依赖于与区块链的确认，一次有效检验被称为一次确认。通常一次交易要获得数个确认才能保证生效。区块链本质上是一个分布式账本数据库，是比特币的底层技术，和比特币是相伴相生的关系。

6.4.1.2 区块链技术的基本逻辑

第一，所有的应用的各种账本（可能是交易数据或者其他数据），均需要以分布式方式存储在不同的存储节点，其存储形式需要借助于分布式文件系统或者分布式数据库技术来完成。其数据区块满足一种链式结构，并且通过 Merkle 树来进行验证。

---

① 可能是一个真实的人，也可能是一个虚拟的人名甚至虚拟的团队名。

第二，为了确保不同节点之间能够互相"告知"，需要网络通信层来进行消息的传达，因此需要研究通信网络，如 P2P 网络，以及消息的传播机制和消息的验证机制等。

第三，为了确保区块的信息安全和隐私能得到好的保护，需要通过数据安全与隐私保护层来进行规范，主要技术包括传统的安全和隐私保护技术、区块链特有的数字签名技术、零知识证明等区块链特有的安全保障技术。

第四，为了确保账本的创建，需要在各个节点之间设计一些共识机制，确保各个节点能够达成一致意见，其主要技术有最初的工作量证明机制，这种机制计算量大，对能源消耗巨大。后面又衍生出多种其他的共识机制，如权益证明、股份授权证明，还有一些传统的比如拜占庭容错算法等，来确保整个共识机制的有效性。

第五，所有的区块链底层技术最后均需要对外提供各种应用，而整个应用会需要一些基础的应用层中间件来完成，主要的有如区块链的各种代币（比特币、以太币）或者 Token 和积分来完成各种应用。而代币、Token 或者积分的发行、分配显得尤其重要，因此这是应用组件层的一大核心。为了让各种基于区块链的交易能够通过机器自动化完成各种交易，需要智能合约来进行完成。最后，到了区块链应用的最高级阶段，可以把所有的应用都通过程序编辑成可编程资产，以供交易。

第六，各种区块链需要支撑各种级别的应用。第一代应用被称为区块链 1.0 应用，主要是以比特币交易为代表的支付系统；第二代应用被称为区块链 2.0 应用，主要是以各种商业交易的智能合约为代表的链上代码性的应用系统；第三代应用被称为区块链 3.0 应用，可以将区块链应用到社会的方方面面，是区块链应用的高级阶段，主要有社会应用系统等。

第七，区块链的各个层次均需要满足各种标准。

第八，区块链技术可以和其他各种技术结合，满足未来社会计算发展的各项需求。

6.4.1.3　区块链技术模型

区块链技术模型包括八大部分，其中包含 6 层基础技术层以及两个贯穿整个 6 层的两大共用技术。八大部分分别为：数据存储层、网络通信层、数据安全与隐私保护层、共识层、应用组件层、区块链应用层、区块链与现代技术融合以及区块链技术标准。

1. 数据存储层

形象地说，区块链就是一个分布式账本，这些分布式账本之间通过链条链接在一起，构成一连串的账本链（即区块链）。因此，数据存储层主要包括数据区块的逻辑组织方式以及如何有效地实现对分布式账本的有效存储。

2. 网络通信层

为了满足各种应用的需求，数据区块需要通过网络在不同的节点之间进行验证、合作以及互相协同等。这就需要研究区块链所在的网络环境，数据共识、校验等的传播机制和验证机制等。

3. 数据安全与隐私保护层

区块的存储、区块的验证、秘钥的传递、信息的发送和接收等都涉及数据的安全传输和数据的隐私保护。本层主要研究以区块链技术为基础的各种应用环境下的数据安全与隐私保护问题。与传统的 PKI 安全体系不一样，基于区块链的各种应用应该形成一种适应区块链各项技术的新的区块链安全技术体系和隐私保护体系。

4. 共识层

基于区块链的各种应用，由于采用的是分布式的运行机制，为了让各种应用能够运转下去，需要区块链的各个参与方设置某些共识，一旦达成共识，则运行逻辑可以继续下去。共识层最早期是用于比特币的工作量证明（PoW），随着应用的不断丰富，通过工作量证明来达成共识已经越来越不适应发展的需要，因此，不同的应用只要参与方共同达成一致，可以自己设置新的共识机制，如后来发展的权益证明（PoS）、股份授权证明（DPoS）等。

5. 应用组件层

为了支撑区块链的上层应用，需要一些应用层的核心组件来完成，最典型的是发行机制和分配机制等。在以货币支付为代表的区块链 1.0 应用

（尤其是比特币）中，发行机制和分配机制构成了整个应用的激励核心，例如，比特币的发行和比特币的分配等。通过挖矿，如果获得了创建账本的权限则可以获得相应的比特币。当然，不同的矿工之间可以通过共享矿机进行合作，为了获取账本的创建权一起挖矿，一旦挖到矿，则如何分配也十分重要。随着区块链应用的不断衍生，更多的应用参与者通过智能合约方式来进行互相的约束和激励。智能合约也是区块链 2.0 中最为核心的技术。随着区块链应用的逐渐推广，区块链 3.0 应用组件的各参与方也将不断推出可编程资产的各种机制满足上层应用的各种需求。

6. 区块链应用层

区块链技术最开始的应用主要集中于以货币支付为代表的比特币以及其他各种网络虚拟货币等，被称为区块链 1.0。随着区块链技术逐渐被认识，它凭借技术的特殊性，可以应用于更多的方面，如社会保险、物联网、社会信用体系等，这种以参与者之间的智能合约为代表的区块链 2.0 阶段的应用已经逐渐成为主流。随着区块链技术的发展，预计区块链 3.0 将主要应用于人类的健康、活动等这类既要保密又可溯源的场景，如政治活动中投票等。

7. 区块链与现代技术融合

区块链技术的发展离不开现代技术的支撑。若没有点对点网络、数据加密技术的支撑，也不可能有区块链技术的发展土壤。如今大数据、云计算、物联网、高速通信网、机器学习、深度学习、类脑计算等技术的快速发展基本奠定了未来科技的发展方向。

8. 区块链技术标准

目前，国内外尚未形成区块链技术通用的技术标准。区块链技术涉及众多的核心技术，也涉及众多的数据和数据、应用和应用等的交互和互操作。标准化工作是一项技术能否通用、能否大范围应用的一个必经之路。因此，为了加快区块链技术的发展，制定各种区块链技术标准已经刻不容缓。有了统一标准之后，各种基于区块链的应用，不同厂家才会采用互相认可的技术手段，使彼此之间的技术可以互相兼容，从而促进区块链技术的健康发展。

6.4.2　基于区块链的公共文化资源确权方法

针对传统的文化图片资源的版权登记周期长、成本高、范围小等问题，本章提出了一种基于区块链的图片资源智能确权技术。通过结合版权哈希的版权特征提取、基于智能合约的版权信息确认、基于区块链的版权信息分布式存储、基于主题爬虫的侵权自动发现功能、确保资源版权的高效可信存证，实现了公共文化图片资源的上传即确权发现即维权的效果。

面向公共文化数字资源的区块链确权方法主要包括五个步骤：基于区块链与智能合约的资源确权、基于版权通证的资源版权管理、基于智能合约的资源版权交易、结合爬虫技术与图片相似度算法的侵权监测、基于区块链的版权保护的资源维权如图 6-52 所示。

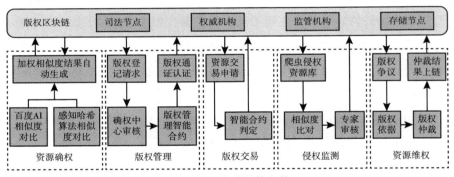

图 6-52　方法总体架构

6.4.2.1　步骤一：基于区块链与智能合约的资源确权

为了解决海量资源版权确权审核时间长、版权确定难的问题，采用结合区块链中的智能合约版权哈希技术实现图片等资源的确权。首先利用基于深度学习的敏感图片识别技术过滤敏感图片资源，然后利用链上链下分布式存储技术存储资源，提高区块链存储效率，同时调用感知哈希相似度比对①智

---

① 视频基于感知哈希和切块的快速对比方法：先用视频的关键图像帧生成数字指纹集；再基于切块的方法构建相应的倒排索引，提高数字指纹间的对比速度；最终根据得到的数字指纹间的汉明距离进行相似度判定。

能合约完成版权确认，最后基于图片哈希唯一标识生成电子证书，并将版权证书以及确权过程上链存储，具体流程如图 6-53 所示。

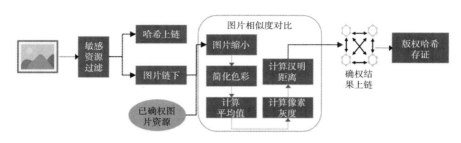

图 6-53 方法总体架构

6.4.2.2 步骤二：基于版权通证的资源版权管理

为了进一步提高版权的管理效率，本章提出一种基于版权通证的版权管理方案，在不需要第三方版权管理机构的参与下实现版权的管理。采用区块链作为底层架构，用户身份和区块链账户唯一绑定，版权通证的内容（区块链哈希以及通证时间）生成、管理以及交易涉及的数据处理都基于用户、管理员、版权监管机构的共识形成，极大地提高了版权管理的安全性和可靠性，具体流程如图 6-54 所示。

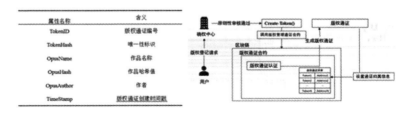

图 6-54 基于版权通证的资源版权管理流程

版权通证管理的具体流程如下。

（1）由用户提出版权登记请求。用户在基于区块链的版权保护平台进行操作，选择已经上传的资源并对其申请版权登记。

（2）确权中心审核原创性。确权中心会优先调用基于区块链与智能合约的资源确权方法进行版权初审，利用汉明距离和图片相似度算法、数字指纹匹配方法进行版权再审。

（3）调用版权管理通证智能合约。将作品名称、作者信息输入通证管理智能合约，智能合约对以上信息进行处理，进一步生成并输出版权唯一性标识符、作品哈希值、版权通证创建时间戳、版权通证编号等信息。

（4）进行版权通证认证。智能合约获取到作品原创性审核信息，以此为依据来进行版权通证认证，认证成功后进行下一步。

（5）生成版权通证并对其归属权进行设置。区块链中开辟专门存储并管理版权通证的列表存储区；当版权通证认证成功后，将版权归属信息上链存储到版权通证列表，其中记录区块链地址并将其与通证令牌相关联；进行加密存储。

6.4.2.3　步骤三：基于智能合约的资源版权交易

为了解决海量资源交易的速度慢、版权转移难的问题，结合区块链中的智能合约技术实现资源交易的自动执行、交易结果的分布式存储。其中，基于拍卖机制的智能合约实现了对稀缺资源的版权交易及转移，基于拥有者定价的智能合约实现了对普通资源的版权交易及转移，具体流程如图 6-55 所示。

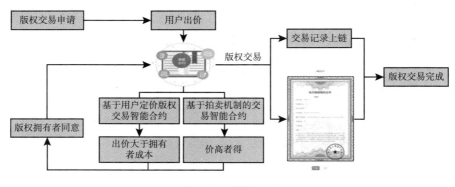

图 6-55　版权交易

1. 基于用户定价版权的交易智能合约

（1）用户定义价格。用户在交易系统中设置好预期价格、购买截止日期，系统将调用版权交易智能合约，登记要交易的版权、价格、发布者信息，并为本次交易生成唯一识别码，进而将信息挂载在交易页面上。

（2）购买者出价参与版权购买。购买者可在交易页面获得交易识别码和交易信息，进入版权交易页使用交易识别码进入交易系统；用户随后可进行购买操作，系统会检查用户是否具有购买权限（无不良记录），并检查是否支付成功，成功支付的用户，其购买信息之后登记在智能合约中。

（3）用户最终裁定。版权所有者可随时进入系统对购买者信息（用户名、拥有版权、购买时间、版权交易成功数等）进行查阅；之后在截止时间之前选定一名用户，提交至区块链模块记录。

（4）购买者获得作品版权。区块链模块进行版权的转移，在本次购买交易完成后，本次版权交易结束并关闭相关入口，版权原拥有者和购买者都会收到系统信息提示。

2. 基于作品拍卖机制的交易智能合约

（1）用户定义初始价格。用户在交易系统中设置好预期价格，额外设置每次竞拍增加的价格下限，并设置购买截止日期。系统将调用版权交易智能合约，登记要交易的版权、价格、发布者信息，并为本次交易生成唯一识别码，进而将信息挂载在交易页面上。

（2）竞拍者出价参与版权拍卖。购买者可在交易页面获得交易识别码和交易信息，进入版权交易页使用交易识别码进入交易系统；用户随后可进行购买操作，系统会检查用户是否具有购买权限（无不良记录），由于是拍卖机制，还会限制用户每次出价必须比已有价格更高且满足每次竞拍增加的价格下限，并检查是否支付成功。满足所有条件并成功支付的用户，其购买信息之后登记在智能合约中，之前的出价者信息会被移出智能合约存储区域，转到数据库中进行记录。

（3）竞拍者获得作品版权。拍卖结束时，区块链模块选取当前出价最高的用户，判定其获得版权，并进行版权的转移；至此本次购买交易完成，本次版权交易结束并关闭相关入口；版权原拥有者和购买者都会收到系统对应信息提示。

6.4.2.4 步骤四：结合爬虫技术与图片相似度算法的侵权监测

为了解决传统侵权资源发现慢、不全面的问题，本章提出结合主题爬虫技术与图片相似度对比的侵权判定方法。首先利用主题爬虫技术爬取高效相应拥有版权网站的图片资源建立版权库，其次利用图片相似度算法对比上传资源与侵权库中的相似度进行资源侵权对比，具体流程如图 6-56 所示。

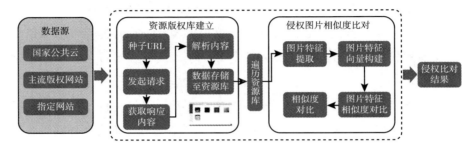

图 6-56　侵权监测

6.4.2.5 步骤五：基于区块链版权保护的资源维权

为了解决传统方案中资源维权难的问题，结合智能合约与区块链技术实现了侵权资源的快速维权。当发生侵权事件时，调用侵权协作合约将疑似侵权用户与维权用户加入有多个系统管理员的协作区块链中，防止隐私泄露的同时提高维权效率。然后，两者提交自己的版权证据至侵权协作区块链中，管理员根据图片相似度对比结果与版权证据进行投票，投票合约自动获得维权结果，生成维权证明，整个过程上链存储，具体流程如图 6-57 所示。

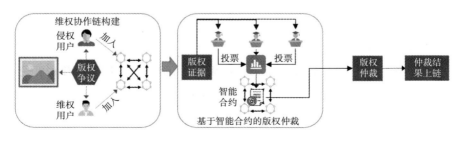

图 6-57　资源维权

6.4.3 基于区块链的公共文化资源侵权监测方法

当前的版权主要面临的问题是同一图像进行细微修改等产生不同的版本，可能仅仅尺寸、亮度有所不同，因此，侵权的成本低且不容易辨别。缺乏对于图像版权实质性审核或者对于版权确认机制的不健全，很容易造成同一图像或者不同版本的同一图像的版权重复被登记，这样更容易导致侵权行为的大量发生。并且由于当前的版权机构多采用的是中心化结构的存储方式，这种结构极易因为受到攻击从而使系统全面瘫痪。众多的情况下版权鉴定，并没有统一的版权保护机制，导致出具的侵权证明并不具有公信力。当前对于版权保护所采用的数字水印技术和 DRM 技术，会因水印容易被篡改而破坏，中心化结构也易被攻击，都难以在侵权行为发生时，有效及时地为版权拥有者提供具有公信力的侵权证明用来维权。

为了克服上述技术的不足，本章提出了一种基于区块链的公共文化资源侵权监测方法，对于当前已经存储在区块链上的、经与确权库对比后获得版权确认的图片进行定时与非定时的智能侵权监测。结合区块链的智能合约中的通信逻辑与爬虫脚本进行关联，使用主题爬虫定时爬取权威网站的版权图片建立侵权对比库，时刻监测图片网站更新的资源并更新补充进入对比库。在侵权对比过程中，调用智能合约中的相似度对比逻辑，采用尺度不变特征转换（Scale Invariant Feature Transform，SIFT）算法将链上的已被确权图片与侵权库中图片进行遍历对比，通过系统侵权阈值对侵权行为进行判定。当侵权行为发生时，系统会生成侵权证书说明侵权图源，侵权网站等作为被侵权方维权证据，并且将监测到的侵权行为进行上链以保存证据。该监测方法可由用户手动触发或系统定时触发。具体实现流程如图 6-58 所示。

（1）通过通信智能合约进行资源的实时监测。系统在获取用户信息后，通过合约地址调用区块链智能合约，通过合约中的通信逻辑与定时爬虫脚本进行关联。爬虫脚本采用内置模块实现通用事件调度器，由于该方法支持多线程任务，以此可实现对于爬虫脚本执行的定时任务。结合主题爬虫定期爬取指定类型图片，该执行脚本可由用户触发或系统定时自动触发，定时爬取

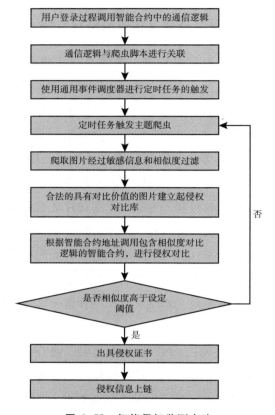

图 6-58　智能侵权监测方法

权威图片资源网站，该方法实现了对图片资源的全网覆盖实时监测。其具体任务包括如下几点。

①系统登录后即会根据智能合约地址调用对应的智能合约，该合约中的通信逻辑与爬虫脚本进行关联。在该部分进行关联保证了侵权图库更新的实时性。

②通过 sched 实现通用事件调度，在调度类中使用延迟函数等待系统设置时间（通常为一周），到时间自动执行主题爬虫脚本。该定时作用是在规定时间内不断监测网络资源更新，是否新出现的资源中存在对于原系统已被确权图片发生侵权行为的图像资源，实现实时监测。

③爬虫脚本选用主题爬虫进行图片爬取。首先选定爬虫主题，根据主题选定相关性最大的网页 URL，作为初次爬虫的页面。网页中的关键词集合作为描述爬虫主题的值，通过其余待爬取 URL 的网页文字和关键词集合计算与初次选定最优 URL 的相关度。

④定义存放待爬取 URL 的优先级队列，按照计算所得的相关度定义优先级，根据优先级将 URL 依次存放进关键词队列中。其余不具相关性的 URL 存放进普通队列。爬取顺序以关键词队列为先。该种爬虫可完成一次性获取同种类型的大量图片。该提取方法适用于关键词较少的主题爬虫，与侵权监测时仅以图片类型为关键字的需求相符合。

（2）侵权图库的初步建立。在获取由爬虫脚本爬取的图片后，以字节形式存放进侵权图库中，在进入图库时进行敏感图源和相似度自动对比，防止出现重复非法对比图。

对敏感资源进行监测的具体任务包括：对爬取图片的合法性过滤，将涉及敏感话题的资源、违法图片资源去除。通过在侵权功能中的智能合约地址，触发智能合约中的相似度对比逻辑，采用 SIFT 相似度对比算法进行侵权监测，保证侵权库中图片具有对比价值。该算法提取的是基于图像局部的外观特征，不受图片亮度、角度等细微改动影响。

（3）通过相似度对比合约进行侵权监测。用户发出侵权监测申请或定时脚本触发侵权自动监测时，系统通过功能设置中合约地址调用对应智能合约。该合约中包含相似度对比逻辑，该逻辑采用 SIFT 相似度对比算法的对比函数进行图源与侵权库图片的对比，当对比结果高于系统设定阈值时，侵权库图的图源将被记录进入侵权结果并返回。

（4）侵权判定结果进行对应处理。如果侵权结果不为空，则侵权行为疑似发生。对比图源和侵权库图源都将被记录至检测结果中，此时系统根据智能合约相似度对比逻辑判断结果，出具侵权证明，详细说明其中具体包含侵权监测结果和具体相似度值，以便用户进行维权。

（5）对比处理结果进行上链。作为版权拥有者在进行维权时的具有公信力的证明，向区块链发送交易请求，将处理结果打包上链。因区块链具有不可篡改性，侵权结果被记录上链保证了对比结果的可信度。

将侵权信息进行上链的具体任务包括：将已被确权图的图源和信息与疑似侵权图的图源和图片所属者信息、相似度值、侵权判定结果进行区块链上链。由于区块链在存放信息时通过哈希计算得出信息块的哈希值，在输入信息即为存放信息一旦发生改变后所得哈希值也一定会发生变化，从而使得被记录的侵权信息无法被篡改，从而使得侵权监测和侵权判定所得结果具有公信力以便能够进行维权。

6.4.4 基于区块链与密码技术的专家评议方法

为了解决专家投票维权过程中的安全问题，本章提出一种结合区块链技术与密码技术并改善投票流程的安全投票方法，其中确权部分功能是解决文化馆等文化机构的摄影活动或者书画活动中参展用户作品的侵权与被侵权的行为，保障活动作品资源的合法可靠性。系统逻辑功能分为用户注册/登录模块、资源上传模块、审核确权模块、资源查询模块、版权交易模块、侵权反馈模块、智能合约模块。

系统的完整业务逻辑流程如图 6-59 所示，详细步骤介绍如下。

（1）资源上传。用户自行上传数字资源作品，用户将自己的版权资源（画作、文章、音乐、书籍等）上传至区块链数字资源管理平台系统。

（2）自动确权。自动确权系统对用户资源进行识别，根据用户上传的资源完成敏感资源审核、过滤，同时根据确权时间戳以及实时监测数据库完成资源的确权，并根据确权结果生成数字证书。

（3）发现侵权。当识别出侵权情况时，先标记作品为疑似侵权状态，将数据上传至区块链存证。

（4）申请评议。当用户在系统中点击专家评议时，申请由专家（专家账号由平台验证其专家身份后赋予，其账号信息中包含专家的详细教育背景以及经历信息等）进行投票评议，下一步跳转到（5）。

其中具体的评议过程又详细分为以下三步。

①由用户自主提请版权争议评议，之后需要用户先向平台提供相应证

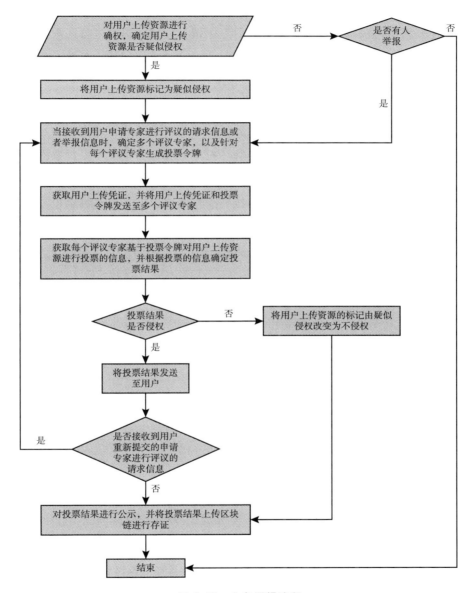

图 6-59　业务逻辑流程

据，然后平台分配此次参与评议专家。

②当系统中出现需要专家投票评议的作品时，系统将根据每位注册专家

的背景信息，选出与争议作品领域相同或者相似的五位专家来进行评议决策，还要根据待决议作品的类别与注册专家擅长领域的信息进行匹配，选出相似度权重占比前五位专家进行投票，因为只有熟悉该领域作品的专家才能更好地对作品进行判断。

③当评议专家的人员名单确定之后，系统将加密生成五个投票令牌并将其发放在专家的个人账号中，专家收到区块链确权系统的评议邀请信息，专家登录系统后可以领取自己的投票令牌。投票令牌作为本次专家投票的一个身份证明，仅限于此次投票，后续投票不再重复使用，并且凭借此投票令牌只能投票一次，使用之后令牌即刻作废。这样既可以防止匿名投票以及恶意投票的情况，也对投票结果有了正向的引导作用。

（5）专家调研。由专家以场内场外结合的方式，通过专家网络搜证、分析用户上传凭据、资料来源探查、专家开会讨论等方式，对数字版权归属作出裁定。

（6）专家评议。将召集专家调用智能合约进行投票，投票前进行公私钥信息核对，并匹配本次评议识别码。

专家评议包括以下步骤。

①评议开始之后，专家凭借个人的投票令牌进行投票。在投票的过程中，专家无须在中心节点的服务器中的投票系统上进行投票，因为专家的身份信息在从本地客服端上传到服务器端的过程中存在信息泄露的风险，这对于投票人的身份信息存在一定的危害，所以专家只需要在本地客服端进行投票。投票时所依赖的是投票令牌，因此不存在专家身份信息的泄露，从而对专家的用户隐私进行了保护。当专家在本地客户端投票完成之后将所有投票数据上传到中心节点服务器上，在上传中心服务器的过程中，防止专家身份信息泄露以及投票数据泄露或者被更改的危险，我们采用了联邦学习来保护数据隐私。

②当所有的投票数据上传到中心服务器之后，将执行提前写好的关于投票数据分析的智能合约，对专家投票的结果进行智能分析，结果将会显示此次有争议的作品是否侵权，以及确定侵权和不侵权各自的投票票数，并且系统还会给出此次投票结果的置信区间，供最后阶段的复审。

③当所有的数据处理完成之后，将此次投票的结果以及置信区间等相关摘要信息存入区块链中，进行数据的保存。因为存入区块链中的数据是不可篡改的，因此保证了数据的安全性。

（7）仲裁完成。向用户给予仲裁结果证书信息，并在平台进行一段时间公示，跳转到（8）。

（8）结果存证。区块链系统上链，存证此次仲裁结果的各类信息，并生成可靠度报告。至此，整个投票流程就已结束，当有人对结果存疑或者需要复审的时候，我们将存入区块链的数据重新读出来供后续查看，随后进入流程（9）。

（9）资源归属。改变文化管理平台对应资源的版权状态，跳转到（13）。

（10）未曾侵权。系统自动确权模块未识别出侵权：若是无人举报侵权，则跳转到（9）；若是有人举报侵权，则跳转到（4）。

（11）申请驳回。驳回用户的仲裁申请，并由专家给出不通过理由，平台汇总后告知用户，流程进入（12）。

（12）证据重采。用户需要重新整理侵权证据，准备再次提交专家数字版权评议投票，进入（4）。

（13）确权完成。本次资源确权结束。

6.4.5　基于区块链的公共文化资源确权系统

基于区块链的公共文化资源确权系统主要使用 Vue 与 SpringBoot 框架，采用前后端分离技术，结合区块链，通过区块链中以太坊的智能合约与共识机制的结合使用完成了智能确权、侵权监测、版权交换、系统运行监测等主要功能。具体的系统功能模块设计如图 6-60 所示。

系统具体功能介绍如下。

6.4.5.1　系统主页

如图 6-61 所示系统主界面为系统的版权交换、智能确权、申请维权、资源上链功能选择通道。

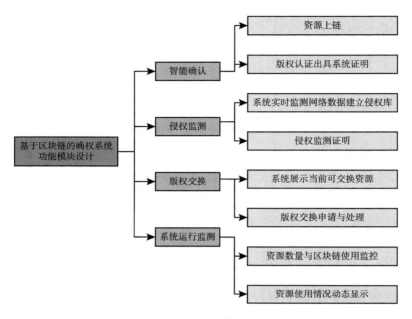

图 6-60 系统功能

图 6-61 系统主界面

6.4.5.2 版权确认功能

用户在进行注册登录后，可在系统中上传原创性图片资源，该处图片上传大小的最大值为 4MB，此处功能必须要填写如图 6-62 所示的信息，包括前面带有星标的内容，系统在接收到符合要求的图片后会对资源进行自动上链操作。上链后的资源会显示在待确权列表中，等待用户进行确权处理。

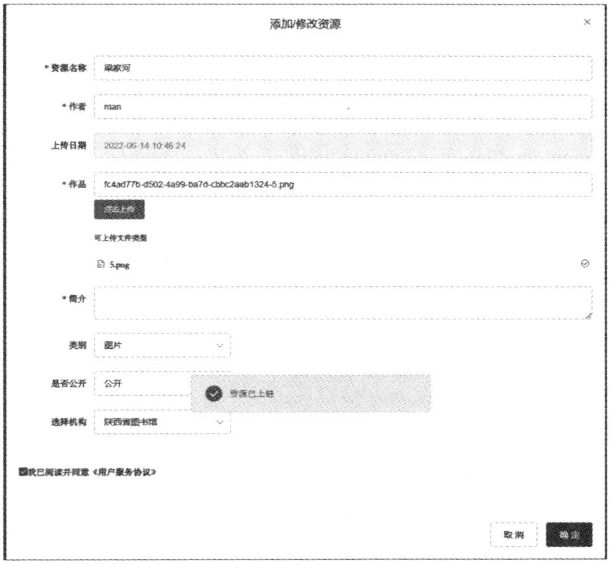

图 6-62　资源上传界面

当所有待确权资源均已进入待确权列表时（见图 6-63），点击某一条资源列表右方的"确权"图标，弹出是否确定要确权的显示框，用户点击"确定"按钮，系统会接收到该条资源的确权申请，并弹出一条"申请成功"的提示，随后，系统对该条资源进行确权判定，将该资源与资源库中

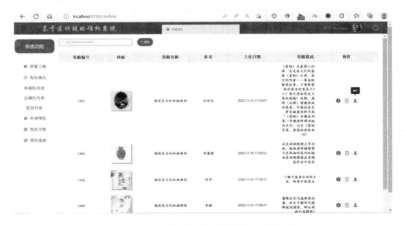

图 6-63　待确权资源进行确认处理

的资源进行对比。

当系统将图片资源与图库进行对比，用户上传图片与版权图库照片的相似度未达到设定阈值以上，则判定用户上传图片资源为原创资源。此时资源会进入已确权资源列表中，如果高于设定阈值，则用户资源并非原创性资源，系统对资源不给予确权处理并进行驳回。被驳回资源将被记录在驳回列表中。在确权完成后，系统会出具确权证明如图 6-64 所示。

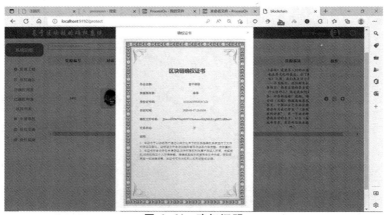

图 6-64　确权证明

6.4.5.3　侵权监测功能

用户的版权资源会进入侵权监测列表，用户点击侵权监测按钮向系统发送侵权监测请求。请求和监测的过程如图 6-65 所示。

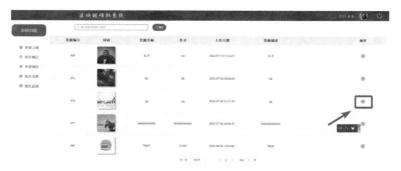

图 6-65　侵权列表界面

当系统将用户版权图片与侵权对比库进行对比后，如果未发现高于系统设定阈值的图片资源出现，则未出现侵权行为，系统出具未侵权提示，如图6-66所示。

图 6-66　未侵权结果提示

当系统监测到高于系统设定阈值的第三方图片资源出现，则判定为疑似侵权行为的出现，会出具相应提示，并将侵权信息进行上链处理并出具侵权证明书，在侵权证明书上会显示对应的链上信息的哈希值。侵权证明书如图6-67所示。

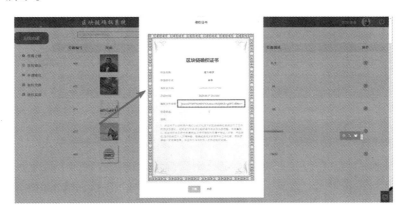

图 6-67　侵权证明书

6.4.5.4　版权交换功能

用户作为图片资源上传者并获得系统确权后，即为该张图片的版权拥有者，非版权拥有者如果需要使用该图片，则在主页（包含所有用户版权图）

点击版权申请按钮向版权拥有者申请该图片版权（非版权拥有者用户成功发送申请，在版权拥有者未处理前，该图片资源在资源请求者处状态为：该资源在进行交换中，见图 6-68）。

图 6-68　资源交换页面

当发出申请后，版权拥有者的个人中心即会收到版权交换的申请，如图 6-69 所示。

作品编号	作品名称	作品类别	申请人	操作
490	No song no life	图片	122	确认 拒绝
598	3335333	图片	122	确认 拒绝
601	op	图片	122	确认 拒绝

图 6-69　版权交换申请

版权拥有者进行版权是否交易审核，点击拒绝则版权交易中止，点击成功则版权交换成功。在版权拥有者确定授予资源请求方版权后，个人主页上对于该图片的版权状态为：已拥有该资源版权，并且在个人中心的资源列表中和已确权列表中均可查看已被授予版权资源。版权交易完成的界面如图 6-70 所示。

6.4.5.5　系统运行监测功能

系统在使用区块链进行版权信息处理时，可对系统中的使用者、版权确认等情况，以及当前的区块高度、资源使用情况进行实时监测与显示。具体系统运行监测示意如图 6-71 所示。

图 6-70　版权交易完成

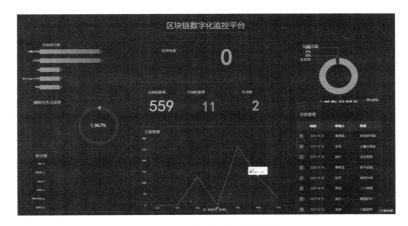

图 6-71　系统运行监测示意

6.4.6　应用示范

区块链智能确权系统在国家公共文化云的集成管理平台统一部署，将区块链智能确权系统的访问接口开放给马鞍山市文化馆云平台。马鞍山市文化馆通过区块链智能确权系统确定资源版权保护，保护原创者权益，鼓励积极创作以及共享资源。通过利用区块链技术，保证用户上传到资源智能共建共享平台中存储的数字资源能实现作品版权的自动确权，保证确权证书的难以篡改，保障确权资源的真实性和原始性。在资源的共享和传播过程对于所有文化资源标记时间戳和区块独特标记，对传播过程进行实时版权交换进行区块记账，结合智能合约技术，加密算法保障数据资源传播的不可篡改与可追溯性。通过利用基于区块链的智能侵权监测技术，实现版权的实时保护、侵权存证。

马鞍山市文化馆应用示范的目标是以集成平台为依托，实现区块链智能确权系统版权确认、侵权监测等功能，在马鞍山市文化馆的摄影展等活动中进行应用验证。

6.4.6.1 版权确认

①资源上链（上传图片），该处图片上传大小的最大值为4MB，此处功能必须要填写的信息包括前面带有星标的内容。点击确定后如果图片大小符合规定，则会显示在待确权列表中。

②在上链完成后，资源信息会出现在上传成功列表，同时资源也会显示在系统主页中。

③已上传成功的资源会出现在待确权列表，如需要对上传资源进行确权，点击功能表中最后的确权按钮会进行自动确权。确权行为将会和确权库中已有图片进行对比，如果相似度未高于设定阈值则会自动对该图片确权，并且会自动将图片信息显示在已确权列表中，如图6-72所示；如果高于设定阈值，则图片确权申请被驳回，出现在驳回列表中，如图6-73所示。

图6-72 已确权列表界面

图6-73 确权申请驳回列表界面

④已确权列表，点击第二个按钮（证书查看），如图 6-74 所示，即可获取对于该作品的确权证书，如图 6-75 所示。

图 6-74　已确权列表界面

区块链确权证书

作品名称:　富平柿饼

资源拥有者:　秦筝

身份证号码:　610528199909307520

存证时间:　2023-03-17 23:15:03

确权文件哈希:　JJtwvoDYMV4xj4S0V1U6a4cxovHAJMhX+gSBT/sRBeo=

交易状态:　否

说明:

1、本证书予以证明用户通过公共文化云下的区块链确权系统进行了文件的存证及固化，证明该文件自存证起即客观存证且内容完整、未被篡改;
2、本证书所含文件已申请存证,文件所有权利均属于存证人所有，未经授权,任何机构及个人不得转载，摘编或其他方式使用本文件内容，否则须承担一切法律后果，本证书可作为权利人权利主张的依据。

图 6-75　确权证书显示界面

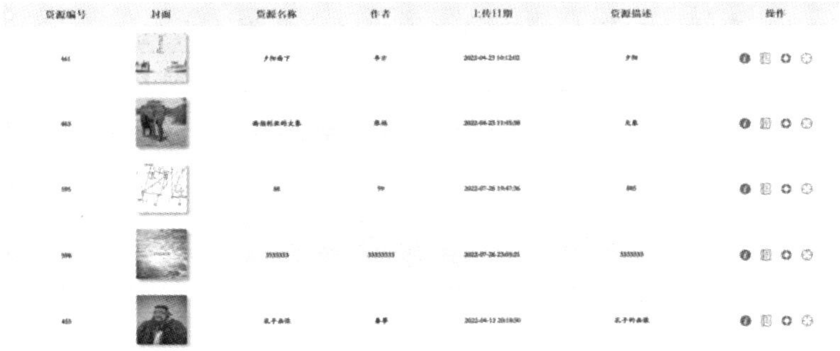

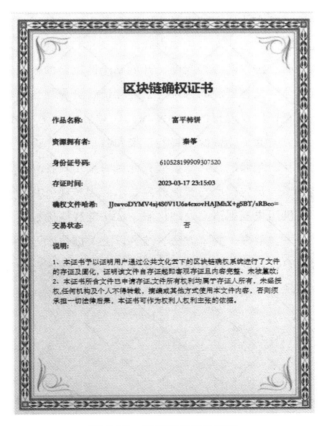

6.4.6.2 侵权监测

点击进入侵权监测功能，点击后方红色按钮，点击后可与图库中侵权库中进行对比，如果未发现相似度高于设定阈值的则会出现提示（未发生侵权行为）；如果出现相似度高于侵权设定阈值的，则疑似出现侵权，系统会显示监测结果，并提供疑似侵权证明书供使用者下载。

6.5 小结与展望

本章针对现有规则系统无法描述更具语义内涵的规则，以及现有的规则引擎不允许用户自主设定的问题，开展语义规则网的生成、优化及处理技术研究，研究基于公共文化资源的语义规则网自动生成，基于公共文化资源的语义规则网优化以及划分，海量规则模式匹配及并行处理；针对公共文化资源的权属归属不明、难以溯源等问题，开展基于区块链的公共文化资源智能确权研究，研究公共文化资源的区块链上链存证、资源的自动确权、资源版权的标识及分布存证以及侵权的自动发现；针对公共文化资源分散、多源、异构等特点，研究公共文化资源的智能汇聚和共享模型，提出关联数据的公共文化资源构建互联互通汇聚共享模型；针对海量用户各异的需求问题，研究了公共文化资源的预先调度与智能分发技术。为实现公共文化资源智能共建共享目标，提供用户规则语义处理机制，区块链智能确权技术，公共文化资源的调度、分发、汇聚、共享方法。结合以上关键技术开发了公共文化用户规则触发海量数据规则并行处理分析系统以及基于区块链的公共文化资源确权系统，并实现了示范应用。

第七章

公共文化用户行为建模
与智能推荐关键技术研究[*]

近年来，随着互联网技术以及各种新兴智能技术的发展，文化资源呈现种类多、更新快、数据繁杂等特征。图书馆、博物馆、美术馆、文化馆等各类文化场所作为文化资源的重要载体，也随之发生了巨大变化。资源采集逐渐走向多元化，资源类型逐渐走向数字化，资源门类逐渐走向全面化。现阶段，各类文化场所拥有数量越来越庞大、种类越来越繁多的公共文化资源，这些公共文化资源随着信息技术的发展正向大数据时代迈进。

同时，人们越来越注重对文化素养的培养，对知识的获取越来越迫切，因此希望能够快速、准确地检索到所需的公共文化资源以满足自身对知识的个性化需求。传统的信息获取渠道主要是通过搜索引擎查询资源信息，这种方式通过对用户查询的关键字进行网页的快速排序，从而匹配到合适的信息。为了保证查询结果的准确性，还需要对搜索引擎反馈的结果进行人工排查和筛选。在信息爆炸增长的今天，这种信息检索方式已经难以满足用户的要求，准确率较低使用户需要再次进行人工作业，对查询结果二次过滤，效

---

* 本章由西安工程大学高全力副教授、东南大学李伟教授撰写。

率极低的检索方式浪费了用户的时间，导致用户体验感变差。因此，如何从海量的公共文化资源中提取出所需有效信息，满足用户对公共文化资源的个性化需求，是当代智能文化场所的必备功能之一。本章主要论述如何针对用户交互行为产生的数据进行挖掘和分析，为用户兴趣预测及兴趣推荐提供解决方法。

7.1 相关技术研究进展

基于用户画像和知识图谱的推荐系统对数据的需求，需要对国家公共文化云平台中用户的潜在行为进行调研与分析，进而开展下一步工作，实现更为精准的推荐服务。该工作试图寻找除文化云平台现有用户的点赞、收藏等行为数据外更为精细的行为数据，通过结合业务流程和研究需求，以提升文化云平台的用户行为分析与智能推荐的效果。

7.1.1 公共文化用户画像生成技术研究

针对公共文化共建共享中用户产生的图书资源借阅行为数据、文化云上用户行为数据以及陕西省图书借阅数据，分析用户行为特征，从时间维度和用户属性维度研究用户画像生成技术。

7.1.1.1 用户标签体系构建

在标签体系构建之前首先对上述数据集进行预处理，主要包括去重、异常值处理、缺失值处理、规范化。

公共文化用户标签构建流程如图 7-1 所示。标签体系的构建按照标签生成类型分为事实类标签、文本类标签、规则类标签、预测类标签。事实类标签包含同一用户所产生的行为总次数。文本类标签包含用户所产生的文本类信息，如用户的性别、职业、地址等。文本类标签的特征提取选用 jieba 分词。规则类标签是对用户的统计类标签设置阈值，不同阈值对应不同的用户特征。预测类标签包含兴趣预测标签，也可以通过数据集的训练和测试对缺失值进行预测。最后，通过 python 中展示词云图的第三方库 wordcloud 库与画图库 matplotlib 库中的方法实现数据的可视化，并将构建的标签以二维表结构进行存储。

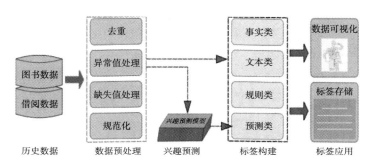

图 7-1　用户标签体系构建流程

7.1.1.2　用户画像生成

图 7-2 为时间维度上用户的图书借阅数据分析结果，可以看出用户在不同时间段的借阅行为发生时间，以及用户在 24 小时内发生的借阅行为。图 7-3 为家庭读者群体进行画像，可以看到，中国、世界、故事、童话等词，说明家庭读者群体大多会看与儿童教育相关的书籍。

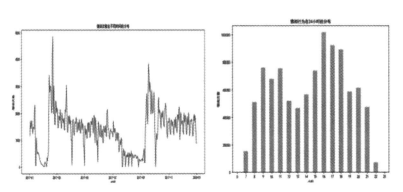

图 7-2　时间维度上用户的图书借阅数据分布示意

图 7-3　陕西省图书借阅数据行为词云

7.1.2　公共文化用户行为语义分析模型构建

针对现有文化云直播评论数据（77 条）[①] 与图书评论数据（77470 条）[②]，构建基于 BERT 和 TextCNN 的语义情感分析模型。

一是分析用户对文化云上的资源的情感态度，构建基于 BERT 和 TextCNN 的语义情感分析模型，如图 7-4 所示。

输入层将文本先进行分词和段落标记，并将信息数字化（包含词所对应的语料库中的索引、mask 的标记、段落信息）。

BERT 层将数字化之后的文本输入进行 embedding、transformer 和特征信息提取，如图 7-5 所示，主要用到了三个矩阵：查询（query）Q、推导键（key）K 和值（value）V，每个输入都会得到对应的 Q 矩阵、K 矩阵和 V

---

① 文化云直播数据来源于网络数据 https：//www.culturedc.cn/web3.0/index.html。

② 图书评论数据来自豆瓣读书网络数据 https：//book.douban.com。

矩阵，每个输入的 Q 矩阵与所有输入的 K 计算出对应的注意力分数并进行 softmax，并与 V 相乘计算出加权值作为对应的输出。Transformer 的输出进行特征信息提取作为 BERT 的输出。

　　TextCNN 层对不同长度的文本选择不同大小的滤波器（filter）（见图 7-6），在输出层进行情感分类预测。

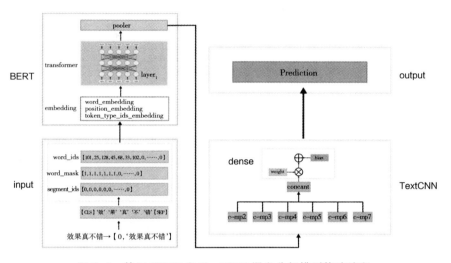

图 7-4　基于 BERT 和 TextCNN 语义分析模型构建流程

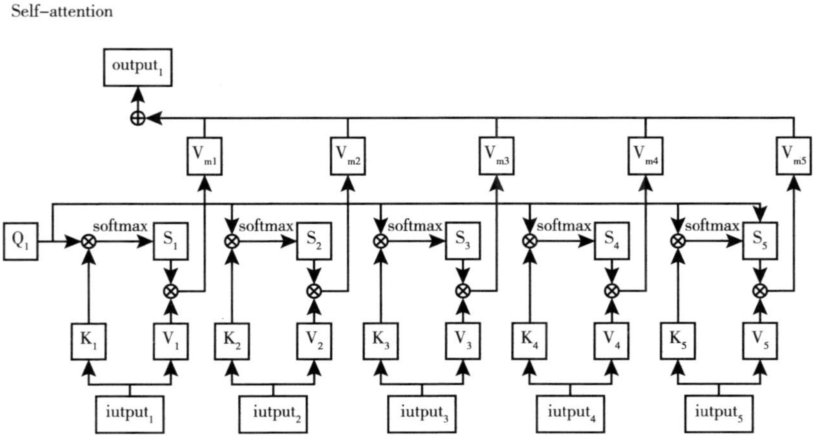

Self-attention

图 7-5　Transformer 中的 self-attention

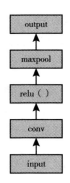

图 7-6　TextCNN 的卷积池化

二是将模型应用于数据集，进行语义情感分析。针对文化云直播评论与图书评论数据，获得 emotion 标签为 "-1"、"0" 和 "1"，可得到用户对题为 "2020 广东省群众艺术花会" 这场直播的兴趣偏好，如 "悲观" "中性" 和 "积极" 等语义情感（见图 7-7）。

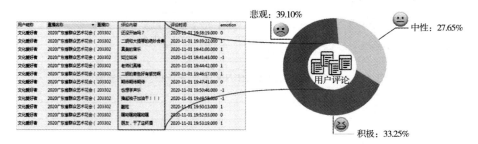

图 7-7　文化云直播评论情感分析结果

7.1.3　公共文化知识图谱关联关系构建关键技术研究及系统构建研究进展

7.1.3.1　公共文化知识图谱关联关系构建技术实施方案及本体模型

1）提出了公共文化知识图谱关联关系构建技术实施方案

公共文化知识图谱关联关系构建涉及知识建模、知识获取、知识存储、知识表示、知识融合和知识计算等关键技术。其中，知识建模采用自顶向下和自底向上相结合的方法；知识获取包括实体识别、关系抽取、属性抽取和事件抽取，该步骤中识别出的实体考虑和已有通用知识图谱中的实体进行融合（实体链接），根据链接结果和相关知识向上丰富本体。为了便于做关联分析等知识计算，采用图数据库的技术存储知识，同时利用表示学习的方法进行知识表示。具体实施方案如图 7-8 所示。

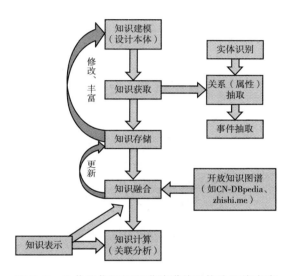

图 7-8　公共文化知识图谱关联关系构建实施方案

2）建立了公共文化领域知识图谱本体模型

通过广泛调研以及对国家和相关行业标准进行分析，使用半自动方法构建了公共文化领域知识图谱本体模型。公共文化产品分为印刷品、工艺品、音像制品，每一类文化产品根据其材质和内容可以继续划分子类，如图 7-9 所示。

3）面向公共文化领域的短文本主题抽取

在构建公共文化领域知识图谱的过程中，文化资源的主题可用于表示资源的内涵，反映资源的类别。为此，本章分别提出了基于 BERT 模型的文档—词共现图构建方法和基于文档—词共现图互信息最大化的主题推断方法，从而实现面向公共文化领域的短文本主题抽取。

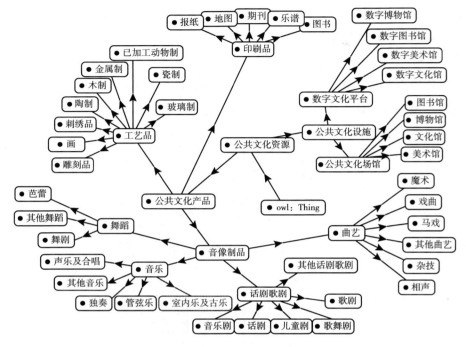

图 7-9　公共文化领域知识图谱本体模型

①基于 BERT 模型的文档—词共现图构建方法

为了确定公共文化资源的整体主题分布信息和每一篇文档（即每一项公共文化资源的描述信息）所属的主题范围，对所有待抽取主题的公共文化资源文档进行预处理，包括分词、去停用词和低频词、保留名词、计算单词和文档之间的 TF-IDF 值（便于后续为文档—词共现图设置权重）等操作，同时基于 BERT 模型对维基百科中文数据集进行预训练得到中文词向量集，以增强词向量的语义性。在此基础上，使用固定大小的滑动窗口依次扫描每一篇文档，计算出现在窗口中共现单词词向量的相似度，将相似度大于阈值的共现单词对和相应的文档分别作为节点、它们的关系分别作为边，构建文档—词共现图，其中单词节点之间的边的权重表示该单词对共现的次数，单词节点与文档节点之间的边的权重为其对应的 TF-IDF 值，文档—词共现图的构建过程如图 7-10 所示。

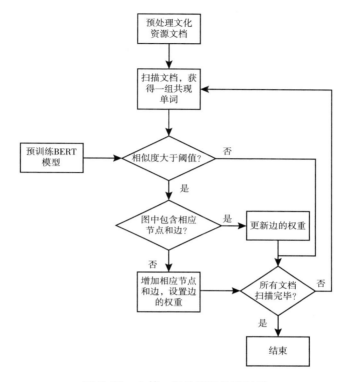

图 7-10　文档—词共现图构建过程

②基于文档—词共现图互信息最大化的主题推断方法

在文档—词共现图中，所有的单词节点构成多个连通子图，每一个连通子图中的单词具有较强的语义关联。因此，每一个连通子图可以被认为是一个主题域，每个文档节点通过直接相连的单词节点与多个连通子图相连，这些连通子图即确定了每个文档所属的主题范围。确定文档的候选主题后，使用图卷积神经网络（GCN）获得每个连通子图的嵌入表示，通过定义正负样本对，建立基于互信息最大化的图嵌入模型并进行采样训练，获得每个单词节点和文档节点的嵌入表示，随后，通过计算文档节点与其候选主题域下每一单词节点的相似度，进而完成文化资源文档主题词的推断。在图 7-11 给出的文档—词共现图示例中，单词节点 w_1、w_2、w_3 构成一个连通子图，表示主题域 T1，单词节点 w_4、w_5 构成一个连通子图，表示主题域 T2，文档

节点 d_1 只与主题域 T1 相关，文档节点 d_2 与主题域 T1 和 T2 都相关，单词节点 w_1 与子图 T1 构成正样本对，与子图 T2 构成负样本对，文档节点 d_2 与子图 T1 构成正样本对，与子图 T2 构成负样本对。基于文档—词共现图互信息最大化的图嵌入模型如图 7-12 所示。

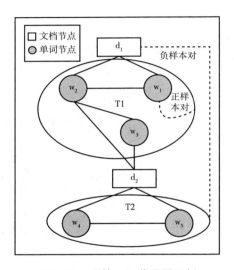

图 7-11　文档—词共现图示例

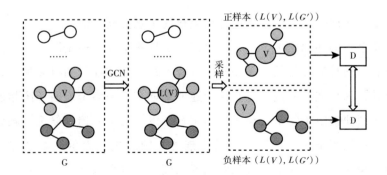

图 7-12　基于文档—词共现图互信息最大化的图嵌入模型

③基于关系增强的知识图谱实体对齐

在构建公共文化领域知识图谱的过程中，需要将其与通用知识图谱融合从而扩充公共文化领域知识图谱的规模，提高知识图谱质量，而实现知识图谱融合的关键是实体对齐。为了进一步提高实体对齐的准确率，我们充分利用公共文化领域知识图谱中的关系特征，利用实体上下文信息生成知识图谱的嵌入表示，然后通过对实体的多跳邻居信息进行聚合，进一步捕获实体对之间邻居信息的相似度，进而实现基于关系增强的实体对齐。

④基于实体上下文的知识图谱嵌入表示方法

为了使实体嵌入能够体现实体之间的关系，丰富语义信息，使用预训练好的词向量，基于 TransE 模型训练生成知识图谱实体和关系的初始嵌入表示，此时实体的嵌入表示包含实体的名称信息和关系语义信息。在此基础上，为了进一步体现实体间的关系语义信息和关系方向信息，引入实体上下文的概念，使用多头注意力机制分别对上文和下文进行编码，将实体嵌入表示和上、下文嵌入表示连接，得到聚合上下文信息的实体嵌入表示，作为图注意力网络（Graph Attention Networks，GAT）的输入，训练得到直接邻居的不同权重，用于将邻居实体的信息以及图的结构信息根据训练得到的不同权重加权汇聚到实体中，得到包含丰富语义的实体嵌入表示。基于实体上下文的知识图谱嵌入表示方法的处理流程如图 7-13 所示。

⑤基于多跳邻居聚合的实体对齐方法

在基于实体上下文获得知识图谱嵌入表示之后，提出基于多跳邻居聚合的实体对齐方法，以进一步捕获实体对之间邻居信息的相似度，减少多跳邻居信息中噪声对实体对齐的影响，提高实体对齐的准确率。基于多跳邻居聚合的实体对齐方法分为三步。第一步，候选对齐实体集的生成：计算实体嵌入表示的相似度剔除语义差别大的实体对，生成候选对齐实体集。候选对齐实体集中的实体仅依靠实体嵌入包含的语义信息不足以判断它们对齐，但是具有对齐的可能性，需要进一步进行多跳邻居聚合。第二步，候选对齐实体的多跳邻居聚合：对候选对齐实体集中的候选对齐实体依次进行多跳邻居聚合。在每对实体进行多跳邻居聚合时，根据邻居实体的相似度和重要性设置

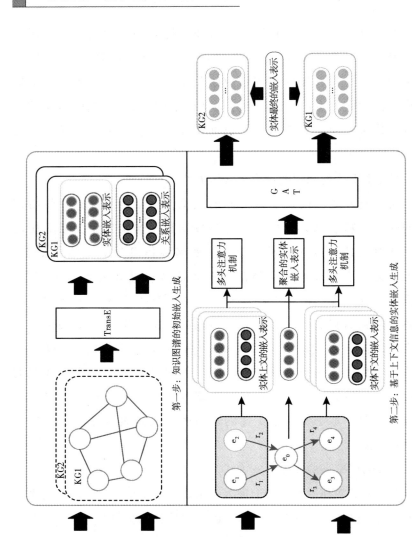

图 7-13 基于实体上下文的知识图谱嵌入表示方法处理流程

邻居实体的权重，并从一跳开始聚合邻居实体信息，生成多跳邻居嵌入表示，与实体本身的嵌入表示融合后计算候选对齐实体的相似度。若不能判断为对齐，选择对中心实体重要且不同时为对齐实体邻居的实体，继续聚合它们的二跳邻居信息，以此类推，直至达到最大跳数。第三步，对齐实体的生成：根据候选对齐实体的相似度，得到最终的对齐实体集。基于多跳邻居聚合的实体对齐方法处理流程如图 7-14 所示。

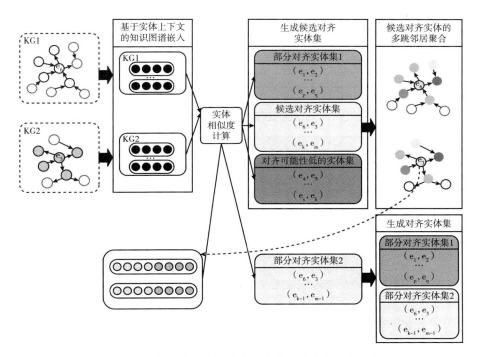

图 7-14　基于多跳邻居聚合的实体对齐方法处理流程

7.1.3.2　公共文化知识图谱关联关系系统的设计与实现

为了后续开展系统示范，展示研究成果，本章设计并实现了公共文化知识图谱关联关系系统 v1.0，主要实现了注册登录、用户管理、知识管理、知识查询、知识展示等基本功能，如图 7-15 所示。系统分为表现层、业务层、数据层，其功能架构如图 7-16 所示。

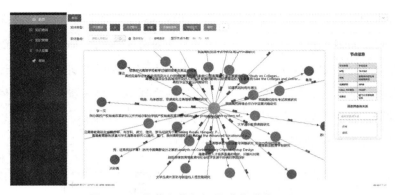

图 7-15　公共文化知识图谱关联关系展示

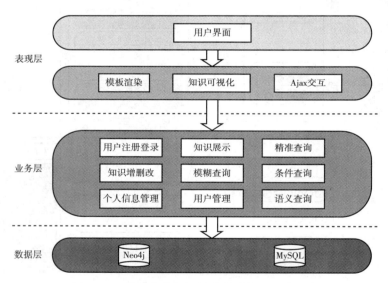

图 7-16　公共文化知识图谱关联关系系统架构

7.2　公共文化资源智能精准推荐系统研究进展

根据公共文化资源智能精准推荐系统算法，本章提出了智能精准推荐系统框架，并依据此框架设计了两种推荐算法。推荐系统的整体框架如图 7-17 所示。

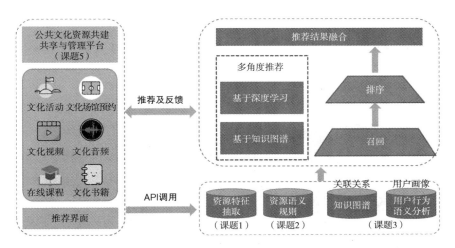

图 7-17　智能精准推荐系统框架

7.2.1　基于深度学习的特征交叉推荐算法

将数字文化资源推荐抽象成对资源的点击率（CTR）预估问题，其最重要的是学习到用户点击行为背后隐含的特征组合。在不同的推荐场景中，低阶组合特征或者高阶组合特征可能都会对最终的 CTR 产生影响。传统推荐算法中采用的因子分解机（Factorization Machines，FM）通过对于每一维特征的隐变量内积来提取特征组合。然而，虽然理论上 FM 可以对高阶特征组合进行建模，但实际上因为计算复杂度的原因一般都只用到了二阶特征组合。对于高阶的特征组合来说，可以通过多层的神经网络即 DNN 去解决，如图 7-18 所示。

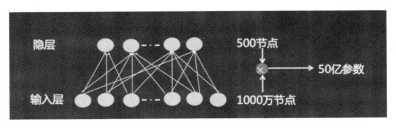

图 7-18　采用 one-hot 特征的 DNN 网络

对于离散特征的处理，将特征转换成为 one-hot 的形式，然而将 one-hot 类型的特征输入到 DNN 中，会导致网络参数太多，因此采用 FFM 中的思想，将特征分为不同的 field，再使用两层的全链接层，让 Dense Vector 进行组合，实现高阶特征的组合，如图 7-19 所示。

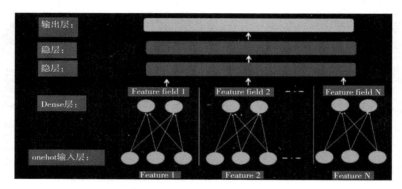

图 7-19　高阶特征组合

高阶特征组合同时实现多源特征的低阶融合，采用深度特征交叉算法对推荐资源做精准推荐，该算法融合了深度学习和特征组合的思想，对二阶交叉特征的系数以矩阵分解的方式调整，让系数不再是独立无关的，同时解决数据稀疏导致的无法训练参数的问题。深度神经网络的加入，将输入的一阶特征进行全连接等操作形成的高阶特征进行特征的提取。让模型具有"泛化能力"。"泛化能力"可以被理解为模型传递特征的相关性，以及发掘稀疏甚至从未出现过的稀有特征与最终标签相关性的能力。深度神经网络通过特征的多次自动组合，可以深度发掘数据中潜在的模式，即使是非常稀疏的特征向量输入，也能得到较稳定平滑的推荐概率。此外，算法在输入特征中除了加入其他数据特征外，还利用用户画像特征和知识图谱实体嵌入来提高推荐系统的推荐效果。推荐算法框架如图 7-20 所示。

指标采用的是商用推荐中公认的模型评价指标 AUC，该指标是一个 [0，1] 区间的实数，代表如果随机挑选一个正样本和一个负样本，分类算

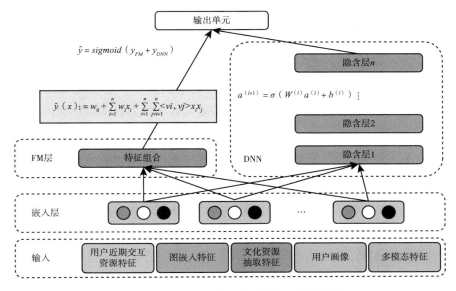

图 7-20　基于深度学习的特征交叉推荐算法

法将这个正样本排在负样本前面的概率值越大，表示分类算法更有可能将正样本排在前面，即算法准确性越好。

AUC 本质上是一个概率值，表示的是经过训练得到的分类器对测试集进行预测时，预测得到的正样本概率大于负样本概率的概率。

$$AUC = \frac{\sum pred_{pos} > pred_{neg}}{Num_{pos} \times Num_{neg}} \qquad (7-1)$$

其中 $\sum pred_{pos} > pred_{neg}$ 为预测为正样本大于负样本的个数，Num_{pos} 和 Num_{neg} 分别代表正样本和负样本的个数。

7.2.2　基于知识图谱的多元资源推荐算法

算法推荐技术在移动互联网时代，受到广泛重视。当用户收到个性化推荐后，算法还能够根据用户的停留时长、屏蔽、转发、评论等使用痕迹，"揣摩"用户的"心理"，更加全面地勾勒出用户的消费画像。一旦用户的兴趣发生改变，算法推荐也能动态掌握用户的最新"画像"。不过，算法推荐在给用户带来方便的同时，也产生了一些问题。"信息茧房"就是被业界诟病的问题之一。算法推荐不断为用户推荐其感兴趣的内容，让用户的信息选择面变窄。个性化推荐仿佛以用户的兴趣为用户筑起了一道"墙"，形成"信息茧房"，导致用户视野受限。如用户在短视频平台上看一些搞笑的视频，通常会发现一段时间后，视频平台推送的几乎都是搞笑搞怪的内容，导致用户沉迷其中不能自拔、关注视野越来越窄。随着当下智能推荐技术的普及，人们获取海量信息渐渐趋于同质，信息窄化问题变得愈加严重。

针对上述问题，本章基于知识图谱实体锚定的推荐算法，探索将多价值维度引入算法计算框架，包括用户群体的价值维度、用户所处地域的价值维度以及用户所处国家的价值维度。该方式使推荐结果成为一种社会诸多价值"合力作用"的结果。

现有的基于知识图谱的推荐方法无法很好地在大规模复杂图谱中预测用户潜在兴趣，多数算法仅仅针对实体以及其语义关系进行建模而忽略了实体在整个图谱中的位置。因为在图谱中，资源之间的相似性是通过其周围实体所确定的，而这些实体与其他实体往往具有较强的联系，所以通过定位这些周围实体，就能锚定资源在图谱中的位置，同时增强特征描述，进而提高预测的准确性。基于知识图谱的实体锚定推荐算法如图 7-21 所示。输入为用

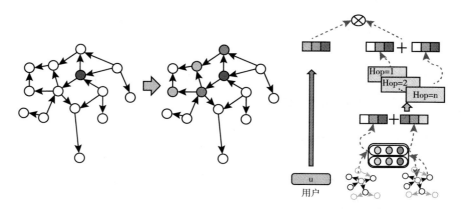

图 7-21　基于图谱的多元资源推荐算法

户与指定资源的索引编号以及包含资源知识图谱三元组信息，输出为该用户与资源交互概率。首先，对输入的资源与知识图谱进行实体搜索，通过查找与实体中心周围关系最多的邻居实体用于锚定中心实体在图谱中的空间位置。其次，通过图卷积神经网络构建中心实体与用于锚定实体的嵌入特征，通过融合获得更加丰富的特征描述。最后，将用户嵌入特征与实体融合特征输入预测模型计算损失函数。完成训练后，输入用户与资源对，模型输出即为该用户对资源交互的预测概率。

7.2.3　公共文化资源智能精准推荐系统的设计

为了后续开展应用示范及展示研究成果，本章设计了公共文化资源智能精准推荐系统。系统分为基础层、模型层、算法层、应用层，其功能架构如图 7-22 所示。展示结果如图 7-23 所示。

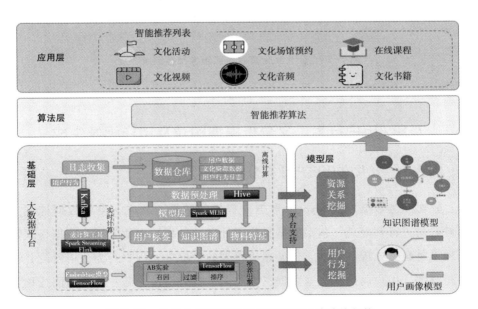

图 7-22　公共文化资源智能精准推荐系统功能架构

图 7-23 公共文化资源智能精准推荐系统界面

7.3 用户行为语义分析模型构建及用户画像生成

7.3.1 公共文化用户数据分析技术

针对业务数据库及 MySQL 数据库提供的数据，首先，采用数据挖掘方法对数据进行预处理，包括数据异常值处理、数据缺失值处理、数据格式转换和重复数据处理。其次，预处理后得到的数据进入用户行为分析阶段并在时间维度、用户属性、文本数据三个方面进行分析。最后，通过相同或相关标签之间进行关联性分析，挖掘用户信息中潜在的关联规则。

7.3.1.1 统计分析

数据库字段项之间存在两种关系：函数关系（能用函数公式表示的确定性关系）和相关关系（不能用函数公式表示，但仍是相关确定性关系），对它们的分析可采用统计学方法，即利用统计学原理对数据库中的信息进行分析。

7.3.1.2 聚类分析

聚类分析又称为群分析，是一种重要的机器学习和数据挖掘技术。聚类的目的是将数据集中的数据对象划分到若干个簇中，并且保证每个簇之间样本尽量近，不同簇的样本间距离尽量远。

7.3.1.3 主成分分析

主成分分析（Principal Component Analysis，简写为 PCA）是将多个指标化为少数几个综合指标的一种统计分析方法，通常把转化成的综合指标称为主成分，其本质是降维处理。

主成分与原始变量之间有如下基本关系：①每一个主成分都是各原始变量的线性组合；②主成分的数目大大少于原始变量的数目；③主成分保留了原始变量绝大多数信息；④各主成分之间互不相关；⑤变量的变异性越大，说明它提供的信息量就越大；⑥主成分分析将按照变量方差的大小顺序挑选几个主成分。

7.3.1.4 关联规则

关联规则定义为：假设 I 是项的集合。给定一个交易数据库 D，其中每个事务 t 是 I 的非空子集，即每一个交易都与唯一的标识符 TID 对应。关联规则在 D 中的支持度是 D 中事务同时包含 X、Y 的百分比，即概率；置信度是在 D 中事务已经包含 X 的情况下，包含 Y 的百分比，即条件概率。如果满足最小支持度阈值和最小置信度阈值，则认为关联规则可信。

7.3.2 用户行为建模调研与分析

在用户行为分析中，常用六大分析方法即行为事件分析、页面点击分析、用户行为路径分析、用户健康度分析、漏斗模型分析和用户画像分析。因此，我们需要对用户的行为建模进行调研与分析，进而开展下一步工作，实现更为精准的推荐服务，通过结合业务流程和研究需求，提升文化云平台的用户行为分析与智能推荐的效果。

7.3.2.1 DIN 模型

在 CTR 预测研究中，用户的历史行为序列（例如，电商场景中，一个用户在历史浏览中点击了哪些商品）对于提升预估效果有很大帮助。研究者提出了一种基于 Attention 的用户历史行为序列引入方法，利用当前候选广告去历史浏览过的商品中查找相关的兴趣商品。DIN 模型框架如图 7-24所示。相比以往的模型需要用一个固定的向量表达用户所有的兴趣，DIN 通过兴趣激活模块根据具体的候选广告表达用户与此次预测相关的兴趣，这样的设计降低了模型表达用户兴趣的难度。此外，DIN 的 Attention 不使用Softmax 归一化，而是用非归一化的值代表用户对当前广告的兴趣大小，因为如果一个用户历史行为 90% 都是衣服，10% 是电子产品，那么如果当前广告是和衣服相关的，激活的信息就多，对应的兴趣绝对值也应该更大。

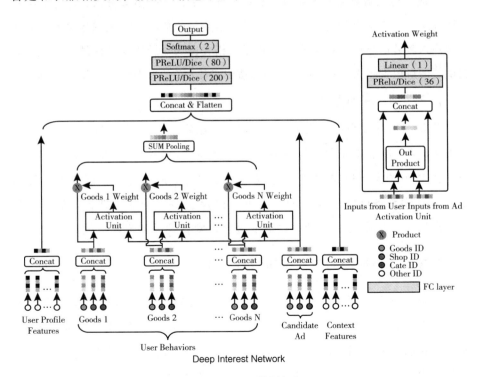

图 7-24　DIN 模型框架

7.3.2.2　DIEN 模型

针对 DIN 的不足，有研究者又提出了 DIEN 模型。首先，DIN 中直接利用历史行为的商品 ID 作为全部信息输入，但是商品 ID 只是表象，背后蕴含着品牌、类目等隐性信息，只用商品 ID 的表象信息是不足的，需要提取内在的隐性信息，从而更充分理解用户历史行为。其次，DIN 中提出序列建模（如 RNN 建模历史行为序列）效果不好，这其实是因为历史行为序列的随机性较大，消费者在电商平台看到的东西同时属于多种类型，序列中不同类型的节点跳变随机性强。而如果能直接筛选出和当前待预测点击率的广告相关的历史行为组成新的序列，那么就能更清晰地描述出用户在这个类型兴趣下的行为演变。

DIEN 模型结构如图 7-25 所示。

7.3.2.3　多维度提取历史行为信息

DSIN 的主要思路是利用 session 的概念，同一个 session 内部的用户行为往往是更加同质的，而不同 session 之间的用户行为往往是异质的。因此，首先将用户的历史行为按照 session 进行分块，每个 session 内的用户行为相关性较强，DSIN 在每个 session 内部的历史行为使用 Multi-head Attention 进行建模，求平均得到每个 session 块的兴趣表示。其次，进一步使用双向 LSTM，以每个 session 的兴趣表示作为输入，对 session 之间的关系进行建模。最后，根据当前的待预测信息使用 Attention 进行一步对齐操作（类似 DIN），拼接到其他特征上。DSIN 相比 DIN 的改进主要是对用户历史行为部分的建模更加精细化了，分 session 建模，得到的每个兴趣的表示更加丰富，而不像 DIN 只使用商品的 ID embedding。DSIN 模型如图 7-26 所示。

7.3.2.4　多用户行为序列关系建模

有研究者提出，除了当前用户的历史行为外，还可以引入其他兴趣相似的用户的序列来辅助预测。具体做法为：对于当前用户，会利用协同过滤的思路（如用户对商品打分的皮尔逊系数）选择一部分和当前用户兴趣接近的其他用户。然后，获取这些其他用户的历史行为序列，查找这些用户的历史行为序列中是否包含当前待打分商品。如果包含，就选取这个商品之后的

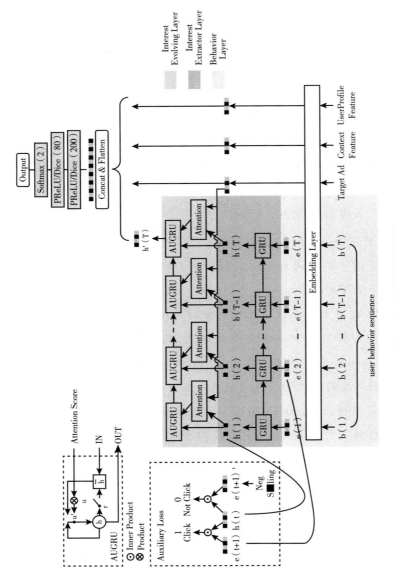

图 7-25 DIEN 模型结构

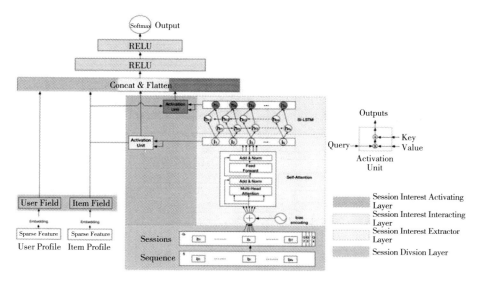

图 7-26 DSIN 模型

一段序列。这段序列其实表示了其他类似的用户，当看到当前候选商品后，在未来会继续看哪些商品。这是一个 user->user->item 的过程，即利用 user 找相似 user，再利用相似 user 找其他相关的商品。通过这种未来行为的序列信息扩展进一步提升预测效果。在对这部分相似用户行为序列的建模中，采用了胶囊网络的方法，即将多个相似用户的序列聚类得到多个质心。这样相比所有用户用一个向量表示能更丰富地表达出这些相似用户行为序列的信息。多用户行为序列关系建模如图 7-27 所示。

7.3.2.5 长周期行为序列建模

有研究介绍了如何进行更长周期的用户行为序列引入。实验首先对比了引入不同长度的用户历史行为序列对模型效果的影响（见图 7-28），发现随着引入行为序列长度的增加，模型效果会持续提升，而引入更长的历史行为序列会带来较大的存储压力和计算延迟。为了解决这个问题，有研究提出了一种基于 Memory 的长周期用户历史行为序列建模方法，主要包括 User Intereset Center 和 Memory Induction Unit 两部分。

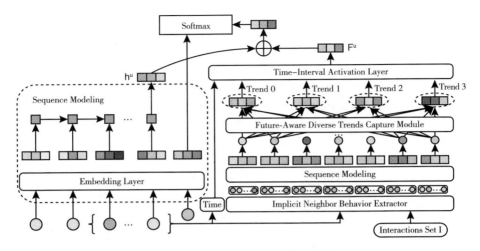

图 7-27　多用户行为序列关系建模

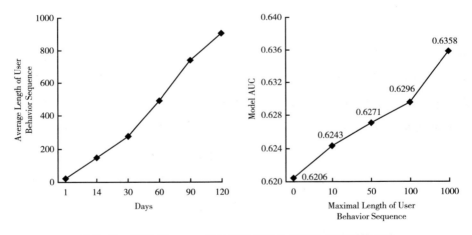

图 7-28　基于 Memory 的长周期用户历史行为序列建模方法

整个过程可以理解为将用户的历史行为根据兴趣类型分成多个 channel（多个 slot），并利用 GRU 对相同类型的 slot 进行行为序列建模，Memory 的每个 slot 就是在记录用户的一组相似历史行为，如图 7-29 所示。

此后，有研究针对多通道用户兴趣记忆网络 MIMN（Multi-Channel User Interest Memory Network）模型中无法根据候选商品对超长用户行为序列进行

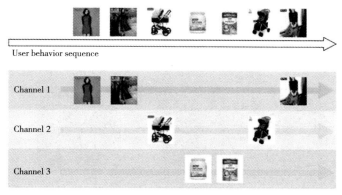

图 7-29 UIC 模块

针对性选择的问题进行优化。模型主要包括 General Search Unit 和 Exact Search Unit 两个部分，前者用于从长历史行为序列中选出和当前候选商品最相关的几个子序列，后者用于更精细的匹配，可以采用类似 DIEN 等的方法，如图 7-30 所示。

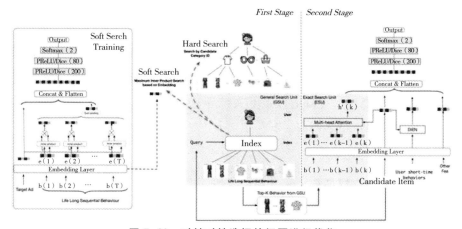

图 7-30 对针对性选择的问题进行优化

7.3.3 公共文化用户画像生成技术

为了更好地提取数据特征、丰富用户画像、提升推荐算法效果，本章提出了多维度标签提取方案，如图 7-31 所示。该方案包含事实、规则、预测、文本四个部分。其中事实部分是指在系统注册信息中采集用户个人信息，如性别、年龄、所在地等。

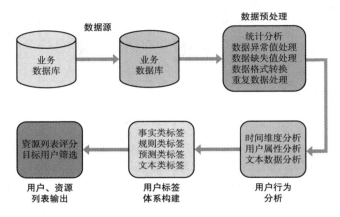

图 7-31　用户画像生成方案

7.3.4　基于自适应上下文推理机制的文本情感分析模型

针对公共文化云平台的用户评论行为，在用户兴趣预测研究的基础上，本章提出了一种基于自适应上下文推理机制的文本情感分析方法 ALBERT-SACR，该方法通过一种自适应上下文推理机制来学习不同的上下文语义特征，用于预测用户情感倾向。

7.3.4.1　嵌入层

嵌入层将输入数据数字化并标记段落，然后得到字嵌入、段嵌入和位置嵌入，嵌入层架构如图 7-32 所示。

7.3.4.2　全局上下文特征

全局上下文特征由 Transformer 提取，用于从 Transformers 中提取的一个小的双向编码器表示（ALBERT）。Transformer 包含多头注意层和前馈层，用于文本情感分析的每层自适应上下文推理机制，可以学习上下文特征。通过多层变换更新权值后，可以很好地提取全局上下文之间的关联。后续的

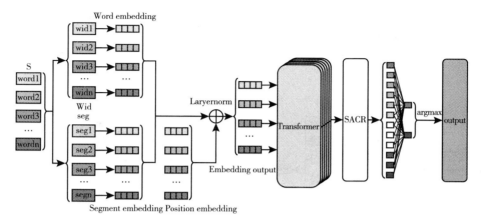

图 7-32　嵌入层架构

SACR 层学习语义特征之间的关联，它既包含全局上下文特征，又包含不同长度的语义特征，可以提高情感分析的学习效果。采用的 Transformer 结构如图 7-33 所示。

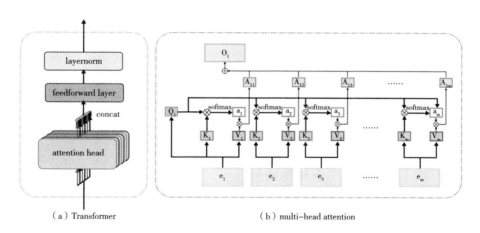

（a）Transformer　　　　　　　　（b）multi-head attention

图 7-33　Transformer 结构

7.3.4.3　自适应上下文推理机制

Transformer 只能得到全局上下文特征，没有考虑不同长度语义特征之间的上下文关联。针对该缺陷，有研究者又提出了一种自适应上下文推理机制

（SACR）。该机制能够学习不同长度的语义特征之间的上下文关联，并自适应地调整这些特征之间的权重。SACR 的结构如图 7-34 所示，包含多通道 CNN 和自注意机制。

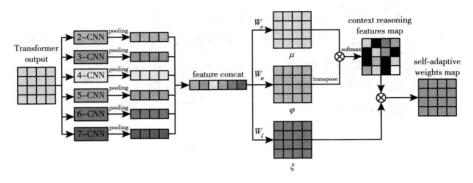

图 7-34　SACR 结构

7.3.4.4　输出层

输出层根据句子在不同长度语义特征之间的上下文关联对句子进行分类。在 SACR 之后，这一层将特性映射到与使用完全连接层的类数量相同的维度。情感分析的输出是映射特征的最大值指标。

7.4　公共知识图谱关联关系构建关键技术研究

7.4.1　短文本主题抽取模型

为了从公共文化资源的短文本描述信息中抽取主题，构建更完整更高质量的公共文化知识图谱，本章对目前主流的短文本主题模型进行了深入调研与分析。

7.4.1.1　基于聚合文档的短文本主题模型

Liangjie Hong 和 Brian D. Davison 在 Twitter 数据集上研究短文本主题模型，假设同一个用户发布的 Twitter 文本都是主题相关的，因此将同一个用户发布的文本聚合形成一个长文本，然后在长文本上使用潜在狄利克雷分布模型（Latent Dirichlet Allocation，LDA）。为了发现有影响力的 Twitter 用户，Jianshu Weng 等认为一般一个用户评论另一个用户的动机是出于对其发布的主题感兴趣，可以将同一主题下的评论内容进行聚合后再使用 LDA 模型发现用户发布内容的主题，进而发现有影响力的用户。Rishabh Mehrotra 等总结并提出一些聚合依据将 Twitter 数据聚合形成长文本，从而提升 LDA 模型的抽取效果。

7.4.1.2　基于增强假设的短文本主题模型

传统的 LDA 主题模型假设所有的主题服从狄利克雷分布，即一篇文档可能对应多个主题。然而，在短文本中，由于文本信息长度受限，在一个文本上求解多项式分布有些困难。因此，考虑增强文档主题的概率分布假设，即假设一个短文本只对应一个或者少量主题，可以在一定程度上减小数据稀疏性产生的影响。狄利克雷多项式混合模型（Dirichlet Multinomial Mixture，DMM）假设所有的主题均服从狄利克雷分布，同时假设每篇文档只对应一个主题。DMM 模型本身是利用期望最大化 EM（Expectation-maximization）算法采样求解，在 DMM 模型的基础上，Jianhua Yin 和 Jianyong Wang 提出使用吉布斯采样的方法进行采样，Yu 提出了基于变分推断的改进的 DMM 模型。Chenliang Li 等认为 DMM 模型存在假设不合理的问题，因此将 DMM 模型扩展为泊松狄利克雷多项式混合模型（Poisson Dirichlet Multinomial Mixture，PDMM）。

基于增强分布假设的短文本主题模型可以捕获到更多某个主题下的单词，在一定程度上缓解了数据稀疏性带来的主题抽取遗漏问题，但是同时也会造成把本不属于该主题的单词归为该主题的情况，降低抽取准确率。因此，在公共文化领域等很多场景下显得不切实际，不合理的假设导致模型的泛化能力较低。

7.4.1.3　基于神经网络的短文本主题模型

基于神经网络的主题模型主要利用深度学习重构主题模型的文本生

产过程，并在建模过程中添加主题—词汇的稀疏约束以生成更具有表达能力的主题词。尽管神经网络可以取代传统主题模型中复杂的变分推断和采样过程，但是由于缺少主题分布的先验知识，只能假设一种主题的分布让神经网络拟合，这往往与实际不相符。另外，推断层的网络结构、目标函数等需要精心设计，主题个数等超参数也难以确定，以上这些问题导致基于神经网络的短文本主题模型抽取出的主题质量不高。

7.4.1.4　基于词共现的短文本主题模型

同一主题下的相关单词总是成对出现，这种现象被称为词共现。基于词共现的短文本主题模型通常构建词共现网络，通过计算语义相似度对短文本主题进行聚类。该模型可以从全局语料空间捕获共现信息，从而进行主题推断，有效减弱数据稀疏性带来的影响。但是，构建的词共现模型大部分是词袋模型，没有考虑单词的语义，一方面导致选出的共现词对可能在语义上并没有关联关系，另一方面导致语义相关但并没有一起出现的单词可能被漏选，即存在噪声，从而影响主题抽取的精准度。

7.4.2　知识图谱嵌入表示方法

为了获取知识图谱实体和关系的特征用于个性化推荐，需要对知识图谱中实体、属性和关系进行量化表示。知识图谱的嵌入表示就是在保留图谱语义信息和结构信息的同时，将知识图谱中的实体和关系用低维向量表示。传统的知识图谱嵌入表示方法主要基于平移距离模型和语义匹配模型实现。随着图卷积神经网络的兴起和发展，越来越多的研究尝试采用图神经网络对知识图谱进行嵌入表示。

7.4.2.1　基于平移距离模型的嵌入表示

基于平移距离模型的嵌入表示方法仅对实体关系三元组表示的浅层关系进行建模，得到的知识图谱嵌入表示只包含实体的一阶语义信息，不能体现实体之间的高阶关联语义信息。若采用上述方法得到的知识图谱嵌入表示进行个性化推荐，无法精准刻画用户的兴趣偏好和文化资源的特征，公共文化资源个性化推荐面临的精准性和公平性问题仍然无法得到有效解决。

7.4.2.2 基于语义匹配模型的嵌入表示

语义匹配模型通过建立头尾实体之间的双线性函数表示头尾实体在关系上的语义匹配程度，将实体表示为向量、关系表示为矩阵。这类方法和平移距离模型一样，都是只对实体的浅层关系进行建模，无法表示实体间高阶关联关系而导致的个性化推荐问题依然存在。

7.4.2.3 基于图神经网络的嵌入表示

基于图卷积神经网络的知识图谱嵌入方法可以很好地利用图神经网络的信息传递和聚合优势，将高阶关联信息包含进节点表示中。然而这些方法需要大量根据下游任务进行标记的数据对网络模型进行训练，对带有标签的样本数据具有较强的依赖性，而对训练样本数据打标签需要耗费大量的人力和时间。

7.4.3 基于文档—词共现图的短文本主题抽取

7.4.3.1 基于 BERT 模型的文档—词共现图构建

1）文本数据预处理

TF-IDF 值在数据挖掘和信息检索领域是一种常用的加权方法，可以有效地衡量一个单词凸显一个文本或者整个语料的程度。词频 TF 是指一个单词在文本中出现的频率，逆向文件频率 IDF 主要考虑单词的区分度。如果一个文本中出现频率比较高的词语在大部分文本中都出现，说明该词并不具有明显的文本类别区分能力。相反，如果包含该出现频率较高词语的文本较少，则说明该词语的文档类别区分能力较强。

2）初始文档—词共现图构建

近年来，无监督文本的深度神经网络预训练模型大幅提升了各个 NLP 任务的效果。早期的网络基于上下文进行的向量建模，但是由于单向信息流的弊端，效果上始终难以大幅度提升。随着 Google 提出的 BERT 模型出现，其通过掩盖的 term，利用多层的 self-attention 的双向建模能力，进一步提升了单个自然语言处理任务的效果。通过这种方式，可以获得上下文敏感的嵌入，从而消除同义词，表达语义和句法模式。transformer 网络通常使用语言模型目标对大型文档集进行预训练，所得到的模型可以用相对较少的监督训练数据迁移到目标任务上，从而在许多 NLP 任务中获得最先进的性能。完成文本语料预处理后，基于 BERT 模型利用文档中的共现单词对构建初始文档—词共现图。由于预训练 BERT 模型是在大规模百科数据集和新闻数据集上进行的，为了在公共文化短文本数据集上取得更好的效果，对预处理后的待抽取主题短文本数据进行 BERT 模型微调。基于预训练并微调完成的 BERT 模型，初始化文档—词共现图 G-initial 为空，依次处理每篇文档，利用文本语料构建初始文档—词共现图，如图 7-35 所示。

3）主题子图的处理

在初始文档—词共现图中，所有单词节点和单词节点之间的边构成多个连通子图，由于选取共现词对时考虑了单词之间的语义相关性，每个连通子图中的单词语义极为相近，可以视为同一个主题下的单词，称为主题子图，所有主题子图反映了与其关联的文本语料包含主题的分布情况。如图 7-36 所示，根据 d_1、d_2 和 d_3 三篇文档构建的初始文档—词共现图中有两个主题子图 G1 和 G2。主题子图 G1 中包含金融、金融市场、金融产业、产业、制造业 5 个主题词，主题子图 G2 中包含战争、战役 2 个主题词。在主题子图 G1 中，由于"产业"既与"金融产业"共同出现，也与"制造业"共同出现，导致金融、金融市场、金融产业、产业、制造业 5 个主题词在构建初始文档—词共现图时被认为属于同一主题。然而，金融、金融市场、金融产业与金融主题密切相关，制造业与金融主题的相关性就弱了很多。

7.4.3.2 基于文档—词共现图互信息最大化的主题推断

根据构建的文档—词共现图中的主题子图可以获得语料资源的主题分布情况。每个文档节点都和一个或者多个主题子图相连，由此可以确定每篇文档所属的主题范围，与某个文档节点相连的主题子图中的所有主题词就构成了该文档节点在该主题上的候选主题词列表，需要从候选主题词列表中选择

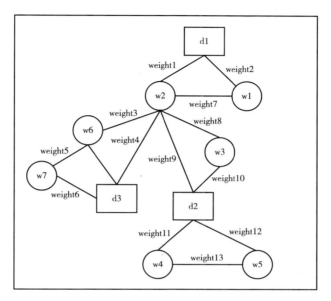

图 7-35　初始文档—词共现图示例

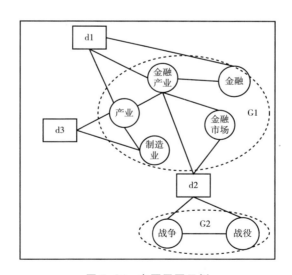

图 7-36　主题子图示例

最能体现该主题含义的词语作为主题词，从而完成主题词的推断。主题词的推断过程本质上是从候选主题词节点列表中选择与文档节点语义最相关的词语，如果能够通过机器学习方法或者深度学习模型对文档—词共现图进行训练，获得图中节点的深层次语义表示，就可以有效衡量文档节点和单词节点之间的语义相似度。

因此，本章提出一种基于文档—词共现图互信息最大化的主题推断方法（Doc-Word Graph Infomax，DWGI），如图 7-37 所示。首先，对节点—子图互信息最大化的图嵌入模型进行研究，使用该图嵌入模型获得文档—词共现图的嵌入，在训练过程中使得节点捕获到邻居节点信息的同时，最大化与其所在子图之间的互信息。获得文档—词共现图的嵌入结果之后，基于文档节点的嵌入表示和其候选主题单词列表中单词节点的嵌入表示，在每个主题子图中选择最能体现文档主题含义的词语作为主题词，从而完成主题推断过程。

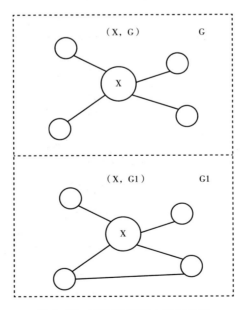

图 7-37　DWGI 模型中的互信息

1）基于节点—子图互信息最大化的图嵌入模型

针对现有图嵌入模型无法突出子图之间差异性的问题，将互信息概念引入图嵌入模型，提出一种基于节点—子图互信息最大化的图嵌入模型，对构建的文档—词共现图进行训练，使同一主题子图下的节点具有相似的向量表示，不同主题子图下的节点差异较大。该模型结构如图 7-38 所示。

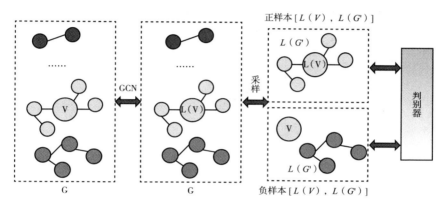

图 7-38　基于互信息最大化的图嵌入模型

该模型主要包括三个部分：图卷积神经网络 GCN、正负样本采样、判别器。首先输入构建的文档—词共现图的邻接矩阵和随机初始化的特征矩阵，使用图卷积神经网络获得图中节点的嵌入表示。然后在图中进行采样，构建由节点和主题子图构成的正负样本对，基于 GCN 的输出获得样本对的特征表示并输入到判别器中。判别器通过为采样获得的正负样本对进行打分，定义损失函数表示采样样本之间的互信息，并以反向传播的方式更新神经网络中的参数。

①图卷积神经网络。本章采用的图卷积神经网络结构如图 7-39 所示。

②正负样本采样。互信息是概率统计和信息论中的一种信息度量，表示一个随机变量中包含另一个随机变量的信息量，可以反映两个变量之间的相关程度。从信息论的角度，互信息与信息熵之间密切相关。信息熵是对所有可能发生事件所带来的信息量的期望，可以用于度量一个系统的复杂程度。

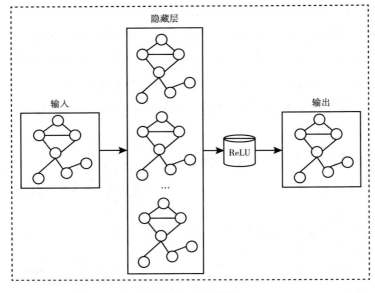

图 7-39　GCN 结构

系统越复杂，出现不同情况的种类越多，其信息熵就越大，反之信息熵越小。

③判别器。在图中随机选择一个节点与一个子图构成一个样本对，根据其位置判断该样本对的正负性（见图 7-40）。获得样本之后，输入到判别器（Discriminator）进行学习，判别器的作用是为正负样本进行打分，即将输入的正负样本特征向量转换为一个评分向量，判别器为正样本对给出较高的得分，为负样本对给出较低的得分。

2）基于文档—词共现图的主题推断

为了从文档的候选主题词（见图 7-41）列表中推断出每篇文档的主题词，本章使用基于节点—子图互信息最大化的图嵌入模型，对文档—词共现图进行训练，获得单词节点和文档节点的嵌入表示。对于某个文档，首先获得与其相连的所有非单词节点主题子图，从每个主题子图中依次选取与文档节点相似度最大的词语节点作为主题词，直到主题词的个数达到 top-k 或者候选列表为空。

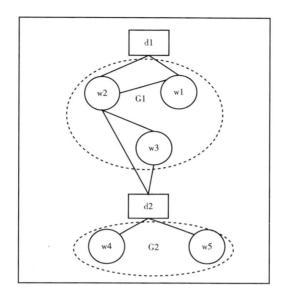

图 7-40 正负样本对示例

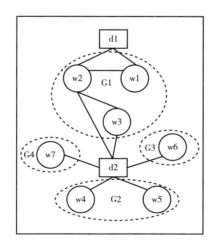

图 7-41 文档的候选主题词

7.4.4　基于自监督学习的知识图谱嵌入表示方法

自监督学习的主要目的是用辅助任务从大规模无监督数据中挖掘自身的监督信息，通过自行构造的监督信息对网络模型进行训练，在计算机视觉和自然语言处理领域已取得巨大成功，在无标注数据集上达到有标注数据集的效果，自然语言处理中的 BERT 模型也属于自监督范畴。目前，自监督学习方法主要通过定义正负样本对，在训练时拉近正样本、拉远负样本的方式采用对比学习训练模型。鉴于自监督学习在计算机视觉和自然语言处理中取得的巨大成功，研究人员将这种思想应用在图嵌入表示学习中。但是，目前许多基于自监督对比学习的异构图嵌入表示模型往往依赖大量的负样本和复杂的数据增强方法，因此，Thakoor 等人提出一种不需要负样本的图自监督对比学习方法 BGRL（Bootstrapped Graph Latents）。BGRL 用两个不同的编码器对一个图的两种数据增强后的图进行编码，一个编码器作为在线编码器，另一个编码器作为目标编码器，通过预测目标编码器的表示训练在线编码器，此方法不需要设计负样本也能学习得到高质量的节点表示。BGRL 在训练的过程中使在线编码器中节点的特征表示逼近目标编码器中节点的特征表示，然而目标编码器中图的特征并不是完整的、准确的，因此并不能确保在线编码器学习到的特征是重要特征。而且 BGRL 采用 GCN 和 GAT 作为图嵌入的编码器，不适合具有异构关系的知识图谱结构。

基于上述分析，本章提出一种基于自监督学习的知识图谱嵌入表示方法。该方法考虑实体细粒度的属性和一阶关系实体信息，得到包含属性语义信息的知识图谱嵌入表示，然后将得到的知识图谱嵌入表示作为异构图自监督对比学习模型的输入，学习得到包含高阶关联信息的实体嵌入表示。

7.4.4.1　包含属性语义的知识图谱嵌入表示

在用户关联的公共文化知识图谱中，无论是文化资源实体还是用户实体都具有各自的属性信息，例如文物资源有名称、时代、文物级别、材质、出土地点等属性，用户有性别、年龄、职业等属性，实体的属性信息以及与其具有一阶关联关系的其他实体，对刻画该实体的特征具有重要作用。充分利用实体的属性及一阶关系信息对知识图谱实体进行嵌入表示，有助于用户细粒度兴趣偏好建模。TransR 模型在对知识图谱中的实体关系三元组进行嵌入表示时，可以获得实体与不同关系空间的映射关系（见图 7-42），若将实体和实体属性看作一种三元关系，利用 TransR 模型对公共文化知识图谱进行训练得到实体嵌入表示的同时，也能得到实体与其不同属性及其他一阶关系实体的映射关系，有利于对用户兴趣偏好进行细粒度建模。因此，首先利用 TransR 模型对用户关联的公共文化知识图谱进行建模，得到的实体嵌入表示既包含实体的属性和一阶关系语义信息，也能得到实体到不同属性和一阶关系空间的映射。

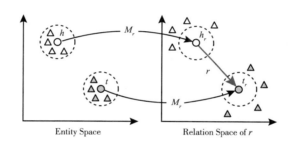

图 7-42　TransR 模型示意

7.4.4.2　基于自监督学习的异构图嵌入表示

为了获得既包含属性和一阶关系语义信息又包含高阶语义信息的知识图谱实体嵌入表示，同时解决模型训练对标签数据的依赖问题，缓解由缺乏用户交互导致长尾物品表示不充分而难以得到推荐的公平性问题，受图自监督对比学习方法的启发，本章提出一种基于自监督学习的异构图嵌入表示方法，如图 7-43 所示。该方法将用户关联的公共文化知识图谱看作一个多关系异构图，表示为 $G = [V, R, \varphi(r)]$，其中，V 为节点集合，代表实体；R 为边的集合，代表实体之间的关系；$\varphi(r)$：$R \rightarrow T$ 表示关系 R 到关系类型 T 的映射。用两个结构相同、初始参数不同的编码器对原图和数据增强后的图进行编码，分别作为老师模型和学生模型。在训练时，用学生模型的嵌入表示预测老师模型的嵌入表示，预测损失作为损失函数更新学生模型参数，同时，用指数移动平均的方式更新老师模型参数。

1）数据增强

首先随机掩盖用户关联的公共文化知识图谱异构图 $G=(V, R)$ 中的部分节点和边，得到数据增强后的异构图 $G=[V, R, \varphi(r)]$，数据增强的目的在于 $\varphi(r)$ 在对比学习中辨别出对于节点表示具有重要作用的特征。

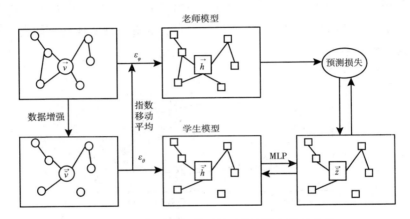

图 7-43　基于自监督学习的异构图嵌入表示方法

2）数据编码

为了表示不同关系对节点嵌入表示的不同影响，采用两个结构相同、参数不同的 Transformer 编码器分别对原图 G 和增强后的图 G 进行嵌入表示。其中，编码器 ε_{φ} 对原图 G 编码，得到实体的嵌入表示 $H:=\varepsilon_{\varphi}[V, R, \varphi(r)]$，作为老师模型；编码器 ε_{θ} 对数据增强后的异构图 G 进行编码，得到实体的嵌入表示 $H:=\varepsilon_{\theta}[V, R, \varphi(r)]$，作为学生模型。

7.5　个性化智能推荐算法模型研究

在推荐系统出现以前，用户只能通过搜索引擎来快速检索到自己想要的内容，但这是一种用户主动且对自己需求有明确了解的行为。随着信息技术的发展，智能个性化的服务可以给用户更好的体验。通过平台主动发掘、用户被动接收的方式，用户在无须主动提供自己需求的情况下也可以轻松获得自己感兴趣的内容，这样的一种智能个性化产物就是推荐系统。面对海量信息，用户有时难以明确自己的需求，这是一种"信息过载"所带来的问题。而推荐系统的主动呈现则是用户发现自己需求的捷径。除了解决用户的"信息过载"问题，推荐系统对于被推荐的对象也具有重要意义。

7.5.1　传统推荐算法

如图 7-44 所示，推荐系统实现推荐主要有两种思路，一种是图 7-44（a）中为用户推荐其喜欢物品的相似物品，另一种是图 7-44（b）中通过寻找相似用户，推荐其相似用户所喜欢的物品。不管是基于协同过滤还是基于内容的推荐算法，都有对这两种推荐思路的实现。

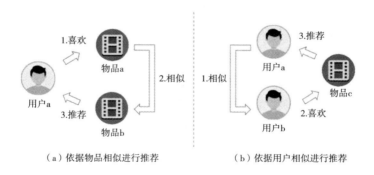

（a）依据物品相似进行推荐　　　　（b）依据用户相似进行推荐

图 7-44　推荐系统实现推荐的两种思路

7.5.1.1　基于协同过滤的推荐

基于协同过滤的方法能够给用户带来新颖度，因为该方法通过学习邻域信息来生成推荐结果，发掘了用户事先无法预料的兴趣偏好。虽然基于协同过滤的方法在早期得到了广泛应用，但其仍然面临以下三个挑战。

1）稀疏性

由于大规模的用户和物品，却只有少量的用户物品交互信息，用户物品的交互矩阵变得十分庞大而稀疏，这将导致基于协同过滤方法的准确率大大降低。

2）冷启动

因为协同过滤方法是基于用户和物品的历史交互数据，所以，当新的用户或者物品加入系统时，协同过滤方法难以在缺少历史记录的情况下对其进行推荐。

3）扩展性

实际应用中推荐系统是一个不断拓展的系统，随着系统内用户和物品数量的增长，推荐系统对于计算和存储空间的要求都会大大增加。

7.5.1.2 基于内容的推荐

基于内容的推荐方法不依赖用户对物品的交互历史数据，而是利用内容层面的相似度匹配实现推荐，故该类方法不存在数据稀疏性和冷启动的问题。例如，当用户观看了周星驰主演的《功夫》这部电影，推荐系统会根据电影《功夫》的主演属性值为周星驰链接到其主演的其他电影为该用户推荐。基于内容的推荐方法一般都是通过结构化的特征信息来对用户或物品之间的相似度进行计算，将这些特征通过各种技术手段映射到欧几里得空间中得到向量表示进而进行相似度的度量实现推荐。对于文本属性特征，可以通过文本匹配或者自然语言等技术进行处理，但是对于像图片、音频或者视频等非结构或者半结构化的数据，受到特征提取技术的限制，基于内容的方法难以对这些特征进行处理。此外，该方法始终与相似用户或者历史交互物品密切相关，所以其生成的推荐结果通常不具备多样性，不足以给用户以新颖度。

7.5.2 基于知识图谱的推荐方法

知识图谱（Knowledge Graph，KG）是谷歌在2012年提出的概念，其本质是一种揭示实体之间关系的语义网络，由实体和实体关系构成，可用 $G = (E, R)$ 表示，其中，E 为实体集合，R 为关系实体集合。在知识图谱中，其任意一条边可用三元组 (h, r, t) 来表示，其中 $h \in E$，$r \in R$，$t \in E$ 分别代表头部实体、实体关系和尾部实体，如图7-45所示。

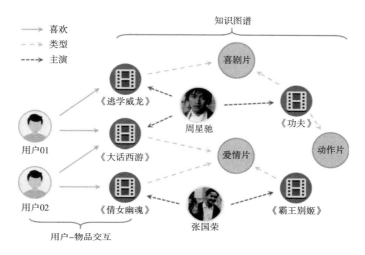

图 7-45　电影知识图谱的可解释性传播图解

7.5.2.1　基于嵌入的方法

基于嵌入的方法将知识图谱视作丰富的语义结构信息嵌入推荐任务中，增强了用户和物品表征。

虽然基于嵌入的方法实现了将知识图谱的语义结构信息引入推荐任务当中，但是该方法的嵌入和推荐模块相互解耦，所以其嵌入结果可能并不适合推荐任务，而更适用于知识图谱补全和链路预测场景。此外，以上方法仅利用了实体的嵌入表征，对于实体关系的嵌入并未有更多的考虑。

7.5.2.2　基于传播的方法

为了充分利用知识图谱中的语义结构信息，基于传播的方法成为近年来一个新的研究方法。该方法实现了端对端学习，使用推荐模块来指导嵌入模块的学习，并且充分挖掘了知识图谱的邻域结构信息。按照传播途径对基于传播的推荐方法进行划分，可将其分为以用户历史兴趣集合为起点或以物品为起点的两种传播方式，RippleNet 模型和 KGCN 模型就是分别从这两个起点出发的方法代表，如图 7-46 所示。

图 7-46（a）展示了 RippleNet 以用户为起点进行传播的流程。图 7-

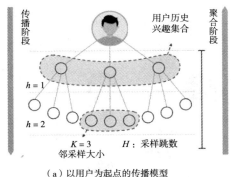

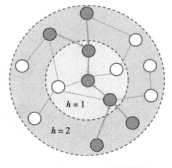

（a）以用户为起点的传播模型　　　　　（b）以物品为起点的传播模型

图 7-46　基于传播的推荐方法流程

46（b）展示了 KGCN 以物品为起点进行传播采样，捕捉物品实体间的结构邻近性来实现推荐。其中为了描述用户对不同实体关系的关注度，KGCN 引入一种关注度函数。例如，在电影推荐的场景中，有的用户关注电影的"主演"，而有的用户更关注电影的"类型"。所以对于聚合过程中某一节点，其邻域聚合的表征将通过用户对邻域实体关系的关注权重进行加权得到。图 7-46 中的两种传播推荐途径，在通过传播和聚合阶段后均可生成有关用户和物品的向量表示 u 和 v，所以最终预测的结果仍可使用前述公式进行计算得到。

7.5.3　跨域推荐方法

对于给定的两个域，早期跨域推荐方法将两者合并为单域，使用传统推荐方法来进行解决。但这种方法的效果并不好，因为不同域中的用户和物品不完全相同，且两个域之间交互信息密度也存在差距，稀疏域的加入会降低整体的推荐效果。一般而言，用户在某些域的行为比较密集，从这些域中可以学到用于推荐提升的信息，这类域被称为辅助域（Source Domain）。而跨域推荐将辅助域中的信息作用于数据稀疏的域，这类被提升的域被称为目标域（Target Domain）。例如，当一个经常看电影的用户新进入一个图书平台时，图书平台中由于缺少当前用户的历史行为记录会面临数据稀疏和冷启动的问题。但是如果将电影域作为辅助域，利用其丰富的历史行为记录来辅助图书域，那么就可以很好地缓解这一问题，帮助图书平台完成个性化推荐服务。研究者根据辅助域和目标域之间利用的方式将跨域推荐分为三类场景，分别为单目标跨域推荐（Single-Target CDR）、双目标跨域推荐（Dual-Target CDR）和多目标跨域推荐（Multi-Target CDR），下面着重介绍前两类。

7.5.3.1 单目标跨域推荐

利用辅助域来提升目标域的推荐是最常见的跨域推荐场景，这种跨域推荐场景被称为单目标跨域推荐。最早期的单目标跨域推荐模型基于矩阵分解，不同于单域推荐将交互矩阵分解为两个低秩矩阵。为了实现知识的迁移，单目标跨域推荐模型将矩阵进行正交三分解。2009 年，模型 CBT（Codebook Transfer）提出的采用以上思路，提出了"密码书"的概念。该模型认为，在不同的域中，同类用户和物品的评分模式（Rating Pattern）具有相似性，通过"密码书"承载的评分模式［见图 7-47（a）］可以将辅助域中的知识迁移到目标域中来实现跨域。图 7-47（b）是通过矩阵分解方法，先把辅助域的交互矩阵进行分解的。

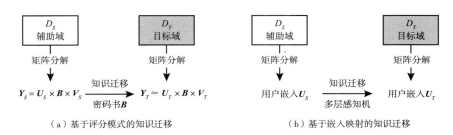

（a）基于评分模式的知识迁移 （b）基于嵌入映射的知识迁移

图 7-47　目标域推荐方法

7.5.3.2 双目标跨域推荐

如图 7-48 所示，2019 年，已有研究提出了一个用于双目标跨域推荐的通用模型框架。基于该框架，研究者又提出了一个基于多任务学习的模型 DTCDR（Dual-Target CDR）。该模型由下至上分为四层，分别为输入层、共享层、模型层和输出层。DTCDR 模型将输出层的数据划分为两种类型，一种为评分数据，另一种为包括用户信息、物品详情和用户评论等在内的内容数据。在共享层通过输入数据中共有用户的相关数据进行特征融合来丰富共享知识。在模型层利用各域内的信息和共享知识进行模型的训练并在输出层得到各个域的最终预测结果。

2020 年，研究者基于以上框架进行改进，提出了模型 GA-DTCDR（Graphical and Attentional framework for Dual-Target CDR）。在模型的输入层，该模型基于评分和内容信息数据构建了一个异构图来生成有关用户和物品的嵌入，然后在共享层中利用了一种基于元素的注意力机制来融合两个域中的信息。通过这两步，该模型获得了更高质量的用户和物品嵌入，进而推荐效果得到了提升。

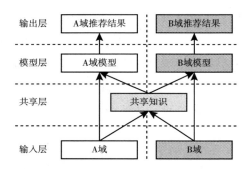

图 7-48　双目标跨域推荐的通用模型框架

7.5.4　基于用户细粒度兴趣偏好的个性化推荐

为了向用户提供精准的推荐服务，同时缓解长尾物品推荐不公平问题，首先，需要根据知识图谱嵌入表示获取用户的细粒度兴趣偏好，精准地刻画用户在不同维度上对不同公共文化资源的兴趣偏好；其次，引入注意力机制，刻画公共文化资源不同维度的特征对用户选择的重要性；最后为用户推荐最符合其兴趣偏好的公共文化资源。

7.5.4.1　基于知识图谱嵌入的用户细粒度兴趣偏好建模

在公共文化资源推荐场景中，用户的兴趣偏好往往隐藏于其交互过的文化资源中，因此，需要利用用户交互过的公共文化资源对用户兴趣偏好进行建模。然而，仅仅根据用户交互过的文化资源得到的用户兴趣偏好进行公共文化资源推荐，容易造成推荐结果的同质化和推荐长尾问题。为了提高推荐结果的多样性和公平性，借鉴协同过滤思路，可利用目标用户相似用户的兴趣偏好对目标用户的兴趣偏好进行有益补充。因此，用户细粒度兴趣偏好 u^{rj} 由直接细粒度兴趣偏好 u^{rj} 和间接细粒度兴趣偏好 u^{rj} 共同构成，如公式（7-2）所示。

$$u^{rj} = u^{rj} + u^{rj}, \ j = 1, \cdots, M \tag{7-2}$$

其中 M 表示细粒度兴趣偏好的维度个数。

1）直接细粒度兴趣偏好

用户交互过的公共文化资源能够直接反映用户的兴趣偏好，因此用户的直接细粒度兴趣偏好可通过用户交互过的公共文化资源的特征来表示。

2）间接细粒度兴趣偏好

在进行用户关联的公共文化知识图谱嵌入表示后，用目标用户的嵌入表示 h_u 与其他用户的嵌入表示 h_v 进行余弦相似度度量：

$$\pi_i = \mathrm{similarity}(u,v) = \frac{h_u \cdot h_v}{\|h_u\| \|h_v\|} \tag{7-3}$$

其中，$u \neq v$，$u, \ v \subseteq \mathrm{U}$，$U$ 代表用户集合。

对于目标用户 u，用快速 K 均值算法得到该用户的前 k 个相似用户 $\{u_1, \cdots, u_k\}$，则目标用户 u 的间接细粒度兴趣偏好 u^{rj} 由式（7-4）计算。

$$u^{rj^*} = \frac{1}{k} \sum_{i=1}^{k} \prod_i \mathrm{U}_i^{rj}, \ j = 1, \cdots, M \tag{7-4}$$

7.5.4.2　基于注意力机制的个性化推荐

对于待推荐的公共文化资源 v，首先将其向用户的各个兴趣偏好维度空间进行投影，得到在各个兴趣偏好维度空间中的表示 $\{h_v^{ri}, \cdots, h_v^{rM}\}$。其次分别与目标用户 u 的相应兴趣偏好维度空间的嵌入表示 u^{rj} 做内积，代表目标用户的兴趣偏好与该公共文化资源在同一兴趣偏好维度上的匹配程度，如公式（7-5）所示。

$$f^{rj}(u,v) = h_v^{rj} \times u^{rj}, \ j=1,\cdots,M \tag{7-5}$$

7.5.5 基于双路传播知识图谱的推荐算法

基于知识图谱的推荐问题可定义为给定用户物品交互矩阵 $Y = \{y_{uv} \mid u \in U, \ v \in V\}$ 和知识图谱 $G = (E, R)$，推荐模型旨在预测当前用户 u 对没有历史交互的物品 v 有潜在兴趣的概率 $\hat{y}_{uv}$，以及通过排序为当前用户生成 Top-N 的推荐列表。其中，交互矩阵可由用户的隐式交互反馈构建，即：

$$y_{uv} = \begin{cases} 1, \text{用户 } u \text{ 对物品 } v \text{ 有反馈} \\ 0, \text{用户 } u \text{ 对物品 } v \text{ 无反馈} \end{cases} \tag{7-6}$$

也可以根据用户的显式评分矩阵 $R = \{r_{uv} \mid u \in U, \ v \in V\}$ 来表示。

$$r_{uv} = \begin{cases} r_{uv}, \text{用户 } u \text{ 对物品 } v \text{ 有评分} \\ 0, \text{用户 } u \text{ 对物品 } v \text{ 无评分} \end{cases} \tag{7-7}$$

通过对知识图谱中实体和关系进行低维嵌入表示可将非欧几里得空间的数据特征映射到欧几里得空间，因此，实体之间的相似度关系可由实体在低维空间中的距离计算得出。但实际场景中还存在"啤酒与尿布"这类难以依据物品相似度的隐式模式（见图 7-49）。这种隐式模式在知识图谱中可能表现为高阶关系或者难以使用知识图谱进行表示，但用户往往会对这类物品做出高频的组合选择。

所以，为了使模型加强对于隐式模式的发现和高阶关系的捕捉，受到协知识图谱（Collaborative Knowledge Graph，CKG）启发，如图 7-50 所示，本章在知识图谱的结构的基础上加入用户—物品二分图。在用户—物品二分图中进一步考虑了用户的交互行为类型，并将用户的特征标签也引入其中，丰富了图中有关用户的标签信息。由于用户—物品二分图的加入，协知识图谱中新增的用户相关信息填补了此前知识图谱中对隐式模式和高阶关系表征的空白。

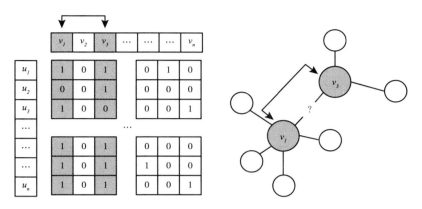

图 7-49 从交互矩阵中发掘隐式模式

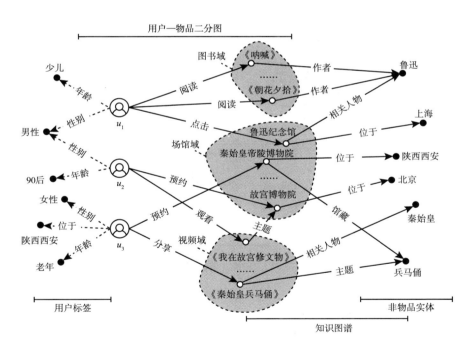

图 7-50 协知识图谱

DPKG 模型框架如图 7-51 所示，该框架分为五层，分别为输入层、传播层、聚合层、预测层和输出层。以用户和物品为起点，利用协知识图谱中的实体对象来表征推荐系统内的用户和物品对象在两条路径上进行传播和聚合流程，经过这两个阶段得到的聚合表征融合了用户的历史兴趣偏好、标签信息以及物品在知识图谱中的语义结构信息。此外，该框架实现了端到端的训练流程，利用推荐任务来训练知识图谱的嵌入表征，使得底层的嵌入表征更加适用于复杂的推荐场景。

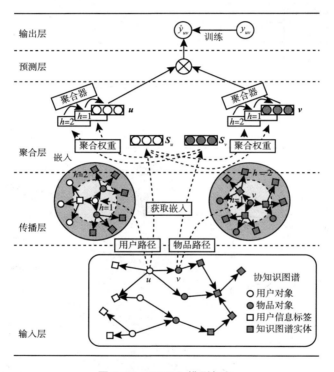

图 7-51 DPKG 模型框架

预测层：该层基于聚合层聚合出的嵌入表征来生成推荐预测的结果，通过一个变化函数：$f: R^d \times R^d \to R$ 将两个 d 维嵌入表征转换为预测概率，其中最直接的方法就是进行内积，DPKG 模型在该层用此方法进行实现。

输出层：对于排序学习的推荐任务存在多种训练策略，分别为单点法（Point-wise）、配对法（Pair-wise）和列表法（List-wise），不同的策略对应不同的输出目标。DPKG 模型使用了单点法，通过该种策略训练的模型可以同时用于点击率预测和 Top-K 排序问题。所以，该层的实现是将预测输出结果 $\hat{y}_{uv}$ 和真实观测值 y_{uv} 两者进行误差损失计算，对这个损失进行优化及反向传播来训练整个模型的。

为了获取能够表达用户物品的分层邻域集合，如图 7-51 中的传播层所示，需要在协知识图谱上进行层层扩散的传播采样方法。该过程涉及的参数有采样跳数 H 和邻采样数量 K，其中采样跳数决定采样的层数，而邻采样数量决定了每一个实体节点下一步为其采样的数量，由此可得每一层采样的个数与层数 h 的关系为 K^h，呈指数增长。有效地设计采样方法可以帮助算法避免噪声，提升计算性能。

在聚合层中，为了计算出不同的实体关系，我们要重视每一步传播，如图 7-52 所示。

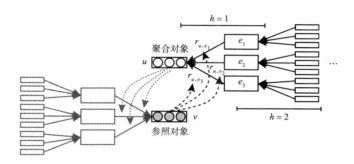

图 7-52　用户路径的反向聚合过程

本章使用的三个公开数据集为 MovieLens-1M、Book-Crossing 和 Last.FM，分别代表了来自电影、图书和音乐这三个领域的真实场景。

MovieLens-1M 是电影领域推荐评估中最常用的数据集，包含用户对电影 1～5 分的显式评级；Book-Crossing 是来自 Book-Crossing 社区的用户对于图书的数据集，它同时包含用户的显式和隐式反馈，其中显式反馈来自用户对图书的 1～10 级评分，同时数据集中使用 0 表示用户对图书的隐式反馈；Last.FM 是来自 Last.FM 在线音乐平台的数据集，包含 Last.FM 平台上用户对音乐家列表的播放次数。

为了验证 DPKG 模型的推荐效果，选取了三个方向的基线模型进行对比，分别为传统推荐模型、基于深度学习的推荐模型和基于知识图谱的推荐模型。

SVD 属于传统的协同过滤矩阵分解模型，通过对评分矩阵进行分解，利用内积来预测评分矩阵的缺失评分。LibFM 是一个基于特征的因子机分解模型，本章将交互矩阵中的用户 ID 和物品 ID 特征作为模型的输入进行预测。NeuMF 是一个基于 NCF 框架实现的深度学习推荐算法，该模型利用深度神经网络来替代传统方法中的内积操作，通过非线性变化来模拟辅助的用户物品关系。DMF 是一个基于深度神经网络的协同过滤模型，该模型通过两个多层神经网络来同时学习用户和物品的低维向量表征。RippleNet 将用户兴趣偏好拟作水波，利用其在知识图谱上的传播来表征用户实现推荐。KGCN 基于物品在知识图谱上的邻域结构特征通过图卷积神经网络的层层聚合来获取物品表征实现推荐。

图 7-53 展示了 DPKG 三种形式的模型与各基线模型在 CTR 场景和 Top-K 场景下的对比，其中，Top-K 场景只选取了基于深度学习和基于知识图谱的推荐模型以及 DPKG-sum 形式进行对比。通过结果可以观察到，DPKG 在各个指标上都优于基线模型。在所有模型中，基于知识图谱的推荐模型均优于传统推荐模型和深度学习推荐模型，这说明将知识图谱作为辅助信息有利于推荐效果的提升。

7.6　公共文化资源智能精准推荐系统的设计与开发

为了后续开展应用示范工作，展示研究成果，本章介绍公共文化资源智能精准推荐系统。系统分为基础层、模型层、算法层、应用层，其功能架构如图 7-54 所示。

基础层处于系统架构的最底层，包含大数据平台，为整个系统提供海量数据处理和机器学习支持。

模型层连接基础层和算法层，主要包含资源关系挖掘和用户行为挖掘。通过构建知识图谱模型和用户画像模型为算法层提供模型支持。

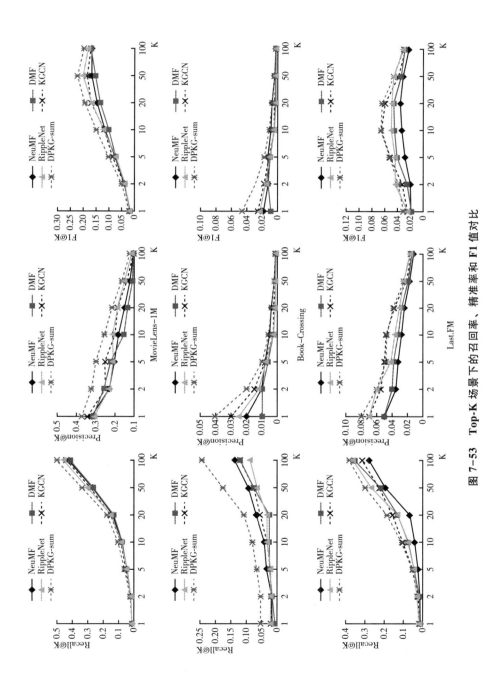

图 7-53　**Top-K 场景下的召回率、精准率和 F1 值对比**

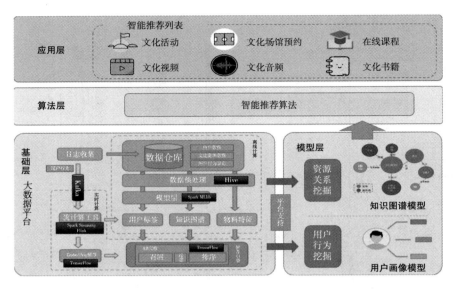

图 7-54　公共文化资源智能精准推荐系统功能架构

算法层包含基于深度学习的推荐算法和基于知识图谱的推荐算法，将推荐结果送入应用层进行展示。

应用层主要实现了系统功能界面的展示，同时为用户提供了推荐资源浏览等交互功能，用户点击等行为被基础层记录后，进行后续分析处理相应操作。系统页面包括读好书、看视频、享活动、订场馆、知识图谱、兴趣点六部分。读好书部分有猜你喜欢、热门图书、上新图书、随便看看四个推荐模块。看视频、享活动、订场馆分别展示了视频、活动、场馆信息。知识图谱部分展示了读书、视频、活动、场馆等资源之间的联系。兴趣点部分包含词云图信息和用户的历史记录信息。

系统架构如图 7-55 所示，展示结果如图 7-56 所示。

针对应用示范单位陕西省图书馆的具体需求，开发了陕图图书借阅数据统计与推荐系统。该模块设计了读好书、享活动两部分。本页面设计使用 uni-app 框架的页面元素实现整体布局，使用 HBuilder X 运行项目和生成生产环境的代码，按钮的跳转功能通过 switch 语句实现。点击书籍或者活动继而跳转到对应详情页链接。陕西省图书馆（以下简称"陕

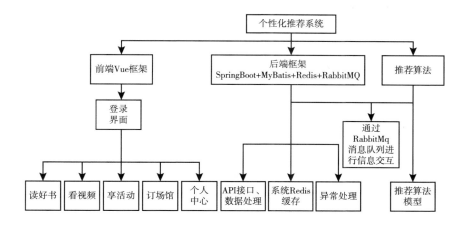

图 7-55　系统架构

图 7-56　公共文化资源智能精准推荐系统界面

图"）界面如图 7-57 所示。

　　该系统采用数据统计与群体画像生成技术针对陕图数据进行数据处理分析，并通过大屏来展示数据分析的结果，如图 7-58 所示。该模块主要是考虑到用户查阅自己的推荐报告。具体步骤是：用户成功登录系统后，点击个人中心，进入下一级页面，用户可以选择查看使用报告或者点击退出登录。用户使用报告主要以词云图、使用资源分布图等方式

图 7-57　陕图推荐界面

向用户展示自己的浏览情况。该页面首先使用 HTML 中 div 标签、view 标签设计文本框，并引入 Echarts 绘制词云图等，通过实时数据交互显示数据。

图 7-58　陕图个人中心界面

7.7　小结与展望

随着科技力量的快速发展及大数据时代的到来，基于大数据"赋能"与"媒体大脑"等新技术的支撑，针对网络上爆炸式增长的用户行为进行挖掘和分析，提取出其中有价值、有意义的信息，从而为用户提供个性化、精准化的推荐和服务，这种新的服务模式已在电商网购、社交媒体、公共文化等领域得到广泛应用。本章针对公共文化资源无法与用户需求精准匹配的问题，提出了用户行为智能建模、知识图谱关联关系、智能精准推荐等理论方法和关键技术，并研发了公共文化知识图谱关联关系系统与公共文化资源智能精准推荐系统。

本章围绕公共文化大数据集成应用、用户画像、知识图谱、应用场景等关键问题提出了一些研究方向。未来如何更好实现优质文化资源的共建共享，如何让用户获取的文化服务更加个性化、更具交互性和体验感，都是有待在实践中破解的问题。伴随公共文化建设不断推进，人工智能等技术不断发展，实现公共文化服务的智能化还需越来越多的有识之士积极参与，共同努力为基层群众提供更便捷、更个性化、更高质量的文化服务，为新征程新辉煌凝心聚力。

第八章

公共文化资源服务效能评估
及大数据智能分析平台构建*

　　构建现代公共文化服务体系是党的十八大以来国家文化发展战略的重要内容，也是国家治理体系与治理能力现代化在文化领域的具体体现。本章通过收集图书馆、文化馆和文化站等公共文化机构的基础数据并对这些数据进行融合统一，生成典型数据和指标字典。对评估准则进行定义，并量化分析指标及其关联关系，最终形成一套客观、真实反映公共文化资源服务效能的评价指标体系。同时，对公共文化机构提供的服务层级进行研究，设计并实现基于地理、人群、时间等维度的资源热度与服务层级分析方法，构建多维度、多层级、多粒度的公共文化服务效能评估模型。在总结和梳理公共文化资源和服务数据的基础上，研究前沿的大数据智能挖掘算法和技术，研发大数据智能分析与挖掘系统，实现公共文化资源的多终端展示和更为科学、真实、准确的服务效能评估。

---

　　* 本章由国家图书馆邢军、张宁共同撰写。

8.1 服务效能指标体系构建

8.1.1 服务效能的理论研究概述

关于公共文化机构资源服务效能评估以及服务效能的影响因素，是近几年来国内学术界讨论和研究的一个热点问题。这个问题不但涉及许多庞杂的概念和理论，还涉及公共图书馆、文化馆、文化站、博物馆和美术馆等不同的公共文化机构。截至目前，业界对于公共文化资源服务效能评估尚未有统一的、公认的界定。

8.1.1.1 研究范围界定

本章的研究内容是建立公共文化机构资源服务效能评估体系，并利用大数据技术，在数据采集、数据处理、数据存储、数据分析与可视化展示的基础上，对公共文化机构在利用公共文化资源提供文化服务时，所产生的服务效能进行评估与分析。公共文化机构，是指为公众提供各种文化活动的公益机构，包括各级公共图书馆、文化馆、文化站、博物馆和美术馆等，主要职责就是充分利用公共文化设施，促进优秀公共文化产品的提供和传播，支持开展全民阅读、全民普法、全民健身、全民科普和艺术普及、优秀传统文化传承活动，是我国公共文化服务体系建设的重要力量。公共文化资源，在本书中是一个广义的概念，除了包括各种纸质文献资源、数字化资源、组织的各类文化活动外，还包括公共文化机构为了提供文化服务而建设、购买和租用的各种场馆设施、网络设备、服务设备、采用的各种软件平台，以及投入的活动经费和人力资源等各种资源。

综上所述，本章以公共图书馆、文化馆和文化站为代表，以服务效能为突破点，在构建公共文化机构资源服务效能评估体系的基础上，利用数据分析技术，搭建相应的大数据分析平台，同时构建以"两馆一站"为代表的公共文化资源服务效能评估模型，对我国公共文化资源的服务效能现状、影响因素和提升能力进行分析与评估，并为后续公共文化资源服务效能的深入研究奠定基础。

8.1.1.2　服务效能基本理论研究

随着设施、资源、保障等硬件条件的改善，服务效能问题成为公共文化服务体系建设中的突出问题。党的十八大报告就突出强调了要完善公共文化服务体系，提高公共文化服务效能。

1）从绩效到效能的概念演化

"绩效"一词最早出现于企业和政府管理领域，是从英语 performance 翻译过来的，原意是执行、成绩、表现、演出。从字面意思来看，"绩"就是执行与表现，"效"就是成绩与结果。绩效就是绩与效的综合，是指在组织或个人某一时期内，在一定的资源条件下，对完成任务的程度即目标达成度的衡量。

效能相对来说是更加中国本土化的概念，最早在 1988 年就出现了"效能监察"一词，应用于政府行政管理部门。效能直接来说就是效用、作用，吴建南认为效能包括两层含义：一是"效"，即效率、效果、效益的统称；二是"能"，即能力。总的来说，效能是指人们在有目的、有组织的活动中所表现出来的效率和效果，它反映了所开展活动目标选择的正确性及其实现的程度。

相较而言，绩效是结果导向，主要衡量的是目标的完成度，即目标的实现程度；而效能不仅关注结果也就是"效"，同时还关注过程即"能"，衡量的是目标实现的程度。

在公共文化服务方面，2011 年《关于深化文化体制改革推动社会主义文化大发展大繁荣若干重大问题的决定》中提出要制定公共文化服务的绩效评估指标体系与考核办法。2015 年《关于加快构建现代公共文化服务体系的意见》中强调要以效能为导向，制定政府公共文化服务考核指标，完善公共文化服务评价工作机制，这标志着公共文化服务考核机制向以效能为导向发生转变。2016 年颁布的《公共文化服务保障法》中更是明确提出政府应当保障公共文化设施能够被公众参与及使用，并建立相应效能考核评价制度。2017 年文化部发布的"十三五"时期文化发展改革规划也再次提出要开展常态化的公共文化服务效能评估。公共文化服务的开展都是建立在一定的资源基础上的，所以公共文化服务更明确地说应该是公共文化资源服务。公共文化资源服务的效能则是指公共文化服务体系达到预期结果或影响的程度，即公共文化服务体系功能的实现程度。

2）公共文化资源服务效能影响因素

公共文化资源服务效能涉及多方面的因素，它不但和服务的主体、资源、保障等服务提供方有关，还受服务受用方的认知能力、需求、使用技能障碍等主观因素的影响，此外，它还和当时社会环境、经济发展、技术水平和硬件普及情况有密切关系。概括来说，服务效能主要受三方面因素的影响，包括投入力度、用户方和第三方因素。

①投入力度，指服务提供方所进行的各种投入。由于公共文化机构不同于其他行业，其投入具有自己的特性。首先，为了更好地提供服务，公共文化机构将资金投入作为原始投入，建设了各种服务方式、文献资源、设备设施等，这些可以被称为一级产出。但是，一级产出并不是公共文化机构进行资金投入的最终目的，它仅仅是公共数字文化机构开展业务的一个中间过程，是在有相关从业人员参与的条件下，公共文化机构对外提供服务、开展相关业务的一种手段，目的是进一步产生公共文化产品和社会效益，而这种公共文化产品和社会效益才是公共文化机构的最终产出。所以，一级产出也可以被称为二级投入。因此，在公共文化服务中，投入的概念除了原始投入资金外，还包括二级投入，即服务方式投入、资源投入、设备投入和人员投入等。

②用户方，指接受服务的一方，包括接受服务的各种人群，其主要影响因素包括用户认知程度、用户需求、用户接受服务能力、用户收入水平、用户地域、用户身份、用户可接受服务时长等。公共文化资源服务效能和用户群体有重要关系，不同的用户群体之间服务效能存在一定的差异。

③第三方因素，指除提供方和用户方以外的其他影响因素，包括当时的技术水平、设备普及情况、社会环境等。不同的技术水平、设备普及程度和社会环境，都会对服务效能产生影响。

8.1.1.3　现有的公共文化服务效能评价指标概述

1）指标构建指导思想

截至目前，针对公共文化服务效能的评价指标体系，在已有研究中并不多见。部分学者提出提升公共文化服务效能的指导思想，对本章构建效能评价指标体系有一定的启发。潘澍（2013）认为要提升公共文化服务效能，政府应当认真履行其职能，包括从创新管理机制、完善服务网络、打造服务品牌、培育服务骨干等几个方面入手。张永新（2014）认为公共文化服务效能建设应当包括以服务能力、服务效益及文化公平为核心的建设理念。李锋（2018）以农村公共文化产品供给为例，提出应当探索供给驱动与需求引导相结合的供给侧改革路径，进而提高服务效能，一方面增加优质文化产品与服务供给，另一方面引导和培育村民文化习惯与文化行为。胡守勇（2014）认为公共文化服务效能指标构建应当以实现公共文化服务体系的功能为指引，即以满足基本文化需求、促进文化产业发展、引领社会生活风尚、培育共有精神家园等方面进行构建与提升。李世敏（2015）认为公共文化服务效能提升的目标也应当包括对基本文化需求的满足、健康生活方式的引导以及政治文化认同的塑造，反映了公共文化服务对政治、文化、生活等方面的积极影响，但对于具体指标的选取没有做进一步说明。

2）具体指标设计

针对具体的指标体系构建，李国新（2016）对国际上通用的指标进行筛选，认为要把体现服务效能的核心指标作为重点考核对象，以此促进公共文化服务效能的大力提升，具体指标如目标人群覆盖率、到馆率、参与率、外借率、资源流转率、服务成本、投入产出比、公众满意度等。杨永恒（2018）提出应用"投入—能力—效果"模型对公共文化服务效能进行评估，构建了包含投入、能力、效果三大评估维度，其中投入维度特指政府的财政投入；能力维度则包含了用于提供公共文化服务的设施、资源、队伍等的数量和质量；而公共文化服务效果则对应公共文化机构所提供文化产品和服务的数量以及产生的实际效应。具体来说，指标设计考虑到了公共文化服务的使用效果与参与水平、公众满意度等。也有以特定公共文化机构为对象，对其服务效能进行指标的衡量。吴江（2019）以贫困地区县级图书馆及文化馆为调查对象，以图书馆的基础服务、远程服务、拓展服务指标及文化馆的文艺演出、培训、展览、讲座服务、流动服务指标等作为公共服务均等化效能指标进行评价。虽然在不同的关注重点之下，指标设计各有不同，但这些已有的指标能够为本章提供一些启发。

8.1.2 服务效能评估准则研究

8.1.2.1 服务效能评估三大理论模型

目前国内外关于公共文化机构服务效能评估的研究，尤其是关于图书馆服务效能评估的理论研究很多，也形成了不少可直接用于实践的公共文化机构服务效能评估的标准和指标体系，但对公共文化资源服务效能评估还尚未形成统一的、公认的界定。尽管如此，有关公共文化服务效能的评估方式和体系已经有了较为系统的研究，国内外学者对公共文化服务效能的评估准则和具体评估方法进行了系统全面的探索。在进行相关文献检索时发现，关于服务效能评估方法和体系的研究多以图书馆为主体展开，但这些原则和方法一般具有普遍性，因此，可以以此作为公共文化资源服务效能评估的理论基础。

总体而言，尽管存在众多的图书馆服务效能评估方法，但其评估准则主要可以分为三类：基于投入产出的绩效评价、基于服务过程的过程评价和基于服务影响力的成效评价。

1）基于投入产出的绩效评价

所谓绩效，就是指公共文化机构提供服务的效果和提供服务过程中资源配置及利用的效率。绩效评估（Performance Assessment）就是评估公共文化机构所提供的服务和开展的其他活动的质量和效果，以及为开展这些服务和活动所配置资源的效率。早期的服务绩效研究通常从经济学的角度出发，认为公共文化服务绩效是对其资源的有效配置，是投入产出能力、竞争能力和经营管理水平的总称。绩效评价就是对公共文化机构各项资源的投入和产出效益的分析与比较。自20世纪70年代开始，国外以图书馆为主的文化服务绩效评价研究的重点从输入资源转向产出效益，"投入—产出"模型（也称"成本—收益"模型）逐渐成为绩效评估中最为传统和广泛的模型之一，如Karunaratne（1978）讨论了"成本—收益"模型在公共文化服务绩效评价中的应用。

2）基于服务过程的过程评价

尽管运用绩效评估的思想对图书馆进行绩效评估的思路行之有效，但忽视了公共文化机构管理与内部运作的价值。基于服务过程的过程评价是在绩效评估思想基础上的不断丰富和完善，其核心思想是将公共文化机构看成一个具有"投入"和"产出"的社会系统，并在这种系统运行过程中关注机构管理与运作的评估方式。其中最古老、最常用的模型来源于1973年Richard Orr 提出的"投入—过程—产出—贡献影响"（Input-Process-Output-Outcomes，IPOO）模型（见图8-1），其中，"影响"包括对个人、社会组织和社会三个层面的影响。该模型描述了文化机构参与社会活动的全过程，并且认为这个全过程都应被纳入评估范围，每个过程或每个阶段都要收集不同类型的数据、信息进行评估。此外，Richard Orr 还在此基础上论证了图书馆资源服务的"质量"和"价值"的区别，认为"质量"产生于"功能—使用"阶段，而"价值"产生于"使用—贡献影响"阶段。与经济学意义上的绩效评估方式相比，这种评价方式强调了对"过程"的评估，将图书馆的管理过程也纳入图书馆绩效评价范围内。

图 8-1　Richard Orr 的 IPOO 模型

3）基于服务影响力的成效评价

所谓成效就是指对终端用户的影响，即终端用户在行为、态度、技能、知识或条件上的改变。公共文化服务成效评估（Outcome Assessment，OA），是以用户为中心来计划和评估公共文化项目或服务的一种方法，这些项目或服务用以解决特定用户需求并设计达到改变用户的目的。自20世纪80年代开始，随着全面质量管理思想的引入，学界和业界关于公共文化资源服务的评估开始从"绩效评价"向"成效评价"转变，开始关注公共文化服务对于用户及社会的价值，并逐渐形成了绩效评价与成效评价两种不同的评价体系。张红霞在对比分析不同的绩效评价与成效评价的评价标准后指出，绩效评价是关注投入与产出及效率的评价，成效评价是关注服务影响与效果的评价。

8.1.2.2　拟采用评估准则说明

通过对上述服务效能评估三大理论模型的综合分析，本章以三类基本评估准则为依托，结合我国公共文化机构的实际情况和服务效能评估指标体系建设的实际要求，认为我国公共文化资源服务效能的全面评估应当包括绩效评估、过程评估和成效评估三个方面，即从服务提供者角度、服务提供过程角度和服务受益者角度构建全面评估模型，进行全方位的评估。

1）绩效评估

以评估公共文化资源的投入和产出为基本准则，一般而言，涵盖了公共文化机构的资源和服务两大方面。资源是公共文化机构所拥有的包括馆藏资源、设备设施、员工等在内的广义上的一切资源的统称。服务是指公共文化机构基于本馆资源，附加人的劳动价值（包括脑力劳动和体力劳动等）而针对用户开展的一系列服务活动的统称，包括借阅、参考咨询、举办讲座/展览等。

2）过程评估

以评估公共文化机构为提供公共文化服务而开展的管理与运行为基本准则，涵盖了公共文化机构的管理和运行情况两大方面。管理主要指公共文化机构为更好地履行职能而展开的一系列保障活动，比如网络安全管理、档案管理等工作。运行主要包括各项业务在公共文化机构的内部运转过程，由于这个过程是内部运转的过程，对于第三方评估来说，内部运转机制和部分数据的可获得性会受到一定程度的限制，内部运转评估具有一定的黑匣子属性，这对于效能评估来说并不是一个友好的现象。因此，在实际的评估过程中，我们通常遵循间接指标与直接指标等效的原则，选取能够反映公共文化资源服务运作过程的时间效率、经济效率和人力效率等效率指标作为间接衡量指标。从涵盖机构内部运作的时间、经济、人力等方面，衡量与判断机构内部实际的运行情况，从而解决内部运转评估具有黑匣子属性的难题。

3）成效评估

以评估公共文化服务的质量与影响为基本准则，涵盖了公共文化机构的质量和影响力两大方面。质量倾向于评估资源使用和服务提供的质量水平，如在多大程度上满足用户对该项服务的需求和期待。影响力倾向于评估提供公共文化资源使用或公共文化服务后产生的价值及其影响力，比如在多大程度上实现了公共文化机构的基本功能，对社会产生了多大的价值，等等。

8.1.3　服务效能评估指标研究

8.1.3.1　评估指标层级结构研究

在对公共文化服务效能指标体系进行建构时，需要充分考虑善治理念、功能导向、整体思维和包容精神等要素。依照公共文化资源服务效能基本评估准则，本指标体系将综合采用绩效评估、过程评估与成效评估的思想，全方位关注公共文化机构的投入与产出、管理以及效率、服务质量和影响力等要素与环节。其中，绩效评估以评估公共文化资源的投入和产出为基本准则，过程评估以评估公共文化机构为提供公共文化服务而开展的管理与运行效率为基本准则，成效评估以评估公共文化服务的质量与影响力为基本准则。据此，设置公共文化资源与公共文化资源服务两个一级指标来反映公共文化机构的投入与产出情况，即绩效评估；设置公共文化机构管理和公共文化资源服务效率两个一级指标来反映公共文化机构的内部管理和效率，即过程评估；设置公共文化资源服务质量、公共文化资源服务影响力两个一级指标来从不同角度反映公共文化机构服务的成果和成效，即成效评估。

如表 8-1 所示，公共文化资源是指公共文化机构的各项物质投入，是公共文化机构开展公共文化服务的基础保障，为公共文化服务提供物质基础；公共文化资源服务主要是指公共文化机构依托资源提供的各类服务及举办的活动，可以反映公共文化机构对各项资源的整合利用情况；公共文化机构管理是指公共文化机构内部的管理情况，主要用来测评公共文化机构的机构设置、管理机制和运作程序的合理程度；公共文化资源服务效率是指公共文化机构提供公共文化服务时所投入的固定财力、人力和物力与群众享受到的公共文化服务产出之比，用来反映公共文化机构开展各项服务的成本、效益等情况；公共文化资源服务质量是指用户接受服务过程中的实际感受与接受服务前的心理预期的差距，主要用来描述公共文化机构提供的服务效果好坏；公共文化资源服务影响力是指公共文化机构提供的服务对个人和社会带来的变化和影响，主要用来描述公共文化机构开展各项公共文化服务的价值，即用来测评是否符合公共文化机构的宗旨、目标、任务和未来发展趋势，以及在多大程度上产生了积极正面的影响。

表 8-1　公共文化资源服务效能评估一级指标及其内涵和测评内容

一级指标	内涵	测评内容
公共文化资源	公共文化机构的各项物质投入	物质基础保障情况
公共文化资源服务	公共文化机构依托资源提供的各类服务及举办的活动	对各项资源的整合利用情况
公共文化机构管理	公共文化机构内部的管理情况以及运作效率	机构设置、管理机制和运作程序的合理程度
公共文化资源服务效率	公共文化机构提供公共文化服务时所投入的固定财力、人力和物力与群众享受到的公共文化服务产出之比	各项服务的成本、效益等情况
公共文化资源服务质量	用户接受服务过程中的实际感受与接受服务前的心理预期的差距	提供的服务效果好坏
公共文化资源服务影响力	公共文化机构提供的服务对个人和社会带来的变化和影响	公共文化机构开展各项公共文化服务的价值 与宗旨、目标、任务和未来发展趋势的契合度

8.1.3.2　评估准则与一级指标的关联关系

本章在制定公共文化机构资源服务效能评估指标体系时，综合采用绩效评估、过程评估与成效评估的思想，全方位关注公共文化机构的投入与产出、管理以及效率、服务质量和影响力等要素与环节，同时结合公共文化服务机构各项基本职能和特殊职能，将公共文化资源服务效能的各项评估准则具化形成可操作项，并与实际评估指标进行关联，具体如下。

1）绩效评估

对应的一级指标为公共文化资源和公共文化资源服务，用于反映公共文化机构的投入与产出情况，包括公共文化机构的各种投入和产出，其中投入包括馆藏、软硬件设施、基本服务项目、人员配备等，产出包括公共文化机构依托资源提供的各类服务及举办的活动。

2）过程评价

对应的一级指标为公共文化机构管理和公共文化资源服务效率，其中，公共文化机构管理用于反映公共文化机构的内部管理情况，包括业务管理、安全管理、档案管理、业务处理等管理过程；公共文化资源服务效率指公共文化机构提供资源服务时所投入的固定财力、人力和物力与群众享受到的公共文化服务产出之比。

3）成效评价

对应的一级指标为公共文化资源服务质量和公共文化资源服务影响力，从不同的角度来反映公共文化机构服务的成果和成效，其中服务质量指用户接受服务过程中的实际感受与接受服务前的心理预期的差距；服务影响力指公共文化机构提供的服务对个人和社会带来的变化和影响。

综上所述，公共文化机构资源服务效能评估体系一级指标共有 6 个。

8.1.3.3　服务效能评估细化指标

在确定一级指标的基础上，本章依据公共文化服务机构的业务规范来确立对每个一级指标的评估维度，即二级指标。同时，依据公共文化服务机构的各项社会职能的实现程度和业务运作水平来形成具体测量指标，即三级指标，以综合衡量公共文化资源服务绩效。

1）公共文化资源

公共文化资源主要是指公共文化机构的各项物质投入，主要包括馆藏资源、基础设施、设备、员工等内容，是公共文化机构开展公共文化服务的基础保障，为公共文化服务提供物质基础。对馆藏资源的测量应当包括馆藏总量、（年）新增馆藏量和数字资源总量等。同时需根据不同的标准对馆藏资源进行分类测量，如按照存储方式可分为实体资源和电子资源，按照内容特性可分为一般馆藏资源、古籍特藏资源、地方特色资源、外国文献资源等。对空间的测评主要依据不同空间的功能分别进行测量，如建筑总面积、存储空间面积、用户服务空间面积等。对设施的测评不仅包括《国家基本公共文化服务指导标准》中提到的硬件设施，还包括公共文化机构的分馆数量和软件设施的投入情况。对设备的测评包括为提供服务而准备的一切设备，如阅览室座位、音响设备等。对员工的测评按照全时工作当量（FET）标准分别统计员工总数量和馆员序列的员工数量，为更加精细化体现公共文化机构员工的工作素质情况和公共文化机构在不同工作中的人力投入情况，可以根据馆员的职称分别统计高级职称、中级职称数量，根据员工工作内容对参与不同工作的员工数量进行分别统计，如参与借阅工作的员工数量、参与文献加工的员工数量、参与合作项目的员工数量等。

2）公共文化资源服务

公共文化资源服务主要是指公共文化机构依托资源提供的各类服务及举办的活动。对公共文化资源服务的测评可分为服务内容、服务方式、服务时长和服务人口四个方面。由于公共文化机构提供的各项服务都要基于资源才能实现，故对服务内容的测评可以参考对资源的测评指标进行，分为馆藏资源、空间、设备。对服务方式的测评可以分为线上服务、线下服务以及混合式服务。对服务时长的测评可以参照公共文化机构的（周）开放时长。对服务人口的测评应当包括服务人口总数、注册用户数等指标。

3）公共文化机构管理

公共文化机构管理是指公共文化机构内部的管理情况。对公共文化机构的管理测评应当包括管理机构与领导测评、管理规范与制度测评、业务管理测评、员工管理测评、安全管理测评、档案管理测评等内容。

4）公共文化资源服务效率

公共文化资源服务效率主要是指公共文化机构开展各项服务的运作效率和投入产出比等情况。一般来说，我们可以通过对投入和产出的基本指标进行评估计算出公共文化资源服务效率，所以对效率进行测评的维度可以包括资源效率、服务与活动效率、设施与设备效率、员工效率、总体效率等。公共文化资源平均成本、公共文化服务平均成本、单位公共文化服务空间利用率等指标都可以用于测量公共文化机构的公共文化资源服务效率。

5）公共文化资源服务质量

公共文化资源服务质量是指用户接受服务过程中的实际感受与接受服务前的心理预期的差距。1988 年，Berry、Parasuraman 和 Zeiyham 提出了服务质量评估模型，即 SERVQUAL 模型。其核心思想是基于顾客感知服务质量的概念，以服务质量差距模型为理论依据，认为用户对服务质量的评估是将接受服务过程中的实际感受与接受服务前的心理预期进行对比的过程。如果用户实际感受高于其期望值，那么用户对服务是满意的，反之则是失望的。随后这一模型被应用到图书馆的服务质量评估过程中。1999 年 9 月，美国研究图书馆协会和得克萨斯大学携手合作，启动 LibQUAL＋ⓒ项目研究。LibQUAL＋ⓒ的评估指标经过一系列调整后最终确定为 3 个层面：服务影响、图书馆环境和信息控制。综合国内各图书馆基于 LibQUAL＋ⓒ对图书馆服务质量的评估实证，可以发现，绝大多数图书馆绩效评估模型集中在几个主要层面，即馆藏资源、服务效果、图书馆环境、图书馆员、设施设备，少数图书馆还展开用户个人控制层面的调查。基于 SERVQUAL 模型以及其在图书馆服务质量评估领域的应用实践，对公共文化机构服务质量的测评也应包括服务影响、馆内环境和信息控制三个层面，每个层面通过不同的测评维度进行测评。对于服务影响的测评，可以通过服务提供者、服务接收者、服务整体效果等不同的角度分别进行测评，即公共文化机构员工的服务质量、用户需求满足和服务效果。对于馆内环境的测评，可以通过设施设备质量一项体现。对于信息控制，则可以通过用户个人控制来体现，实际上，这部分是一类特殊的用户需求，因此可以与前面的用户需求满足合并。

6）公共文化资源服务影响力

公共文化资源服务影响力主要用来描述公共文化机构开展各项公共文化

服务的价值，即用来测评是否符合公共文化机构的宗旨、目标、任务和未来发展趋势，以及在多大程度上产生了积极正面的影响。《信息与文献——公共图书馆影响力评估的方法和流程》（WH/84-2019）对影响主体的规定包括对个体的影响、对图书馆自身或所属机构的影响、对社会的影响以及经济价值。《中华人民共和国公共文化服务保障法》《中华人民共和国公共图书馆法》要求公共文化机构履行社会功能，包括文化功能、宣传功能、社会教育功能、传承与保护功能。不难发现，公共文化机构影响力的产生都是依赖其各项社会功能实现的。因此，对公共文化资源服务影响力的测评维度可以建立在各项社会功能的基础上，由社会功能的实现程度来反映对各个主体产生的影响力。

8.1.3.4 指标体系分类

本章讨论的公共文化资源服务效能评估指标体系的主体是公共图书馆、文化馆和文化站，由于各自职能的不同，三者无论是在业务开展范围上，还是在业务数据上都具有明显的差别，其中公共图书馆主要从事文献和信息的管理与服务，文化馆与文化站主要从事群众文化活动，所以在进行具体评估时，需要按照业务种类划分为公共图书馆文化资源服务效能评估指标体系和群众文化资源服务效能评估指标体系两大评估指标体系。

需要说明的是，公共图书馆文化资源服务效能评估指标体系和群众文化资源服务效能评估指标体系基本指标框架相同，但基础指标不同，即一级指标和二级指标相同，三级指标存在一定的差异，将公共图书馆与文化馆、文化站进行区分，有利于更好地针对公共文化机构的不同特点进行服务效能评估。

8.1.4 服务效能评估指标体系与指标字典

本章提出的公共文化机构资源服务效能评估指标体系包含三层架构，并与制定的评估准则相对应，如图8-2所示，一级指标、二级指标为全量指标，三级指标由于数量庞大，仅列出部分示例。

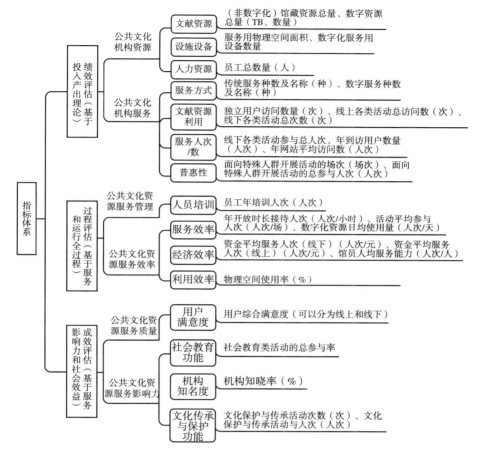

图 8-2　公共文化资源服务效能评估指标体系示意

8.1.5　设定评估指标权重

指标权重赋值是多指标综合评价研究中的一个重要问题，一般来说，确定指标权重的方法包括主观赋权法和客观赋权法两大类。这两种方法各有优缺点：主观权重更加符合评价主体的主观意愿，但评价结果具有很大的随意性；客观权重虽然具有较强的数学理论依据，能避免主观因素的影响，但其计算结果有时会忽视指标本身的重要性，出现确定的指标权重与预期相差很远。因此，在实际的评价工作中，人们往往会综合主客观评价的优势，利用权重组合的方法进行组合赋权，从而兼顾主观权重与客观权重的优点。

基于以上认识及本章对效能评估所形成的共识，本章制定了指标权重浮动调整机制，即在基础指标的基础上，利用浮动权重对基础权重进行修正，最终得到修正权重，从而实现指标权重动态调整的目的。

8.1.5.1　基础权重

基础权重从本质上来说是主观权重，而确定主观权重的方法有很多。本章采用的是专家犹豫模糊集决策的方法，即首先通过专家打分的方法对各个指标进行打分，其次利用犹豫模糊偏好关系群决策方法构建专家偏好关系矩阵，并使用 HFA 算子对专家偏好关系矩阵进行集成计算，得到各指标权重，作为基础权重使用。其中，HFA 算子即为犹豫模糊平均算子，是犹豫模糊集成算子的一种，计算公式如下。

$$HFA(h_1, h_2, \cdots, h_n) = \frac{1}{n} \oplus_{i=1}^{n} h_i = \bigcup_{r_1 \in h_1, r_2 \in h_2, \cdots, r_n \in h_n} \left\{ 1 - \prod_{i=1}^{n} (1 - r_i)^{\frac{1}{n}} \right\}$$

$$(8-1)$$

8.1.5.2　浮动权重

浮动权重的目的是通过浮动权重的设立，建立整个指标体系的指标权重浮动调整机制，以满足指标权重根据实际需要进行浮动和动态调整的需要。本章设计了基于数据维度上数据差异性的权重调整法，满足指标浮动权重的使用需求。

基于数据维度上数据的差异性确定浮动权重从本质上来说，就是以时间为维度，衡量在同一个评估期内各项评估指标的数据差异性。其数学原理是利用熵值法，弥补主观赋权的不足，对指标权重进行客观修正。对于数据指标来说，指标的离散程度越大，该指标对综合评价的影响就越大，其权重也越大。所以我们认为：对于公共文化资源服务效能来说，虽然在一段时期内具有一定的稳定性，不会发生剧变，但实际上不同时期建设的侧重点也可能有所差别，而且这种差别可能与公共文化机构的公共文化资源服务效能的整体表现密切相关，且能够直接通过数据反映出来，数据差异越大，就说明建设侧重点差别也越大，对服务效能的影响也就越大。因此，可以根据不同年份各公共文化机构数据的差异性来调整每年公共文化资源服务效能的具体权重，数据差异越大，权重越大。

8.2　多维度分析模型构建

8.2.1　服务效能评估模型

8.2.1.1　全面评估模型

通过对相关文献、政策及标准规范的综合分析，本章对于公共文化资源服务效能评估采用系统全面的评估准则，具体评估准则包括对公共文化资源服务的绩效评估准则、过程评估准则和成效评估准则。

绩效评估以评估公共文化资源的投入和产出为基本准则，一般而言，涵盖了公共文化机构的资源和服务两方面。资源是公共文化机构所拥有的包括馆藏资源、设备设施、员工等在内的广义上的一切资源的统称。服务是指公共文化机构基于本馆资源，附加人的劳动价值（包括脑力劳动和体力劳动等）而针对用户开展的一系列服务活动的统称，包括借阅、参考咨询、举办讲座/展览等。

过程评估以评估公共文化机构为提供公共文化服务而开展的管理运行与服务效率为基本准则，涵盖了公共文化机构的管理方式、运行机制、服务效率等方面。从公共文化机构的角度出发，过程评估关注公共文化机构的管理，主要指公共文化机构为更好地履行职能而展开的一系列保障活动，比如网络安全管理、档案管理等工作，运行主要包括各项业务在公共文化机构的内部运转过程。从业务运行的角度出发，过程评估关注各项业务的效率，包括各项业务活动涉及的各种要素的效率、服务的效率，倾向于测评资源使用和服务提供的成本，如各项服务的时间成本、经济成本、人力成本等，以及各项服务的效益情况，如参与人次等。

　　成效评估以评估公共文化服务的质量与影响力为基本准则，涵盖了公共文化机构的质量和影响力两方面。质量倾向于评估资源使用和服务提供的质量水平，如在多大程度上满足用户对该项服务的需求和期待。影响力倾向于评估提供公共文化资源使用或公共文化服务后产生的价值及其影响力，如在多大程度上实现了公共文化机构的基本功能，对社会产生了多大的价值，等等。鉴于此，我们在 John 和 Charles 图书馆成效与绩效模型的基础上，增加了过程评估，并结合我国公共文化服务的特点完善了其中的成效评估和绩效评估，从而形成了新的系统性的评估公共文化服务绩效的评估准则和基本模型，如图 8-3 所示。

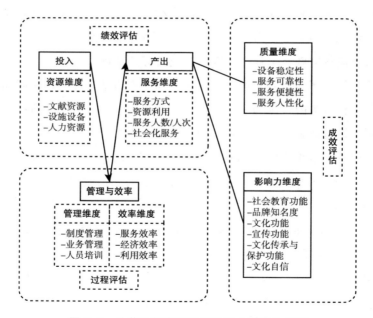

图 8-3　公共文化资源服务效能全面评估模型

8.2.1.2　评估思路设计

针对公共文化资源服务效能评估，本章提出了一种基于"模块—综合"

的评估方法，并分别构建了相应的分析模型。

1）模块评估模型

由于公共文化资源服务效能评估可以分为绩效评估、过程评估和成效评估三大模块，每个模块又包含了两个维度，即两个一级指标。因此，在建立模块评估模型时，利用模块与所属维度之间的关系建立相应的模块评估模型，如利用资源维度和服务维度建立绩效评估模块的投入产出比评估模型，重点评估各公共文化机构的服务能力与资源配置之间的关系；利用管理维度和效率维度从侧面反映公共文化资源服务的运作过程及运作效果；利用质量维度和影响力维度客观评价公共资源服务的具体成效和社会效益。

2）综合评估模型

根据公共文化资源服务效能评估多维度的特点，将综合服务效能评估转化为多属性综合评估，根据服务效能评估指标层级架构的特点，利用指数计算与合成的方法，从三级指标开始，逐级向上合成公共文化资源服务效能标准化综合指数，从而横向对比各领域、各地区、各层级公共文化机构的综合服务效能。

8.2.1.3 核心指标提取

为了提高服务效能评估指标的适用性，减少数据收集量和计算复杂度，在制定"公共图书馆文化资源服务效能评估指标体系"和"群众文化资源服务效能评估指标体系"的基础上，根据数据情况和实际的评估需求，分别提取相应的核心指标，形成"公共图书馆文化资源服务效能评估核心指标"和"群众文化资源服务效能评估核心指标"，其中"公共图书馆文化资源服务效能评估核心指标"主要针对公共图书馆进行评估，包含3个评估模块6个评估维度42项核心指标；"群众文化资源服务效能评估核心指标"主要针对文化馆、文化站进行评估，包含3个评估模块6个评估维度34项核心指标，具体见表8-2、表8-3。

表 8-2　公共图书馆文化资源服务效能评估核心指标

一级指标	二级指标	核心指标
公共文化机构资源	文献资源	(非数字化)馆藏资源总量
		外国文献资源
		数字资源总量(TB、数量)
		自建资源总量
		音视频资源总量
	设施设备	服务用物理空间面积(平方米)
		公共座位数量(个)
		数字化服务用设备数量
		数字阅览室面积(平方米)
		流动服务点数量(个)
	人力资源	员工总数量(人)
公共文化机构服务	服务方式	传统服务种数及名称(种)
		数字服务种数及名称(种)
	资源利用	独立用户访问数量(次)
		线上各类活动总次数(次)
		馆藏资源流通数量(册次)
		线下各类活动举办次数(次)
	服务人数/人次	持证用户总数(人)
		馆藏资源外借人次(人次)
		线下各类活动总人次(人次)
		年到访用户数量(人次)
		年网站平均访问数(人次)
		线上各类活动总访问数(人次)
	服务普惠性	面向特殊人群开展活动的场次(场次)
		面向特殊人群开展活动的总参与人次(人次)
公共文化资源服务管理	人员培训	员工年培训人次(人次)
公共文化资源服务效率	服务效率	年开放时长文献平均流通数量(册次/小时)
		用户平均借阅量(册次/人)
		年开放时长接待人次(人次/小时)
		活动平均参与人次(人次/场)
		数字化资源日均使用量(人次/天)
	经济效率	资金平均服务人次(线下)(人次/元)
		资金平均服务人次(线上)(人次/元)
		馆员人均服务能力(人次/人)

续表

一级指标	二级指标	核心指标
公共文化资源服务效率	利用效率	文献流通率（%）
		数字资源利用率（%）
		物理空间使用率（%）
公共文化资源服务质量	用户满意度	用户综合满意度（可以分为线上和线下）
公共文化资源服务影响力	社会教育功能	社会教育类活动的总参与率（%）
	机构知名度	机构知晓率（%）
	文化传承与保护功能	文化保护与传承活动次数（次）
		文化保护与传承活动参与人次（人次）

表 8-3 群众文化资源服务效能评估核心指标

一级指标	二级指标	核心指标
公共文化资源	文献资源	（非数字化）馆藏资源总量（件）
		数字资源总量（TB、数量）
	设施设备	服务用物理空间面积
		线下活动支撑设备数量（台/套）
		数字化服务用设备数量
		基础服务点数量
	人力资源	员工总数量（人数）
		志愿者数量（人数）
公共文化资源服务	服务方式	传统服务种数及名称（种）
		数字服务种数及名称（种）
	资源利用	独立用户访问数量（次）
		线上各类活动总次数
		线下各类活动总次数
	服务人数/人次	线下各类活动参与总人次
		年到访用户数量（人次）
		年网站平均访问数（人次）
		线上各类活动总访问数
	服务普惠性	面向特殊人群开展活动的场次
		面向特殊人群开展活动的总参与人次
公共文化资源服务管理	人员培训	员工年培训人次（人次）

续表

一级指标	二级指标	核心指标
公共文化资源服务效率	服务效率	年开放时长接待人次（人次/小时）
		活动平均参与人次（人次/场）
		数字化资源日均使用量（人次/天）
	经济效率	资金平均服务人次（线下）（人次/元）
		资金平均服务人次（线上）（人次/元）
		馆员人均服务能力（人次/人）
	利用效率	物理空间使用率
公共文化资源服务质量	用户满意度	品牌活动的数量（个）
		用户综合满意度（可以分为线上和线下）
公共文化资源服务影响力	社会教育功能	社会教育类活动的总参与率
	机构知名度	机构知晓率（%）
	文化传承与保护功能	文化保护与传承活动次数（次）
		文化保护与传承活动参与人次（人次）
		文化遗产数字化资源（TB）

8.2.1.4　犹豫模糊集—熵值法评估方法

在公共文化效能评估的过程中，通过建立犹豫模糊集将专家打分更为全面地量化，得出各公共文化指标的主观权重，通过 DEA 模型计算得出各公共文化指标的客观权重，通过将主客观权重相结合的方式计算得出各公共文化指标的综合权重，并最终通过所建立的四阶段偏好 DEA 模型计算得出各场馆的公共文化效能评估值。相较于传统的公共文化效能评估方法，该方法得到的公共文化效能评估值更为准确，且更具有科学客观性。具体算法流程如图 8-4 所示。

8.2.1.5　AHP—偏移化熵权法评估方法

在效能评估方法方面，本章提出了一种基于 AHP—偏移化熵权法的公共文化服务效能评估方法。它通过 AHP—偏移化熵权法进而确定指标权重，综合考虑主客观因素的影响，从而能够得到一个全面客观的公共文化服务效能评估结果，具体流程如图 8-5 所示。

步骤 1：构建公共文化服务效能评估指标体系，对指标体系进行层级划

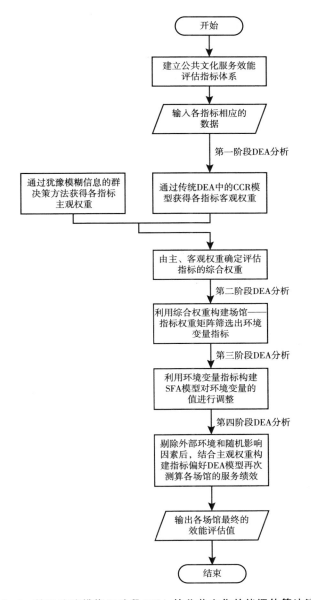

图 8-4　基于犹豫模糊四阶段 DEA 的公共文化效能评估算法流程

分，获取指标体系中各个指标的数据。根据制定的"公共图书馆文化资源服务效能评估指标体系"和"群众文化资源服务效能评估指标体系"提取

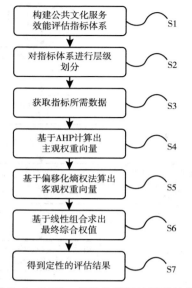

图 8-5　AHP—偏移化熵权法评估流程

相应的核心指标。

步骤 2：基于 AHP 计算出主观权重向量。邀请领域内专家对核心指标的权重进行打分，利用 AHP 综合计算专家打分的主观权重，并计算主观权重向量 S，具体流程如图 8-6 所示。

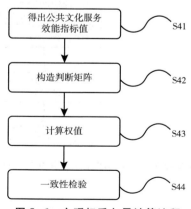

图 8-6　主观权重向量计算流程

步骤 3：基于偏移化熵权法计算出基于客观的权重向量。针对各核心指标的具体数据情况，利用偏移化熵权法对指标值进行计算，从而得到客观权重及客观权重向量 Q，具体计算流程如图 8-7 所示。

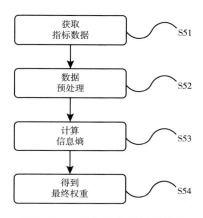

图 8-7　客观权重向量计算流程

步骤 4：基于线性叠加求出最终的综合权重。将得到的主观权重向量 S 和客观权重向量 Q 基于线性叠加进行合成，确定最终的综合权重 W。

步骤 5：确定主客观权重向量的加权系数，得到定性的评估结果。

8.2.2　场馆热度分析模型构建

8.2.2.1　场馆热度分析基本方法

针对地理维度的热度分析，研究的侧重点在于其高低热度的大小，利用文本数据，提取公共文化服务相关场馆热度，以此分析用户对各场馆关注热度情况。

本章认定的场馆关注热度为：用户在互联网上表现出的对于公共文化场馆的关注程度，以用户在网络上评价的文本信息中对场馆的关注频次作为关注热度基础评价指标，利用网络数据，挖掘这些网络信息背后潜在的信息，从而研究地理维度的热度分析方法。

1）数据爬取

利用爬虫采集用户发布的与公共文化服务相关的数据。对已经抓取到的文本信息筛选清洗。对文本进行筛选的原则为：①删除样本中的重复文本，删除情感类、描述类文本；②过滤掉含有大量图片少量文字描述的文本信息。

2）数据清洗

考虑到文本数据内容的质量和关键词提取结果的准确性，有必要对文本信息做进一步清洗处理。首先，由于用户对同一公共文化服务场馆可能存在不同的表达方式，因此，为了确保关键词提取的准确性，将样本中的场馆进行替换处理使同一场馆具有同样的表达方式。如："陕图"替换为"陕西省图书馆"，"故宫"替换为"北京故宫博物院"。其次，删除游记样本中的表情符号以及特殊符号和无用的数字内容，只保留中文文本。最后，将处理过的文本存储为 txt 格式，以此作为下一步处理的数据，增加样本分词的准确性。

3）网络文本数据分词

本章使用 Python 软件中的 jieba 中文分词组件对文本进行分词。选取已经经过预处理的游记文本，采用 jieba 中文分词组件将文本进行分词。在分词的过程中为了更加准确地进行分词，添加自定义词典 userdict. txt 进行辅助分词。

为了减少多余的无意义词语，添加停用词词典 stopwords. txt，将分词后的文本中的虚词等无意义的词语进行过滤，从而得到最终的分词结果 cut_dict. txt。

4）基于 TF-IDF 算法提取关键词

本章采用 TF-IDF 算法提取关键词，将经过处理得到的分词结果进行关键词提取并计算关键词的权重大小。TF-IDF 是一种用于信息检索与文本挖掘的常用加权技术，可以用来评估一个字词对于一个文本集合中一个文本的重要程度。

TF 是词频，表示某一关键词在文本中出现的频率，其计算公式如式

（8-2）所示。

$$TF(w,d) = count(w,d)/size(d) \qquad (8-2)$$

其中，$count$（w，d）表示词 w 在文本 d 中出现的次数；$size$（d）表示文本 d 中所有 w 出现的总次数。

IDF 是逆向文件频率，表示某一特定词语的 IDF，由总文本数目除以包含该词语的文本数目 $docs$（W，D），再将得到的商取对数得到。如果包含这一特点词的文本越少，IDF 越大，则说明该词具有很好的区分能力，其公式为：

$$IDF = \log\left[\frac{n}{docs(W,D)}\right] \qquad (8-3)$$

其中，n 表示文本总数，$docs$（W，D）表示包含 w 的文本数。

TF-IDF 为某一特定文档内的高词语频率，以及该词语在整个文件集合中的低文件频率，可以产生高权重的 TF-IDF，其公式为：

$$TF - IDF = TF \times IDF \qquad (8-4)$$

5）公共文化服务场馆热度分析

文本数据是用户基于自身的感受主动发布在网站上的描述对于公共文化服务场馆所提供的服务的切实评价，用户对于较为热门的公共文化服务场馆会在文本信息中多次提及。因此，某一场馆在文本数据中出现次数的高低能够表明用户对于该场馆的关注程度。但是，如果仅以场馆在文本数据中出现的频次高低来衡量用户对场馆的关注热度差异会存在片面性，这忽略了不同文本内容存在长短的差异性影响。因此，采用 TF-IDF 算法既能考虑场馆在文本数据中的作用，又能考虑整个文本集合深度对关注热度的影响。利用 TF-IDF 算法，提取文本数据的公共文化服务场馆关键词，并且计算各场馆的综合权重，以综合权重的大小来衡量用户对公共文化服务场馆的关注热度。

本章根据热度分析相关进展，针对公共文化服务效能评估热度分析模块的实际应用，提出了一种基于时间维度信息对图书馆热度分析与预测的方法它可以用于各个图书馆用户借阅图书与参加文化活动等信息数据计算各类信息热度值；用于各图书馆举办的公共文化类活动及研讨活动计算活动影响值；用于用户借阅行为热度值、活动影响热度值、日常活跃热度值三部分计算图书馆热度总值；根据图书馆热度值周期性变化规律对图书馆热度总值进行预测。将所有得出的数据信息进行可视化大屏展示，完善公共文化服务效能评估热度分析模块。

此方法为基于时间维度信息对图书馆热度分析与预测的方法，依据用户的借阅信息和图书馆公共文化活动等信息作为数据集，通过热度分析的方法来计算图书馆热度值，判断当前图书馆受关注的程度。并且通过所计算出的热度值进行预测，判断未来图书馆受关注程度。图书馆热度分析流程如图8-8 所示。

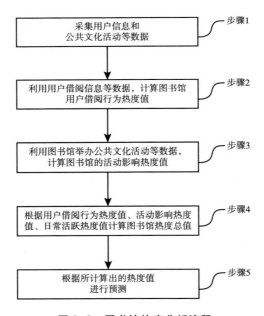

图 8-8　图书馆热度分析流程

该热度分析方法首先要采集用户信息和公共文化活动数据，此类数据已经由数据提供方给出。根据所提供的数据进行分类，利用用户借阅信息等数据计算图书馆用户借阅行为热度值；利用图书馆举办公共文化活动等数据，计算图书馆的活动影响热度值；根据用户借阅行为热度值、活动影响热度值、日常活跃度值计算图书馆热度总值；最后根据计算出的各类热度值进行预测。

8.2.2.2　场馆热度分析与预测步骤

本章采用了基于时间维度信息对图书馆热度分析与预测的方法，其基本步骤如下。

步骤1：采集用户进馆信息、用户借阅信息、图书馆举办公共文化活动信息、各类研讨理论活动和交流活动信息的基础数据，并提取用户的借阅时间、借阅时长、用户类型等信息，以及各类研讨理论活动等文本信息作为数据集。

步骤2：利用图书借阅时间、借阅时长、用户类型、借阅次数等数据计算图书馆用户借阅行为热度值。

步骤2-1：将用户借阅日期数据转化为时间戳，精确到小时作为横坐标，将用户借阅书籍数量作为纵坐标，并进行标准化，横坐标集合 $y = (y_1, \cdots, y_n)$，纵坐标集合 $z = (z_1, \cdots, z_n)$ 坐标归一化公式为：

$$y_i^1 = \frac{y_i - y_{\min}}{y_{\max} - y_{\min}} \qquad (8-5)$$

$$z_i^1 = \frac{z_i - z_{\min}}{z_{\max} - z_{\min}} \qquad (8-6)$$

步骤2-2：计算所有点之间的平均距离，记为 ε，从任意一 Q 点开始，以 Q 为中心点，ε 为半径，将位于该点范围内的数据点纳入该簇中，当该簇内没有新数据点被纳入时，开始随机选取下一个中心点，直至遍历所有点。

步骤2-3：计算所有中心点的平均高度差，随机选取一个簇类 C_1，在垂直方向，将与簇类 C_1 中任一点的高度差处于平均高度差范围内样本点所在的簇类划分为新的类，直至所有旧的簇类被划分为新的类，记为 $C^* = (C_1^*, \cdots, C_n^*)$。

将不同的簇类分别给予权重 $\omega_1, \cdots, \omega_n$。

步骤2-4：用户借阅行为热度值为 T_v 计算：

$$T_v = \sum_{i=1}^{n} \omega_i \times k \times V_0 \qquad (8-7)$$

其中，ω_i 为第 i 类所占的权重系数，k 为第 i 类中数据的个数，V_0 为用户借阅的初始热度值。

步骤3：利用图书馆举办的公共文化活动、各类研讨活动、交流活动等数据，计算活动影响热度值。

步骤3-1：用 x_1，$\cdots$，x_n 分别表示活动1到活动 n，并对活动文本信息中关键词进行提取，并计算每一个关键词的权重：

$$f(x) = \frac{1}{x\sigma\sqrt{2\pi}} \times \exp\left[-\frac{(\log x - \bar{x})^2}{2\sigma^2}\right] \qquad (8-8)$$

$$r_i = \int_a^b f(x)\,\mathrm{d}x \times \exp(n_i/n) \qquad (8-9)$$

r_i 为关键词 i 的权重，x 为关键词 i 在活动文本信息中所出现的次数，$f(x)$ 为关键词 i 在活动文本信息中数量分布的正态分布式，$\bar{x}$ 为所有关键词出现的平均次数，σ 为关键词分布的标准离差，n_i 为包含关键词 i 活动信息文本数量，N 为活动信息文本总数。

步骤3-2：提取与活动主题相关的书籍借阅的数量，计算活动热度影响值：

$$M = \sum_{i=1}^{n} r_i \times f_{numbers} \qquad (8-10)$$

M 为活动热度影响值，$f_{numbers}$ 为关键词 i 类型书籍的借阅量或购买量。

步骤4：计算图书馆热度值，其包括用户借阅行为热度值 T_v、日常活跃热度值 Q、活动影响热度值 M 三部分，若某图书馆热度值越高，则表示该图书馆受人们关注程度以及图书馆用户的活跃度越高，采用以下图书馆热度值计算公式获得图书馆热度值，具体计算方法如下。

$$H = \lg(\omega_1 \times T_v + 1) + \omega_2 \times Q + \sqrt{M} \qquad (8-11)$$

ω_1 为有借阅行为用户数量在总用户数量中的比重，ω_2 为没有借阅行为用户数量在总用户数量中的比值，用户借阅行为热度值为 T_v，日常活跃用户的个数记为 Q 表示日常活跃热度值，M 为活动影响热度值。

步骤 5：根据图书馆热度值结果对未来热度值进行预测，具体流程如下。

步骤 5-1：根据图书馆热度值变化规律计算出图书馆热度值的变化周期 T。

步骤 5-2：用向量 $a_1 = [a_{i1}, a_{i2}, \cdots, a_{in}]$ 表示处于第 i 个周期时，各时刻图书馆热度值的情况，用矩阵 $A = \begin{bmatrix} a_{11} & \cdots & a_{1n} \\ \vdots & & \vdots \\ a_{m1} & \cdots & a_{mn} \end{bmatrix}$ 表示图书馆热度值的总体情况。

步骤 5-3：用 n 个状态标记集合为 $S = \{s_1, s_2, \cdots, s_n\}$，在第 i 个周期，其处于各位置状态为 $S_i = \{S_{i1}, S_{i2}, \cdots, S_{in}\}$。

步骤 5-4：根据图书馆热度值历史数据计算出周期内各位置上热度值初始概率分布，计算变化周期内各时刻图书馆热度值的状态转移概率矩阵，分别用 $P_1 = [P_{ij}] n \times n$、$P_2 = [P_{ij}] n \times n$、$\cdots$、$P_n = [P_{ij}] n \times n$ 来表示第 i 个周期内各位置的状态转移概率。

步骤 5-5：根据周期内各位置上的状态转移概率进行预测，预测第 $i+1$ 个周期内各个位置的热度值，对于第 $i+1$ 周期内第一个位置的预测结果只与上个周期内同位置的状态相关，与其他位置的状态无关。

$$\begin{cases} S_{(i+1)1} = P_1 \times S_{i1} \\ S_{(i+1)2} = P_2 \times S_{i2} \\ \qquad \vdots \\ S_{(i+1)n} = P_3 \times S_{in} \end{cases} \qquad (8-12)$$

根据上述公式，得到第 $i+1$ 个周期内各位置图书馆热度值的预测结果 $S_{i+1} = [S_{(i+1)1}, S_{(i+1)2}, \cdots, S_{(i+1)n}]$。

图书馆热度值预测流程如图 8-9 所示。

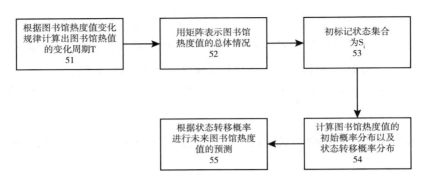

图 8-9 图书馆热度值预测流程

8.2.2.3 场馆热度分析模块功能实现

根据上述提出的一种基于时间维度信息对图书馆热度分析与预测的方法，我们通过对获取到的数据集对各类文化活动测算热度值并进行热力图可视化展示；对用户借阅信息测算热度值并展示为用户借阅热度走势曲线图；对各个场馆的信息进行热度分析，同时用面板做可视化展示。具体系统实现如图 8-10 所示。

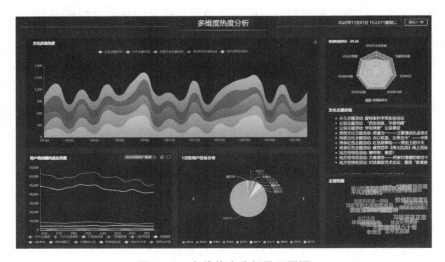

图 8-10 多维热度分析展示页面

点击热度分析模块直接跳转到热度分析页面，主要有以下功能。

1）文化活动热度

文化活动热度是以时间维度作为出发点，展示在某一时间段的不同公共文化活动的热度趋势，包括公益主题活动、少儿主题活动、传统文化主题活动、传承红色文化主题活动和地方性特色活动。

2）用户借阅走势

用户借阅走势是以人群维度作为出发点，主要有两个功能：①展示了不同读者在某一时间段的图书借阅情况；②通过点击右上角的按钮可以切换到不同职业的读者在某一段时间的图书借阅情况。

3）用户住址分布

用户住址分布是以地理维度作为出发点，展示不同月份、不同地区借阅用户的分布情况。

4）文化主题活动

展示某场馆的公共文化主题活动情况，具体包括公益主题活动、少儿主题活动、传统文化主题活动、传承红色文化主题活动和地方性特色活动等情况。

5）主题挖掘

通过主题挖掘技术展示场馆举办的公共文化活动的主要话题、用户的热点话题等。

6）场馆热度评分

通过场馆举办的文化活动文本数据、活动点赞数、活动转发数、活动评论数、活动参与度、活动时长、馆藏借阅量等指标，根据热度分析方法得出场馆热度评分。

8.2.3 主题热度分析模型构建

8.2.3.1 主题热度分析基本原理和方法

对于公共文化服务时间维度热度分析，本章采用基于时间序列聚类的主题方法。传统的主题发现方法往往忽视了时间因素所产生的影响，多数采用基于主题词空间因素的聚类分析。考虑到公共文化服务相关数据的特点，其在时间因素上也具有巨大的分析价值，对于有着相同发展趋势的公共文化服务主题序列，通常这些主题序列之间具有一定的联系。较之于传统主题发现方法，基于时间序列聚类的主题方法将时间因素考虑进去，考虑时间因素对于主题所产生的影响。

通过共词分析找出公共文化服务数据集中高频关键词的共现矩阵，利用Ochiia系数计算方法将共现矩阵转换为相似性矩阵，再使用近邻传播聚类算法发现公共文化服务主题。同时将公共文化服务主题在某段时间内的热度进行分析并转化为反映主题热度时间序列数据，结合时间序列聚类方法对各类公共文化服务主题数据进行分类以及演化趋势的分析，其方法如图8-11所示。

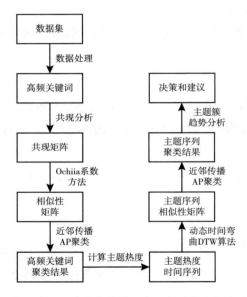

图8-11 基于时间序列聚类的主题发现及演化分析方法过程示意

1）主题发现阶段

在主题发现阶段，首先对数据进行预处理，提取出高频关键词。用共现分析的方法，建立共现矩阵。其次用Ochiia系数方法将共现矩阵转换为相似性矩阵，最后使用近邻传播算法进行聚类，得到高频关键词的主题簇。传统方法在聚类步骤上使用的是多维尺度聚类或者层次聚类等方法，而使用近邻传播方法能够较好地解决聚类过程中对文献数据的主题聚类数目的确定。近邻传播方法不用提前规定结果簇的个数，就可以对数据进行自动聚类。

①提取高频关键词。在主题发现和演化分析的实现过程中，提取出数据集中关键词，统计所有关键词出现的次数，保留出现频次高于预先设定的阈值 n 的关键词及相应的频值，保存为高频关键词词集。

②构建相似性矩阵。使用共现分析法，对这些高频关键词进行共现统计，计算所有高频关键词两两在同一文本数据中出现的次数，构建出共现矩阵，通过 Ochiia 系数方法将其转化为相似性矩阵。

③聚类提取高频关键词。结合近邻传播聚类算法（简称 AP 聚类，Affinity Propagation）将这些关键词自动划分为相应的簇，每一个簇表示一个主题，其中簇内关键词相关性强，簇间关键词相关性弱。

AP 聚类方法是近年提出的一种新的聚类算法，与其他聚类算法相比，其区别在于 AP 算法不需要事先指定聚类数目；相反，它将所有的数据点都作为潜在的聚类中心，通过消息传递实现聚类。它根据 n 个数据点之间的相似度进行聚类，这些相似度可以是对称的，即两个数据点互相之间的相似度一样（如欧氏距离）；也可以是不对称的，即两个数据点互相之间的相似度不等。这些相似度组成 n 的相似度矩阵 S（其中 n 为数据集大小）。对于规模较大的数据集，AP 聚类是一种快速有效的聚类方法。

此外，AP 算法的具体过程如下：①先计算 n 个点之间的相似度值，将值放在 S 矩阵中，再选取 P 值（一般取 S 的中值）；②设置一个最大迭代次数，迭代过程开始后，计算每一次的 r 值和 a 值；③根据 $r+a$ 值来判断聚类中心，当迭代次数超过最大值或者当聚类中心连续多少次迭代不发生改变时终止计算。

2）主题趋势分析阶段

在主题趋势分析阶段，传统分析方法往往会针对每一个主题，通过统计主题簇中总的数据数量判断主题的热度进行分析，虽然能对每一个主题进行较为客观的描述，但增加了较大的工作量。并且，仅通过主题的热度去分析主题的趋势较为片面和模糊，没有考虑时间因素带来的主题热度变化问题。为此，本章提出的方法考虑了时间因素的影响，将主题的发展划分成多个时间段，统计每一个时间段内的主题热度，形成主题热度时间序列，以此来判断分析主题在整个发展过程中的变化。另外，新方法对主题热度时间序列进行聚类，将具有相似发展趋势的主题聚集到一起分析，在保证主题的分析质量的同时减少了工作量。

①生成主题热度时间序列。根据时间顺序，统计每个主题簇中所有关键词在某一时间段内出现的次数之和除以该时间段内的文本数据数量，作为该时间点相应主题热度，针对每一个主题，形成一条相应的主题热度序列。

②构建主题序列相似性矩阵。结合 DTW 算法计算每任意两条序列的相似性，构成一个主题序列相似性矩阵，动态时间弯曲算法是一种计算时间序列之间相似度的常用方法。它运用动态搜索的原理减小了由产生速度的变化导致的矢量差异。动态时间弯曲作为一种重要的相似性度量方法，最早应用于语音识别领域，目前在金融行业、工业、图像识别等领域也得到广泛应用，如预测股价、在线签名认证、动作识别、睡眠状态检测等。

③聚类提取序列聚类结果。结合 AP 聚类算法，将这些序列自动划分为相应的簇，其中簇间主题序列具有相似的演化经历，针对每一个聚类簇的簇中心的演化过程，可以分析其簇内其他主题的演化过程，并且还可以对簇中主题的相互影响做详细分析。

8.2.3.2　主题挖掘系统功能实现

在确定好主题挖掘模型后，对主题挖掘模块进行实现，即得到清洗后的数据集对其用 jieba 进行分词，确保数据的干净度可以让主题挖掘结果更加准确清晰，将数据集构建完成后，利用 BiLSTM 双向长短期记忆网络主题模型建模，进行文化场馆的文本类型数据主题分析和挖掘，并且将其输出为可视化格式，再将此模块嵌入公共文化服务效能评估大数据分析挖掘系统。

场馆主题挖掘模块位于区域管理中的主题模型一栏，可以通过后台管理系统中左侧导航栏（见图 8-12）进入，点击进入后即可获取主题挖掘模块详细分析结果。

在输入框中对主题标号进行搜索，可以获取到对应主题中主题边缘话题分布图的展示，如图 8-13 所示，点击 Previous Topic 可以选择搜索框中上一

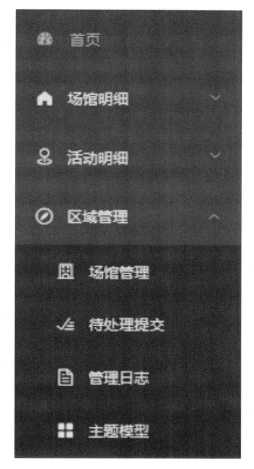

图 8-12　场馆主题挖掘模块导航栏

个主题的详细信息，Next Topic 可以选择下一个主题的信息，点击 Clear Topic 将会默认展示第一个主题信息。页面中主题中的具体结果将在右侧以柱状图对总期限频率进行展示。

页面会根据所选主题按照不同的评估期进行统计。在该模块中可以通过滑动右上角的条来调整相关性指标（λ）。如果将 λ 滑动到右侧，则有助于在 $\lambda = 0$ 时专门为用户选择的主题所用的术语与在其他主题中也会出现的术语之间取得平衡。

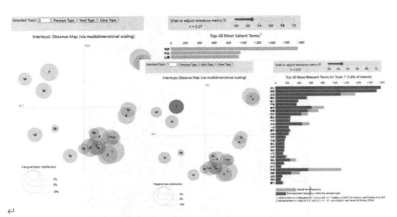

图 8-13　主题边缘话题分布

8.2.4　基于人群维度的热度分析

基于人群维度的热度分析所采用的基本方法和原理类似场馆热度分析和主题热度分析，只是研究对象和数据维度不同。

基于人群维度的热度分析以用户的基本属性为划分标准，构建人群维度的热度分析模型，分析各用户群体的借阅情况和活动的参与热度等，其中用户的基本属性包括性别、年龄、职业、地域等要素。基于人群维度的热度分析主要包括统计分析和智能分析两种模式。

8.2.4.1　统计分析

利用公共文化机构现存的人群相关数据，包括性别、年龄、地域、行为等，进行用户分析、资源情况分析和借阅行为分析等；利用评估指标补充数据，进行用户满意度分析、资源利用情况分析等。

8.2.4.2　智能分析

结合第三方补充数据和背景数据，与评估指标分析结果相结合，对公共文化资源服务的现状或表现出来的明显特征进行因果分析和预测分析，从而了解事件发生的原因，以及未来可能出现的趋势，并根据分析结果提出合理化建议。

具体分析流程如图 8-14 所示。

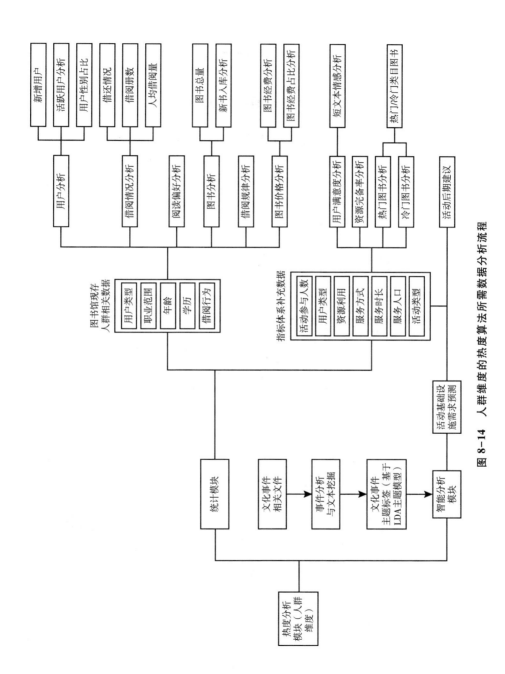

图 8-14 人群维度的热度算法所需数据分析流程

8.3 公共文化机构服务效能评估平台

8.3.1 松耦合架构及分布式编程方法研究

本章研究了松耦合架构及分布式编程方法，并将其应用至系统的研发过程中，提出了涵盖系统前端、后端、大数据平台、协议接头的系统研发架构（见图 8-15），整个研发架构主要包括三个部分。

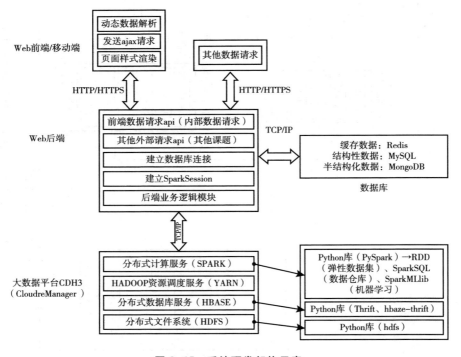

图 8-15　系统研发架构示意

8.3.1.1 大数据平台

CDH 是一个包括 Hadoop 的专门为满足企业需求而构建的开源平台发行版，是一个拥有集群自动化安装、中心化管理、集群监控、报警功能的大数据平台搭建工具，我们利用 CDH3 搭建大数据基础平台，具体包括分布式文件系统、分布式数据库服务、资源调度服务和分布式计算服务。

8.3.1.2 Web 后端

主要用于接收前端数据请求和其他外部请求，建立数据库链接和与后端业务模块进行通信，是联系数据库与大数据平台的桥梁。

8.3.1.3 Wed 前端

主要用于动态数据解析、发送请求和页面样式渲染，具体包括数据通信模块、前端可视化展示模块和请求发送模块等。

8.3.2 分布式存储架构

在大数据平台中，最基础的需求是提供高可靠的数据存储，大数据平台选择基于 Hadoop 的第三方发行版 Cloudera Manager 作为基本环境，使用 HDFS（Hadoop Distributed File System）作为系统的分布式文件存储平台，Cloudera Manager 提供了 Hadoop 生态组件的版本统一管理、自动化部署和节点动态添加的功能，使大数据平台在实际开发中具备更高的弹性拓展能力和稳定的版本更新迭代能力，同时也提供了硬件节点的资源监控和网络 I/O 监控预警，使开发人员能够更加专注于上层应用的开发，而不必过多地关注基础环境的运行状况。

8.3.2.1 数据分块与备份

HDFS 是位于服务器存储系统之上的分布式文件系统，它与目前常见的存储系统存在一些相似的地方。分布式文件系统是通过网络将许多计算设备连接起来存储海量的数据，并利用文件系统内置的冗余特性对数据进行备份，从而保障数据的安全。HDFS 是为快速、容错处理而设计的，因此它对于存储设备的性能没有太高的要求。

Hadoop 用于海量数据的处理，是一种基于块的文件系统，其中文件被分解为块。集群中所存储的文件和服务器之间并不是一对一的关系，文件可以由多个块组成，这些数据块通常并不存储在一台机器上。

由于文件的数据块随机地散布在整个集群中，这使得 Hadoop 支持存储大于单个磁盘空间的文件，文件在存储时通常还会被备份三份，当任何一台机器发生故障时，文件都可以被恢复。图 8-16 表示了客户端向 HDFS 文件系统传输文件的一般过程。

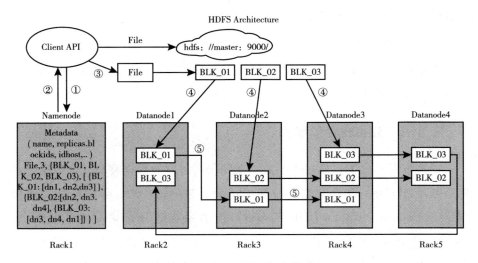

图 8-16 HDFS 数据块存储过程

主节点（NameNode）读取数据节点（DataNode）信息，若满足存储条件，则为文件分配存储地址，将元数据（MetaData）写入 edits（事务日志文件），同时返回地址信息。元数据（MetaData）中包括文件名、文件备份数、数据块 ID、数据块存储节点等存储文件的主要信息。如 Metadata（filename、replication、block-id、id-host 等）。

edits 为存放运行日志（包含元数据信息）的容器，默认大小为 64MB。

Client 将文件分割为数据块（Hadoop2 数据块默认大小为 128MB，Block Size 可在 HDFS 配置文件中修改）。

Client 将数据块按照分配的地址写入数据节点。写入完成后主节点将元数据（MetaData）写入内存，方便再次查询调用。

HDFS 根据每个数据节点的使用情况将数据块再次备份至其他两个节点

（配置文件中 replication 为 3，则在文件系统中保存三个副本，备份副本数可在 HDFS 配置文件中修改）。[①]

8.3.2.2　分布式计算

在进行数据分析之前需要对源数据进行清洗。通常省级场馆的行为源数据规模可达百万条以上，使用常规的计算型服务器需要数十个小时才能清洗完场馆数据，而效能评估中，评估结果具有很强的时效性。因此，借助分布式计算框架将计算任务分配在多台设备上，并行计算能够线性地提高计算效率，甚至通过虚拟机构建的分布式计算集群也能大大提高计算性能。系统使用 Spark 作为分布式计算框架，Spark 是一种基于内存的计算框架，支持 Scala、Java、Python 等多种语言。

Spark 架构如图 8-17 所示。

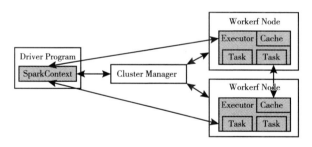

图 8-17　Spark 架构的组成

图 8-17 中 Driver Program 指 Spark 驱动程序，是执行开发程序中主要方法的过程。负责执行开发人员编写的代码来创建 SparkContext、创建 RDD 以及执行 RDD 转换和操作。如果使用 Spark shell，那么启动 Spark shell 的时候，Spark 驱动器程序将在后台启动，就是 Spark shell 中预加载的一个叫作 sc 的 SparkCointext 对象。如果驱动器程序终止，Spark 应用也随之结束。

---

① 备份时会在写入的第一份数据块就近的节点寻找允许存储的节点，优先写入不同机柜（Rack）的节点。备份完成后，再由备份的数据块继续在就近满足条件的节点再次备份。在不同机柜进行备份是为了防止整个机柜发生宕机的情况。

Spark 架构的主要功能有：①把用户程序转为作业（Job）；②跟踪 Executor 的运行状况；③为执行器节点调度任务；④UI 展示应用运行状况。

Cluster Manager 集群资源管理器，指在集群上获取资源的外部服务，目前有三种类型：①Standalone，Spark 原生的资源管理器，由 Master 负责资源的分配；②Hadoop Yarn，由 Yarn 中的 Resource Manager 负责资源的分配；③Mesos，由 Mesos Master 负责资源管理。

Workef Node 是 Spark 的工作节点，指集群中任何可以运行 Application 代码的节点。

Spark Executor 是一个工作进程，负责在 Spark 作业中独立地运行任务，任务间相互独立。Spark 应用启动时，Executor 节点将同时启动，并在 Spark 应用程序的整个生命周期内继续运行。如果某个 Executor 节点失败或崩溃，Spark 应用程序可以继续，将任务从失败节点调度到另一个 Executor 节点以继续运行。

Executor 的主要功能为：①负责运行组成 Spark 应用程序的任务，并将结果返回给驱动器进程；②通过自身的块管理器为需要缓存的用户程序中的 RDD 提供内存存储。RDD 式直接缓存存储在 Executor 进程中，因此，任务可以在运行时充分利用缓存的数据来加速计算。

8.3.2.3　高可用架构

NameNode 是 HDFS 集群的主要入口，当 NameNode 发生故障时，整个集群的文件将无法被读取，此外，在集群服务需要更新时，NameNode 节点也将无法工作，集群将会陷入瘫痪状态，即单点故障问题。该问题在 Hadoop2.0 版本中已得到有效解决。

在 Hadoop2.0 版本中，引入 HDFS HA（High Avaliability，HA）用于解决单点故障问题。在 HA 集群中会设置两个 NameNode 节点，分别为 NameNode（Active）和 NameNode（Standby），当 NameNode（Active）出现问题无法正常工作时，会基于预设规则切换至 NameNode（Standby），保证集群服务的正常运作。

在 HA 集群中，两个 NameNode 基于 JournalNameNode 服务实现状态同步。集群中的 DataNode 同时向两个 NameNode 汇报信息，Zookeeper 为分布式应用提供一致性，从而确保集群只有一个 NameNode 对外服务。

如图 8-18 所示，工作状态下 DataNode 同时向 Active Node 和 Standby Node 汇报信息。Zookeeper 会启动两个 FailoverController（ZooKeeper 故障恢复控制器）服务监听两个 NameNode 节点的状态，并向 ZooKeeper 进行汇报。当 NameNode（Active）状态异常时，由 JournalNameNode 进行仲裁，判断当前工作的 NameNode 是否故障，如果无法恢复则切换至备用 NameNode，保证集群正常工作。

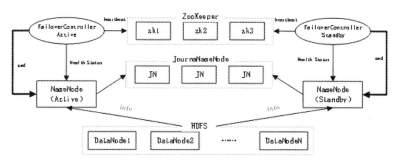

图 8-18　HDFS HA 架构

8.3.3　大数据平台架构

8.3.3.1　数据处理框架

在大数据分析过程中，不同功能模块对于数据的精度、格式有着不同的要求，系统针对不同阶段的数据需求构建了数据处理流程，包括对脏数据的清洗、异构数据的格式统一、文本数据信息提取等，不同的处理结果存放在不同层的数据仓库中以供其他业务使用。数据处理框架的构建有助于原始数据的充分利用，使数据得到有效使用。

在模型评估时，场馆提供的数据通常为 Excel 表格，存在大量冗余信息，如场馆联系方式等内容，此外不标准的数据字段无法在数据模型中进行计算，因此，在所有数据使用前都需要进行预处理。系统对于模型数据的处理过程如图 8-19 所示。

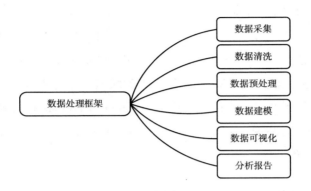

图 8-19　数据处理框架

1）数据采集

如图 8-20 所示的数据样例中，行数据中包括省份合计数据、区/县合计数据和场馆统计数据，在算法模型中只需要场馆统计数据，则需要对数据条目进行提取。该图中场馆数据存在场馆评级字段，因此只需要扫描该字段，对包含字段的数据条目进行提取和存储即可。

图 8-20　数据样例

2）数据清洗

获取信息和数据的过程会存在各类原因导致数据丢失和空缺。针对这些缺失值的处理方法，主要是基于变量的分布特性和变量的重要性（信息量和预测能力）采用不同的方法。

异常值是数据分布的常态，处于特定分布区域或范围之外的数据通常被定义为异常或噪声。异常分为两种："伪异常"，由于特定的业务运营动作产生，是正常反映业务的状态，而不是数据本身的异常；"真异常"，不是由特定的业务运营动作产生，而是数据本身分布异常，即离群点。系统通常会基于聚类算法，对远离其他簇的数据进行剔除或修正。

噪声指观测点和真实点之间的误差，即 $obs = x + \varepsilon$。通常的处理办法有两种：一种是对数据进行分箱操作，等频或等宽分箱，然后用每个箱的平均数、中位数或者边界值（不同数据分布，处理方法不同）代替箱中所有的数，起到平滑数据的作用。另一种是，建立该变量和预测变量的回归模型，根据回归系数和预测变量，反解出自变量的近似值。

3）数据归约

在效能评估过程中，指标字典是衡量场馆发展建设水平的主要参照，为了在评估中尽可能地得到场馆的综合效能反馈，通常指标字典的设计规模会很大。但在实际评估时，大量冗余指标不仅使数据采集的难度变大，也导致计算模型复杂度变高，效率较低。此外，由于指标字典数据不可获得或者场馆自身建设的问题，部分数据收集难度较大等导致数据缺失，所以，数据归约是大规模数据集应用的必要环节。

数据归约技术可以用来得到数据集的归约表示，它小得多，但仍很好地保持了原数据的完整性。这样，在归约后的数据集上挖掘将更有效，并产生相同（或几乎相同）的分析结果。用于数据分析的数据可能包含数以百计的属性，其中大部分属性与挖掘任务不相关，是冗余的。维度归约通过删除不相关的属性来减少数据量，并保证信息的损失最小。

在字段选择时，会先进行属性子集的选择，目标是找出最小属性集，使得数据类的概率分布尽可能地接近使用所有属性的原分布。在压缩的属性集上挖掘其他的优点。它减少了出现在发现模式上的属性的数目，使得模式更易于理解。在面向地区的数据分析时，存在场馆发展不平衡导致数据标准化

后的数据倾斜问题，为避免此类问题，数据通常会经过 z-score 处理，即

$$x^* = \frac{x-\mu}{\sigma}。$$

4）数据可视化

数据分析结果通常会以可视化的形式展示出来，选择合适的图表形式和样式对数据包含的信息进行表达，相较于文字分析报告更加直观。

8.3.3.2 系统功能架构

系统整体架构分为前端系统模块、后端业务系统模块、数据仓储模块、分布式存储计算模块和算法模型调用模块，具体如图 8-21 所示。

前端系统部署在 Nginx 服务器上，通过反向代理机制将路由指向前端系统资源，利用 Nginx 负载均衡机制实现高并发的访问需求。前端系统采用 Vue.js 框架，页面使用 HTML5/Sass 编写，通过 axios 向后端发送异步网络请求，后端系统根据 Api 响应数据，Vue.js 是一种 MVVM 模式的前端系统框架，基于 JavaScript 的 defineProperty 方法实现数据的实时响应，前端数据可视化平台是基于 Echarts 与 ElementUI 设计的动态图表页面，通过丰富的图表样式展示系统统计与分析结果。信息管理平台是数据集中管理的中心，可以在该平台对系统中使用的数据进行上传、修改、删除等一系列操作，也支持各种文件的上传、下载和备份等功能。

系统后端使用 SpringBoot 框架开发，主要为其他 Web 服务提供数据接口，后端通过 Mybatis 与 Druid 实现与 MySQL 数据库的交互，后端对每个对象创建 DAO 方法，并通过 Mapper 文件与 DAO 对数据库进行操作。在文件系统中，当用户发起资源存储的请求时，后端系统通过 Hadoop 集群接口将资源存储在 HDFS 集群中，存储和备份完成后会将存储信息返回 NameNode，后端读取 NameNode 中的文件索引确认文件是否完成存储，存储完成后，将资源信息写入数据库并向用户返回完成存储的提示。

算法模型调用模块管理训练好的模型和其他脚本服务，如爬虫、神经网络模型等，该模块由后端业务系统调用，后端系统监测业务数据的变化，在数据发生变化时调用分析模型重新计算结果，保证数据分析的实时性。

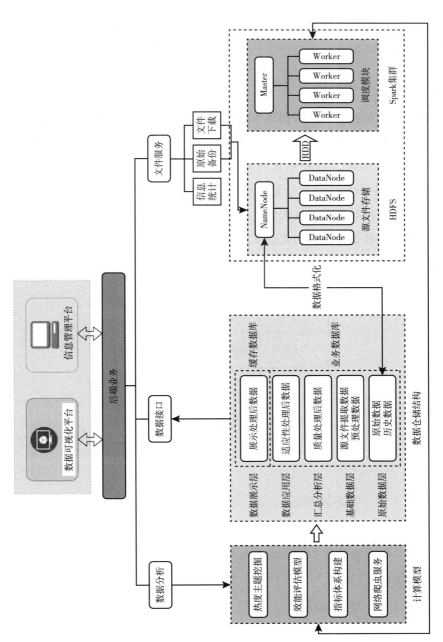

图 8-21　公共文化效能评估大数据分析平台架构

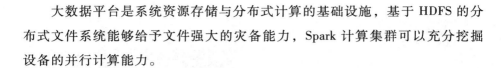

大数据平台是系统资源存储与分布式计算的基础设施，基于 HDFS 的分布式文件系统能够给予文件强大的灾备能力，Spark 计算集群可以充分挖掘设备的并行计算能力。

8.3.4 数据组织与存储

数据组织与存储是大数据体系建设中最基础、最重要的工作之一，它决定了大数据分析体系对已有数据的兼容能力、数据操作的运行效率和未来的扩容能力。本章在进行仓储设计时，引入"模块化"的设计思想，按照"数据分层"的原则对数据仓储进行设计和组织，即根据数据的来源、主题和类型，将数据存储分为五大数据层次，分别为原始数据层、基础数据层、汇总分析层、数据应用层和数据展示层，具体如图 8-22 所示。

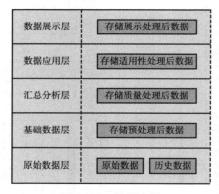

图 8-22 数据仓储

8.3.4.1 原始数据层

其主要目的是存放收集的原始数据和历史数据，作为整个分析平台的数据基础。其中原始数据中存储的是与数据源数据结构一致的数据，其目的是方便数据追溯，以及源数据向数据仓储中过渡。

8.3.4.2 基础数据层

原始数据层里的数据经过数据预处理后存入基础数据层，其中数据预处理包括数据表合并、数据格式与数据类型转换、数据脱敏处理、数据加密处理等。

8.3.4.3　汇总分析层

汇总分析层是针对明细数据层数据基于需求与数据访问进行数据加工、处理后的数据存储层。这里的数据处理仅仅是针对数据质量问题的处理，其目的是解决已收集数据存在的质量问题，包括完整性、唯一性、权威性、合法性和一致性检查。

8.3.4.4　数据应用层

该层主要针对数据模型和具体需求，通过抽取汇总分析层中的数据，采取一系列提高数据适用性的处理措施进行处理，并将处理后的数据按照不同颗粒度和不同主题等分类进行组织和存储的数据层，其目的是提高数据的适用性以便于进行数据分析，常用的处理措施包括调整数据维度、删除冗余信息、统一数据量纲和量级、指标派生与合成等。

8.3.4.5　数据展示层

该层主要针对数据可视化需求，根据实际需要存储相应的数据维度，以提高前端的应用访问率而设置的数据层，其主要的数据处理措施包括数据分组、数据库表及字段的拆分与合并、数据展示维度的调整、展示指标计算等。

8.3.5　数据流设计

数据流示意如图 8-23 所示，整个数据流分为三个部分，分别为数据采集区、数据处理区和数据利用区，其中数据采集区为各类源数据；数据处理区包括原始数据层、基础数据层和汇总分析层；数据利用区包括数据应用层和数据展示层。

①将数据通过各种采集方式从数据采集区采集上来存入原始数据层。

②原始数据层数据来源于采集上来的各种原始数据，按照展示的时效性分为实时展示数据和非实时展示数据，其中，实时展示数据直接从原始数据层进入数据展示层进行实时数据展示；非实时展示数据则进入基础数据层。

③基础数据层中的数据来源于原始数据层，对于有展示需求的数据，则进入数据展示层进行基础数据展示，如无展示需求，则经过质量处理后进入

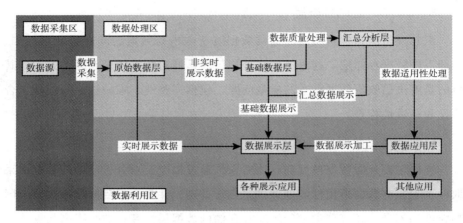

图 8-23　数据流示意

汇总分析层。

④汇总分析层的数据来源于基础数据层，对于有展示需求的数据，则进入数据展示层进行汇总数据展示，如无展示需求，则经过适用性处理后进入数据应用层。

⑤数据应用层的数据来源于汇总分析层，对于有展示需求的数据，则按照展示需求进行展示性加工后，存入数据展示层进行应用数据展示，如无展示需求，则为其他各种应用提供数据支撑。

⑥数据展示层的数据根据展示需要分别来源于原始数据层、基础数据层、汇总分析层和数据应用层，该层数据根据展示逻辑和展示内容的设计对数据进行重新组织和存储，以提高展示应用的访问效率和访问速度。

8.3.6　前端可视化模块设计

根据不同层级的服务效能评估需求，设计适合的可视化组件，从多个维度对服务效能相关数据进行展示，支持"省—地区—场馆"三级地图下钻，分别从省、地区和场馆三个角度对数据和服务效能进行组织和展示。

8.3.6.1　一级页面

数据可视化平台采用三级页面结构，首页表示宏观效能信息，包括公共文化热点资讯、公共文化热力地图、场馆效能排名、地区效能排名、场馆参评率、效能走势以及地区搜索等功能模块，公共文化热点资讯是基于后台爬虫系统实时爬取的全国各地区场馆关注度最高的资讯内容，模块定时更新数据，循环滚动播放。

8.3.6.2　二级页面

二级页面是各省份、地区的详情页面，包括服务效能地图、实时数据直通车、公共文化主题聚焦、市级文化场馆排名、多级服务效能评估等，服务效能地图标记了系统内经过评估的场馆位置，分为图书馆、博物馆和群艺馆，用户可通过点击场馆位置跳转至场馆三级页面，显示详细的评估内容。实时数据直通车是该地区公共文化场馆基础建设相关信息，会根据各个场馆的发布信息进行统计并实时更新。公共文化主题聚焦是针对文化事件的主题挖掘，分析出群众广泛关注的内容，并通过词云进行展示。市级文化场馆排名是该省所有地级市的效能指数排名，反映各地区的服务效能。多级服务效能评估是对该地区不同维度服务供给能力的评估结果，反映了该地区的综合服务效能，将各子项得分通过雷达图更加直观地表示出来，如图 8-24 所示。

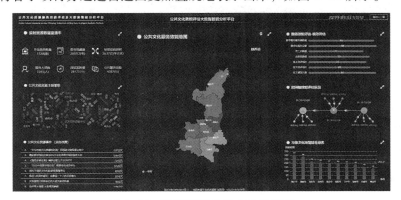

图 8-24　数据可视化平台二级页面

8.3.6.3　三级页面

三级页面是各场馆的数据详情页面，如图 8-25 所示，包括场馆实际使用情况、数字资源访问情况、馆藏情况、流量统计、主题聚焦以及服务效能评估指标等模块。场馆实际使用情况是对场馆内功能性场所，如阅览室、自习室等座席数使用情况的统计。数字资源访问情况反映了该场馆线上资源的建设和使用情况，辅助场馆分析用户更加关注的线上资源。馆藏情况反映了场馆在实体资源、数字资源等各种类型资源方面建设情况。流量统计是对场馆实时到访人数、图书资源实时借阅、用户评价调查统计的反映。主题聚焦是基于场馆活动报道和借阅资源摘要的内容主题挖掘，反映该场馆用户的关注内容。服务效能评估指标是系统针对场馆采集数据的分析，经过对指标字典约简得到的场馆实际评估时的指标体系，使用拓扑结构表示各指标之间的关联，通过拓扑节点的大小反映该指标的权重。

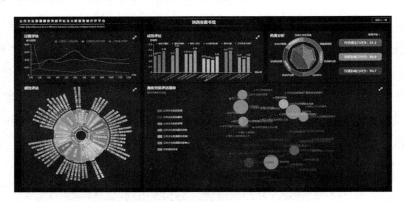

图 8-25　数据可视化平台三级页面

此外，根据应用示范的实际需要，以及公共图书馆、文化馆（站）不同的需求特点，设计了相应的标准化展示方案，其中公共图书馆根据指标层级架构设计了"综合—模块"评估，并搭配"热度分析"的方案，文化馆（站）根据实际业务需求设计了"效能评估+主题分析+实时数据"的方案。

8.3.7　后端业务管理

8.3.7.1　业务流程设计

通过系统流程图能够较为直观地了解系统的登录过程和程序的判断条件，相较于伪代码更加形象，如图 8-26 所示，为用户访问信息管理系统的

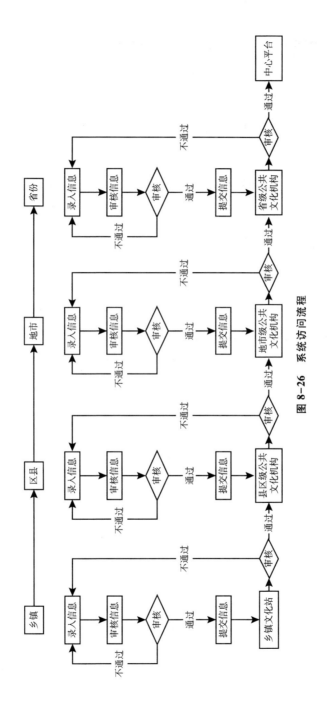

图 8-26　系统访问流程

一般流程，具体为：①用户通过登录页面进入访问系统；②用户输入账号和密码登录系统或是选择访客身份访问系统；③访客登录直接跳转至数据可视化平台；④账号、密码验证成功进入信息管理平台；⑤录入员可以访问近期录入的数据和向本地数据库表写入数据；⑥审核员可以查看近期录入的数据以及本地数据库数据是否符合数据录入规范；⑦管理员具有该用户空间内的最高权限，可以调整其他用户权限，同时负责将本地数据提交至系统云端。

8.3.7.2 权限控制模块

后端 springboot 运行在 tomcat 容器中，springboot 在运行时会扫描给定范围内的 configuration、beans、components、services，注册到 applicationContext 的上下文中，以默认的单例模式生成实例，并且解析静态配置文件当作常量，加载到服务中。用户在系统中的所有数据请求均会通过权限控制模块进行校验，在用户登录系统后，当用户通过前端向后端发起请求时，系统会通过用户的唯一标识 UUID 在数据库中对用户身份进行校验。在校验身份后，用户对于资源的操作均会根据权限标识进行过滤，只返回满足用户权限的资源，如图 8-27 所示。

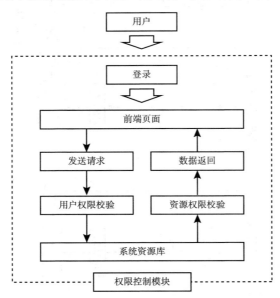

图 8-27 权限控制模块校验过程

8.4 应用示范

8.4.1 示范范围与内容

为了保证研究成果的适用性，本章选取了 3 家不同领域、不同级别的公共文化机构作为应用示范单位，包括国家图书馆、成都市图书馆和江苏省文化馆，应用示范内容主要为公共文化资源服务效能评估，具体如表 8-4 所示。

表 8-4 应用示范单位应用示范情况

序号	示范单位名称	级别	所属领域	应用示范内容
1	国家图书馆	国家级	公共图书馆	公共图书馆服务效能评估
2	成都市图书馆	地市级	公共图书馆	
3	江苏省文化馆	省级	群众文化	群众文化服务效能评估

8.4.2 示范点数据情况

目前，已经完成了三家示范点的数据收集、整理工作，其中公共图书馆以年鉴数据、系统数据为主，文化馆（站）以填报数据为主，具体如表 8-5 所示。

表 8-5 示范点数据收集情况

序号	示范单位名称	数据内容	时限
1	国家图书馆	年鉴数据	2003~2018 年
		aleph 数据	
		读者门户数据	
2	成都市图书馆	年鉴数据	2018~2021 年
		流通数据	2019~2021 年
3	江苏省文化馆	指标调查数据	2021~2022 年

8.4.3　示范方案设计

由于公共图书馆、文化馆（站）开展的业务具有明显的差异性，二者的侧重点各不相同，因此，为了保证研究制定的评估指标的适用性，分别针对公共图书馆、群众文化领域制定了标准化的应用示范方案。

8.4.3.1　公共图书馆标准化评估方案

由于研究制定的评估指标具有层级架构，因此，在制定公共图书馆应用示范方案时，根据评估指标的层级架构设计了"综合评估+模块评估+热度分析"的标准化方案。其中，综合评估指通过评估指标的多属性复合计算，利用一定的算法将各属性指标合成服务效能综合指数进行评估；模块评估指按照评估指标的三大评估模块，对公共文化资源服务分别进行绩效评估、成效评估和过程评估，从不同的侧面对公共文化资源服务进行单独评估。

8.4.3.2　群众文化标准化评估方案

根据文化馆（站）的实际业务需求以及数据情况，设计了"效能评估+主题分析+实时数据"的标准化方案，其中，效能评估指利用服务效能评估指标进行综合效能评估；主题分析指按照公共文化活动的主题，利用研究构建的主题分析模型进行主题发现分析、主题趋势分析；实时数据展示指收集文化馆（站）的场馆、活动等实时信息，构建实时数据直通车展示模块。

8.4.4　示范技术路径

根据公共文化资源服务效能制定的标准化应用示范方案，设计了相应的技术路径，具体如下。

8.4.4.1　构建效能评估模型

获取公共文化效能评估指标体系、各指标主观权重以及各指标数据，经过数据分析计算后得出公共文化效能评估数学模型。

8.4.4.2　计算效能评估指数

根据公共文化效能评估数学模型构建评估算法模型，得到效能评估结果，该分析结果能够帮助场馆对未来资源调整提供分析依据。其中需要计算的指数包括服务效能综合指数、绩效评估指数、过程评估指数和成效评估指数。

8.4.4.3　热度分析

本系统热度分析算法模块借助场馆所提供的数据，从时间、地理、人群三个维度进行数据清洗，并作为模型中底层各项指标组成部分，利用HankerNews 排名算法构建热度分析模型，计算出模型中各分部影响力的大小，给予不同权重计算出场馆热度。该模型可有效地完成场馆热度排名的计算，为场馆热度分析提供了一个多维度计算模型。

8.4.4.4　成果共享

成果共享主要体现在数据共享和方法共享两方面，其中，数据共享指利用标准数据接口接收和对外提供数据，以及通过 url 对外提供展示页面；方法共享指将分析模型或分析算法进行打包或封装，按照相应的权限对外提供使用接口供第三方调用。

8.4.5　应用示范成果

在研究成果应用示范方面，根据制定的群众文化标准化评估方案，采用了"省级—地区—场馆"三级架构进行展示，从多个维度分别从省级、地区和场馆三个角度对数据和服务效能进行组织和展示。

8.4.5.1　国家图书馆应用示范

利用公共文化资源服务效能评估与大数据智能分析平台，对国家图书馆进行服务效能评估，对重点资源数据进行分析。利用国家图书馆场馆、软硬件数量、人员、活动等综合数据，结合效能评估指标体系，对现有的公共文化资源服务建立科学有效的效能评估模型，进而进行评估打分。此外，通过获取用户对各类图书资源的使用情况、利用率等信息，主要围绕图书的热度、借阅率等指标建立主题评估模型，综合评定公共文化服务的受欢迎程度，并展示相关热力图。

8.4.5.2　江苏省文化馆应用示范

针对江苏省文化馆，利用公共文化资源服务效能评估与大数据智能分析平台，对江苏省文化馆进行服务效能评估，对重点资源数据进行分析。利用江苏省文化馆场馆、软硬件数量、人员、活动等综合数据，结合效能评估指标体系，对现有的公共文化资源服务建立科学有效的效能评估模型，进而进行评估打分。此外，通过获取用户参与各种文化活动的情况，主要围绕场馆所举办的活动等指标建立主题评估模型，综合评定公共文化服务的受欢迎程度，并展示相关热力图。

8.4.5.3　成都市图书馆应用示范

利用服务效能评估大数据智能分析系统，对成都市图书馆进行服务效能评估，对重点资源数据进行分析。在数据满足分析条件的基础上，利用成都市图书馆场馆、软硬件数量、人员、活动等综合数据，结合效能评估指标体系，对现有的公共文化资源服务建立科学有效的效能评估模型，进而进行评估打分。此外，通过获取用户对各类图书资源的使用情况、利用率等信息，主要围绕图书的热度、借阅率等指标建立主题评估模型，综合评定公共文化服务的受欢迎程度，并展示相关热力图。

8.4.5.4　应用示范展示

在成果展示方面，分别进行了服务效能总览、区域服务效能评估、场馆服务效能评估和多维热度分析。此外，还开发了后端数据接口，便于对效能评估信息实现实时推送和展示。

1）公共文化服务效能总览

公共文化服务效能总览页面主要展示了参与评估场馆数量、效能服务场馆 TOP 榜、全国资源服务效能趋势、全国各省效能动态排名、效能场馆数据覆盖率以及公共文化资源服务效能热力图，通过点击热力图或者区域检索的功能可跳转至区域服务效能评估页面。

2）区域服务效能评估

区域服务效能评估页面主要展示的是区域的服务效能评估，包括实时数据直通车、公共文化主题聚焦、公共文化事件、多级服务效能评估、时间轴效能评估纵览、市级文化场馆综合排名以及公共文化服务效能地图。通过点击地区的服务效能地图中具体场馆可以进入场馆服务效能评估页面，如图8-28所示。

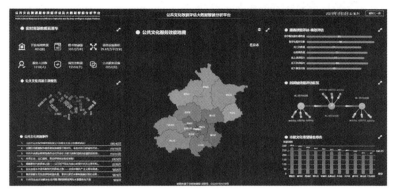

图8-28　区域服务效能评估页面

3）场馆服务效能评估

场馆服务效能评估页面主要包括场馆的过程评估、成效评估、绩效评估、热度分析以及服务效能评估指标，如图8-29所示。

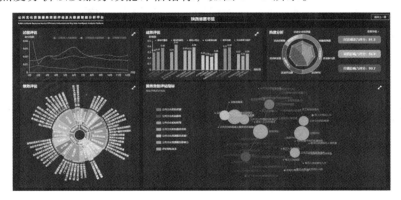

图8-29　场馆服务效能评估页面

4）多维热度分析

当点击热度分析查看详情按钮可以跳转到多维度热度分析页面，包括文化活动热度、用户参与活动热度、用户分布、场馆热度评分、文化主题活动以及主题挖掘，如图 8-30 所示。

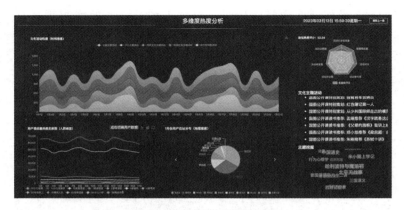

图 8-30　多维热度分析页面

8.5　小结与展望

自 2012 年以来，公共文化机构资源及服务效能的相关问题越来越引发学界的广泛关注，党的二十大报告提到文化近 30 次，指出要繁荣发展文化事业和文化产业，坚持以人民为中心的创作导向，推出更多增强人民精神力量的优秀作品，健全现代公共文化服务体系，实施重大文化产业项目带动战略；并且要健全基本公共服务体系，提高公共服务水平，增强均衡性和可及性，扎实推进共同富裕。2022 年 5 月 22 日，中共中央办公厅、国务院办公厅印发《关于推进实施国家文化数字化战略的意见》，强调各地要把推进实施国家文化数字化战略列入重要议事日程，因地制宜制定具体实施方案，相关部门要细化政策措施。各地区各有关部门要加强对《关于推进实施国家文化数字化战略的意见》实施情况的跟踪分析和协调指导，注重效果评估。如何提升公共文化机构资源及服务水平，通过智能化手段对文化机构的服务效能进行评估，成为当下非常重要又亟待解决的问题之一。

本章在剖析公共文化服务相关概念及内涵的基础上，依托绩效评估、过程评估和成效评估三类服务效能评估的基本准则，结合我国公共文化机构的实际情况及服务效能评估指标体系建设的实际要求，从服务提供者、服务提供过程和服务受益者三个方面，构建我国公共文化资源服务效能全面评估的理论框架和指标体系。基于指标体系及评估模型构建大数据智能分析与挖掘系统，分别在国家级、省级、地市级、县区级公共文化单位开展应用示范，并逐步扩展到乡镇级公共文化服务点和服务站中，将理论研究与科学实践相结合，客观、高效、直观地进行评估及展示。

参考文献

［1］安琪．公共文化云平台服务效能评价研究［D］．郑州：郑州大学，2021.

［2］毕强，朱亚玲．元数据标准及其互操作研究［J］．情报理论与实践，2007（5）：666-670.

［3］曹鹏．基于 Spark 平台的聚类算法的优化与实现［D］．北京：北京交通大学，2016.

［4］曹英．艺术市场营销组合策略研究［D］．武汉：武汉理工大学，2015：5.

［5］陈胜利．公共数字文化资源建设的宏大实践——全国文化信息资源共享工程资源建设的现状与发展［J］．图书馆杂志，2015，34（11）：4-12.

［6］陈世银．产学研协同创新中的信息保障研究［D］．武汉：武汉大学，2013.

［7］陈伟，夏建华．综合主、客观权重信息的最优组合赋权方法［J］．数学的实践与认识，2007（1）：17-22.

［8］陈瀛，生佳根．基于 LDA 和 Word2vec 的微博标签生成算法［J］．计算机与现代化，2021（12）：37-42.

［9］陈则谦，佘晓彤，郑娜静，等．公共文化云服务的评价指标构建及应用［J］．图书情报知识，2020（6）：54-66.

［10］程焕文，潘燕桃．信息资源共享：第二版［M］．北京：高等教育出版社，2016：257-292．

［11］初景利．应用SERVQUAL评价图书馆服务质量［J］．大学图书馆学报，1998（5）：44-45．

［12］樊治平，赵萱．多属性决策中权重确定的主客观赋权法［J］．决策与决策支持系统，1997（4）：89-93．

［13］范子艾，东晓．地方公共文化服务效能的构成要素与影响机制研究［J］．领导科学论坛，2020（15）：30-44．

［14］甘俊，李强，陈子豪，等．区块链实用拜占庭容错共识算法的改进［J］．计算机应用，2019，39（7）：8．

［15］官平，柯平，段珊珊．我国公共图书馆服务绩效评估研究——基于五次省级公共图书馆评估标准的分析［J］．山东图书馆学刊，2015，（6）：28-32．

［16］关于加快构建现代公共文化服务体系的意见［N］．人民日报．2015-01-15．

［17］郭填．高校图书馆服务标准体系的构建研究［J］．大学图书馆学报，2019，37（5）：128．

［18］郭显光．熵值法及其在综合评价中的应用［J］．财贸研究，1994，（6）：56-60．

［19］国家公共文化云正式开通［EB/OL］．人民网．2017［2022-3-1］．http：//culture.people.com.cn/n1/2017/1130/c1013-29675970.html．

［20］贺梅萍．图书馆数字资源评价指标权重赋值方法概述［J］．现代情报，2016，36（10）：68-73．

［21］胡殿凯，李宗霖，周炜，等．基于区块链的数字版权认证模型［J］．计算机应用与软件，2021，38（2）：311-317．

［22］胡守勇．公共文化服务效能评价指标体系初探［J］．中共福建省委党校学报，2014（2）：45-51．

［23］黄佳佳，李鹏伟，彭敏，等．基于深度学习的主题模型研究［J］．计

算机学报，2020，43（5）：827-855.

[24] 霍朝光，霍帆帆，董克．基于 LSTM 神经网络的学科主题热度预测模型 [J]．图书情报知识，2021，(2)：25-34.

[25] 贾磊．公共图书馆评估定级的新阶段——柯平教授谈第六次公共图书馆评估定级 [J]．图书馆理论与实践，2017，(7)：62-69，79.

[26] 江文涵．我国基本公共文化服务标准体系研究 [D]．重庆：西南政法大学，2017：3-4.

[27] 蒋卓人，陈燕，高良才，等．一种结合有监督学习的动态主题模型 [J]．北京大学学报（自然科学版），2015，51（2）：367-376.

[28] 金莹，刘艳灵．协同治理视角下公共文化云服务模式的运行逻辑与优化路径 [J]．图书馆，2021（2）：15-21.

[29] 柯平，申晓娟，等．文化行业标准化研究 [M]．北京：国家图书馆出版社，2016：135-159.

[30] 科技部等六部门印发《关于促进文化和科技深度融合的指导意见》的通知 [EB/OL]．科技部网站．[2020-08-27]．http：//www. gov. cn/xinwen/2019-08/27/content_ 5424912. htm.

[31] 李成彦．组织文化对组织效能影响的实证研究 [D]．上海：华东师范大学，2005.

[32] 李锋．农村公共文化产品供给侧改革与效能提升 [J]．农村经济，2018（9）：100-105.

[33] 李国新．现代公共文化服务体系建设与公共图书馆发展——《关于加快构建现代公共文化服务体系的意见》解析 [J]．中国图书馆学报，2015，41（3）：4-12.

[34] 李国新教授：提升公共文化服务效能思考 [J]．新世纪图书馆，2016（8）：25.

[35] 李红，朱建平．综合评价方法研究进展评述 [J]．统计与决策，2012（9）：7-11.

[36] 李慧忠，李晨曦，李浩轩，等．FISCO BCOS 技术实践与应用综述

［J］．信息和通信技术与政策，2020，46（1）：52-60.

［37］李建霞．图书馆绩效评价研究综述［J］．图书情报知识，2011（5）：42-52.

［38］李莉，杜慧娜，李涛．基于群签名与属性加密的区块链可监管隐私保护方案［J］．计算机工程，2022，48（6）：132-138.

［39］李世敏．公共文化服务效能提升的三个维度及其定位［J］．图书馆理论与实践，2015（9）：10-13.

［40］李霜．高质量发展视角下公共数字文化云评价指标研究［D］．上海：华东师范大学，2020.

［41］李天辉．基于python的数据分析可视化研究与实现［J］．电子测试，2020（20）：78-79.

［42］李阳．公共文化服务和旅游公共服务智慧平台融合发展路径研究［J］．图书馆学研究，2022（5）：26-34.

［43］刘敖迪，杜学绘，王娜，等．基于区块链的大数据访问控制机制［J］．软件学报，2019，30（9）：2636-2654.

［44］刘大维，霍明月．云计算关于图书馆数字资源应用的安全风险分析［J］．情报科学，2015（1）：76-79.

［45］刘健．博物馆大数据运用初探——以上海博物馆数据中心项目为例［J］．文物保护与考古科学，2017（3）：97-103.

［46］刘峤，李杨，段宏，等．知识图谱构建技术综述［J］．计算机研究与发展，2016，53（3）：582-600.

［47］罗伯特·S.卡普兰，安东尼·A.阿特金森．高级管理会计［M］．大连：东北财经大学出版社，1999.

［48］罗云川．从数字化走向网络化与智能化，寓普及性于交互性与独特性——"十四五"文化馆数字化建设与服务的若干思考［J］．中国文化馆，2021（1）：12-19.

［49］吕永飞，沈夏炯，杨劲林，等．基于区块链技术的数字版权保护综述［J］．遥感科学，2019：1-10.

［50］聂静. 基于区块链的数字出版版权保护［J］. 出版发行研究，2017（9）：33-36.

［51］牛晓林，韩德志，孙志杰. 基于联盟链的音乐版权保护与交易系统［J］. 计算机应用研究，2022，39（1）：18-23.

［52］潘澍. 公共文化管理机制与服务效能［J］. 党政干部学刊，2013（11）：66-68.

［53］邱冠华. 公共图书馆提升服务效能的途径［J］. 中国图书馆学报，2015，41（4）：14-24.

［54］曲靖野，陈震，胡轶楠. 共词分析与 LDA 模型分析在文本主题挖掘中的比较研究［J］. 情报科学，2018，36（2）：18-23.

［55］商金芳，李荣菊. 建设京津冀"文化云"提高区域公共文化服务效能［J］. 人文天下，2018（2）：44-48.

［56］沈妍，肖希明. 我国公共数字文化资源整合现状与实现条件——对几个典型项目的剖析［J］. 图书馆，2015（9）：6-10，40.

［57］圣章红. 中国公共文化服务体系的现代性解读与建设路径［J］. 湖北大学学报（哲学社会科学版），2016，43（4）：137-142.

［58］史国举. 基于 Python 的中文分词技术探究［J］. 无线互联科技，2021，18（23）：110-111.

［59］段磊，张天庆. 数据挖掘导论［M］. 北京：机械工业出版社，2021：39.

［60］宋文，朱学军.《资源描述》国家标准及对我国信息资源描述标准体系的思考［J］. 数字图书馆论坛，2016（12）：21-27.

［61］宋永明. 基于犹豫偏好关系的群决策方法研究［D］. 成都：电子科技大学，2018.

［62］苏洋."淄川文化云"助推公共文化服务供给侧改革［J］. 人文天下，2018，113（3）：34-36.

［63］孙金娟，郑建明. 公共文化服务大数据分类体系框架构建［J］. 图书馆论坛，2020，40（9）：28-35.

［64］ 孙美艳.“中原文化云”APP 传播策略研究［D］. 河南：河南工业大学，2018.

［65］ 孙知信，张鑫，相峰，等. 区块链存储可扩展性研究进展［J］. 软件学报，2021，32（1）：20.

［66］ 谭春辉，熊梦媛. 基于 LDA 模型的国内外数据挖掘研究热点主题演化对比分析［J］. 情报科学，2021，39（4）：174-185.

［67］ 王昊奋，漆桂林，陈华钧.《知识图谱：方法、实践与应用》［M］. 北京：电子工业出版社，2019.

［68］ 王靖，张金锁. 综合评价中确定权重向量的几种方法比较［J］. 河北工业大学学报，2001，（2）：52-57.

［69］ 王晓玲. 我国省区基本公共服务水平及其区域差异分析［J］. 中南财经政法大学学报，2013，（3）：23-29，158-159.

［70］ 王新鑫，杨雁，徐泽水，等. 基于专家对应准则的犹豫模糊多属性群决策方法［J］. 模糊系统与数学，2017，31（1）：101-108.

［71］ 王秀香，李丹. 我国图书馆标准规范体系构建研究［J］. 图书馆，2017（9）：9-12.

［72］ 王学思. 苏州图书馆：“10 个 100%”跨越式提升服务效能［N］. 中国文化报.2015-04-01.

［73］ 王雪丽，王瑞文. 基层公共文化服务效能困境：成因与破局——基于“三圈理论”的阐释［J］. 图书馆工作与研究，2020，288（2）：19-28.

［74］ 韦景竹，王元月. 国家公共文化云平台用户满意度实证研究［J］. 情报资料工作，2020，41（4）：30-38.

［75］ 韦敏安.“互联网＋”背景下公共数字文化资源服务创新模式研究［J］. 文艺生活（文艺理论），2018，（5）：198-199.

［76］ 韦楠华，吴高. 公共数字文化服务营销推广现状、问题及对策研究［J］. 图书馆学研究，2018（17）：61-67.

［77］ 魏丹. 公共图书馆法人治理结构外部监督机制构建［J］. 图书馆研

究，2015（2）：11-14.

［78］温浩宇，李京京．大数据时代的数字图书馆异构数据集成研究［J］．情报杂志，2013（9）：138-141.

［79］文化部关于群众艺术馆文化馆管理办法［M］．北京：新华出版社，2016.

［80］文化部印发《"十三五"时期公共数字文化建设规划》［EB/OL］．［2021-5-18］．https：//zwgk．mct．gov．cn/zfxxgkml/ghjh/202012/t20201204_906376．html.

［81］文化和旅游部关于群众艺术馆、文化馆管理办法［EB/OL］（2020-1-14）［2022-4-10］．http：//www．gaozhou．gov．cn/mmgzwhgdj/gkmlpt/content/0/740/post_740895．html？jump＝false#3204.

［82］文化和旅游部印发《实施方案》推动公共数字文化工程融合创新发展［EB/OL］．［2021-04-27］．http：//www．gov．cn/xinwen/2019-04/27/content_5386812．htm.

［83］吴冬曼，郭依群．LibQUAL+的演进与我国本地化研究与实践［J］．图书情报工作，2012，56（15）：42-48.

［84］吴江，申丽娟，魏勇．贫困地区公共文化服务均等化：政策演进、效能评价与提升路径［J］．西南大学学报（社会科学版），2019，45（5）：51-58，198.

［85］吴素舫，柯平．我国文化大数据标准规范体系构建［J］．现代情报，2018，38（1）：25-30.

［86］吴稀钰．基于Spark的谱聚类算法及其在QAR数据中的应用［D］．天津：中国民航大学，2017.

［87］西南交通大学．一种基于可编辑区块链的分布式公钥基础设施构建方法：CN202011014901.8［P］．2021-01-05.

［88］肖希明，曾粤亮．公共数字文化资源整合与服务中的信息交流机制创新［J］．图书馆论坛，2015（6）：34-40.

［89］肖希明，刘巧园．国外公共数字文化资源整合研究进展［J］．中国图

书馆学报，2015（5）：63-75.

[90] 谢培．平衡计分卡在绩效考核管理中的应用策略探析［J］．商讯，2021（10）：161-162.

[91] 谢绒娜，李晖，史国振等．基于区块链的可溯源访问控制机制［J］．通信学报，2020，41（12）：82-93.

[92] 新版国家公共文化云上线［EB/OL］．中国经济网．［2022-3-1］．http：//www．ce．cn/culture/gd/202008/26/t20200826_ 35605868. shtml.

[93] 徐翠枚．基本公共服务均等化水平评价指标体系研究——以海南为例［J］．调研世界，2014（3）：48-52.

[94] 徐爽．企业文化在企业管理中的重要作用与战略地位［J］．科学大众（科技创新），2020（10）：2.

[95] 徐泽水，赵华．犹豫模糊集理论及应用［M］．北京：科学出版社，2018：27.

[96] 闫盛枫．融合词向量语义增强和 DTM 模型的公共政策文本时序建模与演化分析——以"大数据领域"为例［J］．情报科学，2021，39（9）：146-154.

[97] 闫盈盈．基于 DTM 模型的政府公文公告主题研究［J］．中国管理信息化，2020，23（21）：151-155.

[98] 颜爱民，胡丕志，廖伟．平衡计分卡思想和 DHP 方法在公共图书馆绩效评估中的应用［J］．图书馆，2005（3）：77-80.

[99] 杨永恒，龚璞，潘雅婷．公共文化服务效能评估：理论与方法［M］．北京：科学出版社，2018：81-82.

[100] 杨宇．多指标综合评价中赋权方法评析［J］．统计与决策，2006（13）：17-19.

[101] 翟社平，童彤，白喜芳．基于区块链的属性代理重加密数据共享方案［J/OL］．计算机工程与应用：1-11［2022-09-17］．

[102] 张定安．平衡计分卡与公共部门绩效管理［J］．中国行政管理，2004（6）：69-74.

[103] 张广钦，李剑．基于平衡计分卡的公共文化机构绩效评价统一指标体系研究［J］．图书馆建设，2017（9）：26-31．

[104] 张桂刚．海量规则并行处理研究［D］．武汉：武汉大学，2009．

[105] 张国潮，唐华云，陈建海，等．基于区块链的数字音乐版权管理系统［J］．计算机应用，2021，41（4）：945-955．

[106] 张红红．豫商文化云共享模式研究［J］．企业导报，2015（8）：1-3．

[107] 张红霞．国际图书馆服务质量评价：绩效评估与成效评估两大体系的形成与发展［J］．中国图书馆学报，2009，35（1）：78-85．

[108] 张嘉舜．基于区块链的数据存储共享方案研究与设计［D］．北京：北京邮电大学，2021．

[109] 张军华．图书馆绩效管理述略［J］．中国科技信息，2007（18）：184-185，187．

[110] 张宁，李雪．国家图书馆数据管理与分析平台建设［J］．国家图书馆学刊，2016，25（6）：80-89．

[111] 张文亮，彭媛媛，张桐．国外古籍数字化标准实践进展及其启示［J］．图书馆学研究，2019（13）：11-19．

[112] 张永新．构建现代公共文化服务体系的重点任务［J］．行政管理改革，2014，（4）：38-43．

[113] 赵国锋，何英，周继华．基于区块链的数字版权登记技术［J］．信息技术与网络安全，2019，38（4）：79-83．

[114] 赵凯，王鸿源．LDA 最优主题数选取方法研究：以 CNKI 文献为例［J］．统计与决策，2020，36（16）：175-179．

[115] 赵双阁，李亚洁．区块链技术下数字版权保护管理模式创新研究［J］．西南政法大学学报，2022，24（1）：75-85．

[116] 赵莹，秦青．多部门企业平衡记分卡的开发［J］．软科学，2003（2）：92-95．

[117] 郑戟明，柳青．Echarts 在数据可视化课程中的应用［J］．电脑知识

与技术，2020，16（2）：9-11.

［118］支凤稳，云仲伦，张闪闪．基于区块链的个人科学数据共享模式研究［J］．现代情报，2021，41（12）：69-78.

［119］知识图谱发展报告（2018）［C］//中国中文信息学会，语言与知识计算专委会，2018.

［120］中华人民共和国公共图书馆法［EB/OL］．（2017-11-5）［2022-4-10］．http：//www.gov.cn/xinwen/2017/11/05/content_ 5237326.htm.

［121］中华人民共和国公共文化服务保障法［N］．人民日报．2017-02-03.

［122］中华人民共和国文化和旅游部．2018年国家公共文化云稳步发展［EB/OL］．2019［2022-3-1］．https：//www.mct.gov.cn/whzx/zsdw/qgggwhfzzx/201901/t20190117_ 836978.htm.

［123］中华人民共和国文化和旅游部．中国文化文物和旅游统计年鉴2021［Z］．北京：国家图书馆出版社，2021：18.

［124］周平，杜宇，李斌，等．中国区块链技术与应用发展白皮书［M］．2018：42-44.

［125］周忠磊．基于区块链技术的网络视频版权保护研究［D］．北京：北京邮电大学，2021.

［126］Adomavicius G，Tuzhilin A．Toward the next generation of recommender systems：A survey of the state-of-the-art and possible extensions［J］．IEEE transactions on knowledge and data engineering，2005，17（6）：734-749.

［127］Antonakaki D，Fragopoulou P，Ioannidis S．A survey of Twitter research：Data model，graph structure，sentiment analysis and attacks［J］．Expert Systems with Applications，2021，164：114006.

［128］Arvanitis K. Gilmore A，Florack F，et al．Data culture and organisational practice［EB/OL］．Archives & Museum Informatics，［2021-2-25］．https：//mw2016.museumsandtheweb.com/paper/data-culture-and-organisational-practice/.

［129］ Belghazi M I, Baratin A, Rajeswar S, et al. Mine：Mutual information neural estimation ［C］//Proceedings of the 35th International Conference on Machine Learning（PMLR 2018）, Stockholm, Sweden, 2018：530-539.

［130］ Berkovsky S, Kuflik T, Ricci F. Cross-domain mediation in collaborative filtering ［C］//International Conference on User Modeling. Springer, Berlin, Heidelberg, 2007：355-359.

［131］ Blei D M, Ng A Y, Jordan M I. Latent dirichlet allocation ［J］. Journal of Machine Learning Research, 2003, 3（1）：993-1022.

［132］ Bollacker K, Evans C, Paritosh P, et al. Freebase：A collaboratively created graph database for structuring human knowledge ［C］// Proceedings of the 2008 ACM SIGMOD international conference on Management of data. ACM, 2008：1247-1250.

［133］ Bordes A, Usunier N, Garcia-Duran A, et al. Translating embeddings for modeling multi－relational data ［J］. Advances in neural information processing systems, 2013, 26.

［134］ Buterin V. Ethereum white paper ［EB/OL］. Ethereum, 2014 ［2022-3-1］. https：//ethereum. org/en/whitepaper/.

［135］ Cafarella M, Cutting D. Building nutch：Open source search ［J］. Queue, 2004, 2（2）：54.

［136］ Cao Z, Li S, Liu Y, et al. A novel neural topic model and its supervised extension ［C］//29th AAAI Conference on Artificial Intelligence（AAAI 2015）, Austin, Texas, USA, January 25-30, 2015：2210-2216.

［137］ Chandrasekaran D, Mago V. Evolution of semantic similarity—A survey ［J］. ACM Computing Surveys（CSUR）, 2021, 54（2）：1-37.

［138］ Chauhan U, Shah A. Topic modeling using latent Dirichlet allocation：A survey ［J］. ACM Computing Surveys（CSUR）, 2021, 54（7）：1-35.

［139］ Chen T, Kornblith S, Norouzi M, et al. A simple framework for contrastive learning of visual representations ［C］//International conference on machine learning. PMLR, 2020: 1597-1607.

［140］ Chen W, Wang J, Zhang Y, et al. User based aggregation for biterm topic model ［C］. 53rd Annual Meeting of the Association for Computational Linguistics and the 7th International Joint Conference on Natural Language Processing (ACL 2015), Beijing, China, July 26-31, 2015: 489-494.

［141］ Cheng X, Yan X, Lan Y, et al. Btm: Topic modeling over short texts ［J］. IEEE Transactions on Knowledge and Data Engineering, 2014, 26 (12): 2928-2941.

［142］ Cigler B A. Preconditions for the emergence of multicommunity collaborative organizations ［J］. Policy Studies Review, 1999: 16 (1): 86-102.

［143］ Daffertshofer A, Haken H. A new approach to recognition of deformed patterns ［J］. Pattern Recognition, 1994, 27 (12): 1697-1705.

［144］ Dean J, Ghemawat S. MapReduce: Simplified data processing on large clusters ［J］. Communications of the ACM, 2008, 51 (1): 107-130.

［145］ Devlin J, Chang M W, Lee K, et al. Bert: Pre-training of deep bidirectional transformers for language understanding ［C］//2019 Conference of the North American Chapter of the Association for Computational Linguistics: Human Language Technologies (NAACL-HLT 2019), Minneapolis MN USA, June 2-7, 2019: 4171-4186.

［146］ Ding Z, Qi Y, Lin D. Alberta-based sentiment analysis of movie review ［C］//2021 4th International Conference on Advanced Electronic Materials, Computers and Software Engineering (AEMCSE). 2021: 1243-1246.

［147］ Ehrlinger L, Wöß W. Towards a definition of knowledge graphs ［J］.

SEMANTiCS（Posters，Demos，SuCCESS），2016，48（1-4）：2.

[148] Feng Y，Lv F，Shen W，et al. Deep session interest network for click-through rate prediction［C］// Proceedings of the 28th International Joint Conference on Artificial Intelligence（IJCAI'19）. AAAI Press，2019：2301-2307.

[149] Ghemawat S，Gobioff H，Leung S T. The Google file system［C］// Proceedings of the nineteenth ACM symposium on Operating systems principles. 2003：29-43.

[150] Golosova J，Romanovs A. The advantages and disadvantages of the blockchain technology［C］//2018 IEEE 6th workshop on advances in information，electronic and electrical engineering（AIEEE），IEEE，2018：1-6.

[151] Gomez-Perez J M，Pan J Z，Vetere G，et al. Enterprise knowledge graph：An introduction［M］. Exploiting linked data and knowledge graphs in large organisations. Cham：Springer International Publishing，2017：1-14.

[152] Grill J B，Strub F，Altché F，et al. Bootstrap your own latent-a new approach to self-supervised learning［J］. Advances in Neural Information Processing Systems，2020，33：21271-21284.

[153] Grover A，Leskovec J. Node2vec：Scalable feature learning for networks［C］//22nd ACM SIGKDD international conference on Knowledge discovery and data mining（KDD 2016），San Francisco CA USA，August 13-17，2016：855-864.

[154] Guo Q，Zhuang F，Qin C，et al. A survey on knowledge graph-based recommender systems［J］. Scientia Sinica Informationis，2020，50（7）：937-957.

[155] Guo Y，Huang Y，Ding Y，et al. GPU-BTM：A topic model for short text using auxiliary information［C］//2020 IEEE Fifth International

Conference on Data Science in Cyberspace（DSC 2020），Hong Kong，July 27-30，2020：198-205.

［156］ Hakim W，John K. Erasure coding vs. replication：A quantitative comparison ［J］. In：Proc. of the IPTPS Workshop，2001：328-338.

［157］ Hamilton W L，Ying R，Leskovec J. Representation learning on graphs：Methods and applications ［J］. IEEE Data Engineering Bulletin，2017，40（3）：52-74.

［158］ HanLP ［EB/OL］. https：//github. com/hankcs/HanLP.

［159］ He K，Fan H，Wu Y，et al. Momentum contrast for unsupervised visual representation learning ［C］//Proceedings of the IEEE/CVF conference on computer vision and pattern recognition. 2020：9729-9738.

［160］ HE X，Liao L，Zhang H，et al. Neural collaborative filtering ［C］//Proceedings of the 26th international conference on world wide web. 2017：173-182.

［161］ Hu B，Shi C，Zhao W，et al. Leveraging metapath based context for top-n recommendation with a neural co-attention model ［C］// In Proceedings of the 24th ACM SIGKDD International Conference on Knowledge Discovery & Data Mining. ACM，2018：1531-1540.

［162］ Innes J E，Booher D E. Planning with Complexity：An Introduction to collaborative rationality for public policy ［J］. Planning Theory and Practice，2010，11（4）：15.

［163］ ISBA. Galleries，libraries，archives，records and museums：Workforce development strategy ［EB/OL］. The National Centre for Vocational Education Research （NCVER），［2020-11-28］. https：//www. voced. edu. au/node/50940.

［164］ Jakobsson M，Juels A. Proofs of work and bread pudding protocols ［C］//Springer US，Secure Information Networks：Communications and Multimedia Security IFIP TC6/TC11 Joint Working Conference on

Communications and Multimedia Security （CMS'99）, Leuven Belgium, September 20-21 1999: 258-272.

[165] Jamali M, Ester M. Trustwalker: A random walk model for combining trust-based and item-based recommendation [C] //In Proceedings of the 15th ACM SIGKDD international conference on Knowledge discovery and data mining, France, July 6. 28-7. 1, 2009: 397-406.

[166] Ji G, He S, Xu L, et al. Knowledge graph embedding via dynamic mapping matrix [C] //Proceedings of the 53rd annual meeting of the association for computational linguistics and the 7th international joint conference on natural language processing （volume 1: Long papers）. 2015: 687-696.

[167] Jiang X, Lu Y, Fang Y, et al. Contrastive pre-training of GNNs on heterogeneous graphs [C] //Proceedings of the 30th ACM International Conference on Information & Knowledge Management. 2021: 803-812.

[168] Karunaratne N D. Assessing performance in libraries [J] . Long Range Plann. 1978, 11 （2）: 66-70.

[169] Koren Y. Factorization meets the neighborhood: A multifaceted collaborative filtering model [C] //Proceedings of the 14th ACM SIGKDD international conference on Knowledge discovery and data mining. 2008: 426-434.

[170] Lee H J. Collaboration in cultural heritage digitisation in East Asia [J] . Program: Electronic Library and InformationSystems, 2010, 44 （4）: 357-373.

[171] Li B, Yang Q, Xue X. Can movies and books collaborate? Cross-domain collaborative filtering for sparsity reduction [C] //Twenty-First international joint conference on artificial intelligence. 2009.

[172] Li C, Duan Y, Wang H, et al. Enhancing topic modeling for short texts with auxiliary word embeddings [J] . ACM Transactions on Information

Systems (TOIS), 2017, 36 (2): 1-30.

[173] Li M, Chen L, Zhao J, et al. Sentiment analysis of Chinese stock reviews based on BERT model [J]. Applied Intelligence, 2021, 51: 5016-5024.

[174] Li X, Jiang P, Chen T, et al. A survey on the security of blockchain systems [J]. Future generation computer systems, 2020, 107: 841-853.

[175] Li X, Wang Y, Ouyang J, et al. Topic extraction from extremely short texts with variational manifold regularization [J]. Machine Learning, 2021, 110 (5): 1029-1066.

[176] Li X, Zhang A, Li C, et al. Relational biterm topic model: Short-text topic modeling using word embeddings [J]. The Computer Journal, 2019, 62 (3): 359-372.

[177] Lin L, Jiang H, Rao Y. Copula guided neural topic modelling for short texts [C] //Proceedings of the 43rd International ACM SIGIR Conference on Research and Development in Information Retrieval, Virtual Event, China, July 25-30. 2020: 1773-1776.

[178] Lin Y, Liu Z, Sun M, et al. Learning entity and relation embeddings for knowledge graph completion [C] //Proceedings of the AAAI conference on artificial intelligence. 2015, 29 (1).

[179] Liu L, Huang H, Gao Y, et al. Neural variational correlated topic modeling [C] //28th International Conference on World Wide Web (WWW 2019), San Francisco CA USA, May 13 - 17. 2019: 1142-1152.

[180] Lozupone V. Analyzeencryption and public key infrastructure (PKI) [J]. International Journal of Information Management, 2018, 38 (1): 42-44.

[181] Lu Y, Zhang S, Huang Y, et al. Future-aware diverse trends framework

for recommendation〔C〕//Proceedings of the 30th International WorldWide Web Conference. 2021：2992-3001.

〔182〕 Lyu Z, Dong Y, Huo C, et al. Deep match to rank model for personalized click - through rate prediction〔C〕//Proceedings of the AAAI Conference on Artificial Intelligence. 2020, 34（1）：156-163.

〔183〕 Makhdoom I, Zhou I, Abolhasan M, et al. Privy sharing：A blockchain-based framework for privacy - preserving and secure data sharing in smart cities〔J〕. Computers & Security, 2020, 88（1）：1-34.

〔184〕 Man T, Shen H, Jin X, et al. Cross - domain recommendation：An embedding and mapping approach〔C〕//IJCAI, Melbourne, Australia, August 19-25. 2017：2464-2470.

〔185〕 Manuel G J, Pan J, Vetere G, et al. Enterprise knowledge graph：An introduction〔M〕. Exploiting Linked Data and Knowledge Graphs in Large Organisations. Springer International Publishing Switzerland. 2017：1-14.

〔186〕 Massa P, Avesani P. Trust - aware recommender systems〔C〕//In Proceedings of the 2007 ACM conference on Recommender systems, Minneapolis, MN, USA, October, 19-20. 2007：17-24.

〔187〕 Mehrotra R, Sanner S, Buntine W, et al. Improving ida topic models for microblogs via tweet pooling and automatic labeling〔C〕//36th International ACM SIGIR Conference on Research and Development in Information Retrieval（SIGIR 2013）, Dublin, Ireland, July 28-August 1. 2013：889-892.

〔188〕 Miao Y, Yu L, Blunsom P. Neural variational inference for text processing〔C〕//33nd International Conference on Machine Learning（ICML 2016）, New York, USA, June 19-24. 2016：1727-1736.

〔189〕 Mikolov T, Chen K, Corrado G, et al. Efficient estimation of word representations in vector space〔C〕//1st International Conference on

Learning Representations (ICLR 2013), Scottsdale, Arizona, USA, May 2-4. 2013: 1-12.

[190] Miyahara K, Pazzani M J. Improvement of collaborative filtering with the simple Bayesian classifier [J]. Information Processing Society of Japan, 2002, 43 (11).

[191] Mudgal S, Li H, Rekatsinas T, et al. Deep learning for entity matching: A design space exploration [C] //The 2018 International Conference on Management of Data (SIGMOD 2018), New York, USA, June 10-15. 2018: 19-34.

[192] Nickel M, Rosasco L, PoggioT. Holographic embeddings of knowledge graphs [C] //Proceedings of the AAAI Conference on Artificial Intelligence, Phoenix, Arizona USA, February 12 - 17, 2016: 1955 -1961.

[193] Nickel M, Tresp V, Kriegel H P. A three-way model for collective learning on multi-relational data [C] //28th International Conference on Machine Learning, Cheng du, China, February 26-28. 2011: 1-17.

[194] Nigam K, McCallum A K, Thrun S, et al. Text classification from labeled and unlabeled documents using EM [J]. Machine Learning, 2000, 39 (2-3): 103-134.

[195] Orlovsky S A. Decision-making with a fuzzy preference relation [J]. Fuzzy Sets and Systems, 1978, 1 (3): 155-167.

[196] Parasuraman A, Zeithaml V A, Berry L L. Servqual: A multiple-item scale for measuring consumer perceptions of service quality [J]. Journal of Retailing, 64 (1): 12-40.

[197] Park C, Kim D, Han J, et al. Unsupervised attributed multiplex network embedding [C] //Proceedings of the AAAI Conference on Artificial Intelligence, New York, USA, February 7 - 12. 2020, 34 (4): 5371-5378.

［198］ Pennington J, Socher R, Manning C D. Glove: Global vectors for word representation ［C］//2014 Conference on Empirical Methods in Natural Language Processing (EMNLP 2014), Doha, Qatar, October 25-29, 2014: 1532-1543.

［199］ Peters M E, Neumann M, Iyyer M, et al. Deep contextualized word representations ［C］//2018 Conference of the North American Chapter of the Association for Computational Linguistics: Human Language Technologies (NAACL-HLT 2018), New Orleans, Louisiana, USA, June 1-6. 2018: 2227-2237.

［200］ Pi Q, Bian W J, Zhou G R, et al. Practice on long sequential user behavior modeling for click-through rate prediction ［C］//Proceedings of the 25th ACM SIGKDD International Conference on Knowledge Discovery & Data Mining - KDD '19, Anchorage, AK, USA, August 4-8. 2019: 2671-2679.

［201］ Policies ［EB/OL］. ［2020-11-28］. https://dp. la/info/about/policies/.

［202］ Qi P, Zhu X Q, Zhou, G R, et al. Search-based user interest modeling with lifelong sequential behavior data for click-through rate prediction ［C］//Proceedings of the 29th ACM International Conference on Information &amp, Virtual Event, IrelandOctober 19-23. 2020: 2685-2692.

［203］ Qiang J, Qian Z, Li Y, et al. Short text topic modeling techniques, applications, andperformance: A survey ［J］. IEEE Transactions on Knowledge and Data Engineering, 2020, 34 (3): 1427-1445.

［204］ Qu M, Bengio Y, Tang J. Gmnn: Graph markov neural networks ［C］//Proceedings of the 36th International Conference on Machine Learning (ICML), Long Beach, California, USA, June 9-15. 2019: 5241-5250.

[205] Rendle S. Factorization machines with libfm [J] . ACM Transactionson Intelligent Systems and Technology (TIST), 2012, 3 (3): 1-22.

[206] Richard O. Measuring the goodness of library services [J] . Journal of Documentation, 1973 (3): 315 - 352.

[207] Rodríguez P, Bautista M A, Gonzàlez J, et al. Beyond one - hot encoding: lower dimensional target embedding [J] . Image and Vision Computing, 2018, 75: 21-31.

[208] Rubin R J. Demonstrating results: using outcome measurement in your library [R] . For the PLA (Public Library Association) spring symposium, Mar, 2007.

[209] Sanjay G, Howard G, Shun-Tak L. The Google File System [J] . In: Proc. of the SOSP, 2003: 29-43.

[210] Schlichtkrull M, Kipf T N, Bloem P, et al. Modeling relational data with graph convolutional networks [C] //European semantic web conference, Monterey, California, June 3. 2018: 593-607.

[211] Sen S, Vig J, Riedl J. Tagommenders: Connecting users to items through tags [C] //In Proceedings of the 18th international conference on World wide web, Madrid, Spain , April 20-24. 2009: 671-680.

[212] Sheikh N, Qin X, Reinwald B, et al. Knowledge graph embedding using graph convolutional networks with relation-aware attention [J] . arXiv preprint arXiv, 2021: 2102. 07200.

[213] Shvachko K, Kuang H, Radia S, et al. The hadoop distributed file system [C] //2010 IEEE 26th symposium on mass storage systems and technologies (MSST) . Ieee, 2010: 1-10.

[214] Su X, Khoshgoftaar T M. A survey of collaborative filtering techniques [J] . Advances in artificial intelligence, 2009, 15.

[215] Sun F, Liu J, Wu J, et al. BERT 4Rec: Sequential recommendation with bidirectional encoder representations from transformer [C] //

Proceedings of the 28th ACM International Conference on Information and Knowledge Management，Beijing，China，November 3-7. 2019：1441-1450.

［216］ Sun Z，Deng Z H，Nie J Y，et al. Rotate：Knowledge graph embedding by relational rotation in complex space ［J］. arXiv preprint arXiv，2019：1902. 10197.

［217］ Sun Z，Guo Q，Yang J，et al. Research commentary on recommendations with side information：A survey and research directions ［J］. Electronic Commerce Research and Applications，2019，37：100879.

［218］ Sun Z，Hu W，Zhang Q，et al. Bootstrapping entity alignment with knowledge graph embedding ［C］//The 27th International Joint Conference on Artificial Intelligence （IJCAI 2018），Stockholm，Sweden，July 13-19. 2018：4396-4402.

［219］ Sun Z，Wang C，Hu W，et al. Knowledge graph alignment network with gated multi-hop neighborhood aggregation ［C］//The 32th AAAI Conference on Artificial Intelligence （AAAI 2020），New York，USA，February 7-12. 2020：222-229.

［220］ Thakoor S，Tallec C，Azar M G，et al. Large-scale representation learning on graphs via bootstrapping ［C］//International Conference on Learning Representations，2021.

［221］ The Library of Congress. Amcrican memory ［EB/OL］. http：//memory. loc. gov/ammem/index. html.

［222］ Trouillon T，Dance C R，Welbl J，et al. Knowledge graph completion via complex tensor factorization ［J］. arXiv preprint arXiv，2017：1702. 06879.

［223］ Vashishth S，Sanyal S，Nitin V，et al. Composition-based multi-relational graph convolutional networks ［J］. arXiv preprint arXiv，

2019: 1911.03082.

[224] Vaswani A, Shazeer N, Parmar N, et al. Attention is all you need [J]. Advances in neural information processing systems, 2017, 30.

[225] Vayansky I, Kumar S A P. A review of topic modeling methods [J]. Information Systems, 2020, 94: 101582.

[226] Veličković P, Cucurull G, Casanova A, et al. Graph attention networks [J]. arXiv preprintarXiv, 2017: 1710.10903.

[227] Velickovic P, Fedus W, Hamilton W L, et al. Deep graph infomax [C] //7th International Conference on Learning Representations (ICLR 2019), New Orleans, LA, USA, May 6-9. 2019: 1-17.

[228] Wang H, Zhang F, Wang J, et al. Ripplenet: propagating user preferences on the knowledge graph for recommender systems9 [C] // Proceedings of the 27th ACM International Conference on Information and Knowledge Management, ACM. 2018: 417-426.

[229] Wang H, Zhang F, Xie X, et al. DKN: Deep knowledge-aware network for news recommendation [C] //Proceedings of the 2018 world wide web conference, Lyon, France, April 23-27. 2018: 1835-1844.

[230] Wang H, Zhao M, Xie X, et al. Knowledge graph convolutional networks for recommender systems [C] //The World Wide Web Conference - San Francisco, CA, USA, May 13-17. 2019: 3307-3313.

[231] Wang W, Zhou H, He K, et al. Learning latent topics from the word co-occurrence network [C] //35th National Conference of Theoretical Computer Science (NCTCS 2017), Wuhan, China, October 14-15. 2017: 18-30.

[232] Wang X, He X, Cao Y, et al. KGAT: knowledge graph attention network for recommendation [C] //Proceedings of the 25th ACM SIGKDD international conference on knowledge discovery & data mining.

AK, USA, August 4-8. 2019: 950-958.

[233] Wang X, Liu N, Han H, et al. Self-supervised heterogeneous graph neural network with co-contrastive learning [C] //Proceedings of the 27th ACM SIGKDD Conference on Knowledge Discovery & Data Mining. August 14-18. 2021: 1726-1736.

[234] Wang X, Yang Y. Neural topic model with attention for supervised learning [C] //23rd International Conference on Artificial Intelligence and Statistics (AISTATS 2020), Palermo, Sicily, Italy, August 26-28. 2020: 1147-1156.

[235] Wang Z, Zhang J, Feng J, et al. Knowledge graph embedding by translating on hyperplanes [C] //Proceedings of the AAAI Conference on Artificial Intelligence, Quebec, Canada, July. 2014, 28 (1).

[236] Weatherspoon H, Kubiatowicz J D. Erasure coding vs. replication: A quantitative comparison [C] //Peer - to - Peer Systems: First InternationalWorkshop, IPTPS 2002 CambridgeMA USA, March 7-8, 2002 Revised Papers 1. Springer Berlin Heidelberg, 2002: 328-337.

[237] White T. Hadoop: The definitive guide. 4th ed [J]. O' Reilly Media. Inc, 2015.

[238] Wu D, Yang R, Shen C. Sentiment word co-occurrence and knowledge pair feature extraction based LDA short text clustering algorithm [J]. Journal of Intelligent Information Systems, 2021, 56 (1): 1-23.

[239] Wu Y, Liu X, Feng Y, et al. Relation - aware entity alignment for heterogeneous knowledge graphs [C] //The 28th International Joint Conference on Artificial Intelligence (IJCAI 2019), Macao, China, August 10-16. 2019: 5278-5284.

[240] Wu Z, Pan S, Chen F, et al. A comprehensive survey on graph neural networks [J]. IEEE Transactions on Neural Networks and Learning Systems, 2021, 32 (1): 1-24.

［241］ Xia M , Saxena M , Blaum M , et al. A tale of two erasure codes in HDFS ［C］//Usenix Conference on File & Storage Technologies. Usenix Association, 2015.

［242］ Xia M M, Xu Z S. Managing hesitant iInformation in GDM problems under fuzzy and multiplicative preference relations ［J］. International Journal of Uncertainty, Fuzziness and Knowledge-Based Systems, 2013, 21（6）: 865-897.

［243］ Xia M Y, Mohit S, Mario B, et al. A Tale of Two Erasure Codes in HDFS ［J］. In: Proc. of the FAST, 2015: 213-226.

［244］ Xia M, Xu Z. Managing hesitant information in GDM problems under fuzzy and multiplicative preference relations ［J］. International Journal of Uncertainty, Fuzziness and Knowledge-Based Systems, 2013, 21 （06）: 865-897.

［245］ Xu Y, Yang Y, Han J, et al. Exploiting the sentimental bias between ratings and reviews for enhancing recommendation ［C］//In 2018 IEEE International Conference on Data Mining（ICDM）. IEEE, November 17-20. 2018: 1356-1361.

［246］ Xue H J, Dai X, Zhang J, et al. Deep matrix factorization models for recommender systems ［C］//Proceedings of the Twenty - Sixth International Joint Conference on Artificial Intelligence, Melbourne, Australia, Augut19-25. 2017: 3203-3209.

［247］ Yang B, Yih W, He X, et al. Embedding entities and relations for learning and inference in knowledge bases ［J］. arXiv preprint arXiv, 2014: 1412. 6575.

［248］ Yi F, Jiang B, Wu J. Topic modeling for short texts via word embedding and document correlation ［J］. IEEE Access, 2020, 8: 30692-30705.

［249］ Yin J, Wang J. A dirichlet multinomial mixture model-based approach for short text clustering ［C］//20th ACM SIGKDD International

Conference on Knowledge Discovery and Data Mining (KDD 2014), New York, USA, August 24-27. 2014: 233-242.

[250] Yin Z, Kou Y, Wang G, et al. Explainable recommendation via neural rating regression and fine - grained sentiment perception [C] //Web Information Systemsand Applications: 18th International Conference, WISA 2021, Proceedings. Cham: Springer International Publishing, Kaifeng, China, September 24-26. 2021: 580-591.

[251] Zhang F, Yuan N J, Llan D, et al. Collaborative knowledge base embedding for recommender systems [C] //Proceedings of the 22nd ACM SIGKDD international conference on knowledge discovery and data mining, San Francisco, USA, August 13-17, 2016: 353-362.

[252] Zhang M, Wang S, Yuan K. Sentiment analysis of barrage text based on ALBERT and multi - channel capsule network [C] //Advances in Natural Computation, Fuzzy Systems and Knowledge Discovery: Proceedings of the ICNC-FSKD 2021. Springer International Publishing, 2022: 718-726.

[253] Zhang Q, Sun Z, Hu W, et al. Multi - view knowledge graph embedding for entity alignment [C] //the 28th International Joint Conference on Artificial Intelligence (IJCAI 2019), Macao, China, August 10-16. 2019: 5429--5435.

[254] Zhang Y, Ai Q, Chen X, et al. Learning over knowledge - base embeddings for recommendation [J]. arXiv preprint arXiv, 2018: 1803.06540.

[255] Zhang, M, Wang, S, Yuan, K. sentiment analysis of barrage text based on ALBERT and multi-channel capsule network [D]. Berlin: Lecture Notes on Data Engineering and Communications Technologies, 2022: 718-726.

[256] Zhao H, Du L, Buntine W, et al. MetaLDA: A topic model that

efficiently incorporates meta information [C] //2017 IEEE International Conference on Data Mining (ICDM 2017), New Orleans, LA, USA, November 18-21. 2017: 635-644.

[257] Zhao H, Yao Q, Li J, et al. Meta-graph based recommendation fusion over heterogeneous information networks [C] //Proceedings of the 23rd ACM SIGKDD international conference on knowledge discovery and data mining, ACM, 2017: 635-644.

[258] Zhen Y, Li W J, Yeung D Y. Tagicofi: Tag informed collaborative filtering [C] //In Proceedings of the third ACM conference on Recommender systems, New York, USA, October 23 - 25. 2009: 69-76.

[259] Zheng L, Noroozi V, Yu P S. Joint deep modeling of users and items using reviews for recommendation [C] //Proceedings of the tenth ACM international conference on web search and data mining. ACM. 2017: 425-434.

[260] Zhou G, Mou N, Fan Y, et al. Deep interest evolution network for click-through rate prediction [C] //Proceedings of the AAAI conference on artificial intelligence. 2019, 33 (1): 5941-5948.

[261] Zhou G, Zhu X, Song C, et al. Deep interest network for cick-through rate prediction [C] //InProceedings of the 24th ACM SIGKDD International Conference on Knowledge Discovery & Data Mining, London, United Kingdom, August 19-23. 2018: 1059-1068.

[262] Zhu B G, Cai Y, Zhang H K . Sparse biterm topic model for short texts [C] //Asia - Pacific Web (APWeb) and Web - Age Information Management (WAIM) Joint International Conference on Web and Big Data, Guangzhou, China, August 23-25. 2021: 227-241.

[263] Zhu F, Chen C, Wang Y, et al. DTCDR: A framework for dual-target cross - domain recommendation [C] //Proceedings of the 28th ACM

International Conference on Information and Knowledge Management. 2019: 1533-1542.

[264] Zhu F, Wang Y, Chen C, et al. A graphical and attentional framework for dual-targetcross-domain recommendation [C] //IJCAI, Yokohama, Japan, July 11. 2020: 3001-3008.

[265] Zhu F, Wang Y, Chen C, et al. Cross - domain recommendation: Challenges, progress, and prospects [J] . arXiv preprint arXiv, 2021: 2103.01696.

[266] Zhu H, Xie R, Liu Z, et al. Iterative entity alignment via joint knowledge embeddings [C] //The 26th International Joint Conference on Artificial Intelligence (IJCAI 2017) , Melbourne, Australia, August 19-25. 2017: 4258-4264.

[267] Zhu Q, Wei H, Sisman B, et al. Collective multi-type entity alignment between knowledge graphs [C] //The Web Conference 2020 (WWW 2020) , Taiwan, China, April 20-24. 2020: 2241-2252.

[268] Zhu Y, Liu H, Wu Z, et al. Relation-aware neighborhood matching model for entity alignment [C] //the 58th Annual Meeting of the Association for Computational Linguistics (ACL 2020) , Washington, USA , July 5-10. 2020: 6477-6487.

[269] Zhuang H, Diao L, Grace Y Y. A Bayesian nonparametric mixture model for grouping dependence structures and selecting copula functions [J] . Econometrics and Statistics, 2022, 22: 172-189.

[270] Zuo Y, Zhao J, Xu K. Word network topic model: a simple but general solution for short and imbalanced texts [J] . Knowledge and Information Systems, 2016, 48 (2) : 379-398.

图书在版编目（CIP）数据

公共文化云平台共建共享与智能服务／焦延杰，朱
欣娟，罗云川主编． --北京：社会科学文献出版社，
2023.6
ISBN 978-7-5228-1851-1

Ⅰ.①公…　Ⅱ.①焦…　②朱…　③罗…　Ⅲ.①公共管
理-文化工作-管理信息系统-研究-中国　Ⅳ.
①G124

中国国家版本馆 CIP 数据核字（2023）第 098455 号

公共文化云平台共建共享与智能服务

主　　　编／焦延杰　朱欣娟　罗云川

出 版 人／王利民
责任编辑／宋　静
文稿编辑／秦　丹
责任印制／王京美

出　　　版／社会科学文献出版社·皮书出版分社（010）59367127
地址：北京市北三环中路甲 29 号院华龙大厦　邮编：100029
网址：www.ssap.com.cn
发　　　行／社会科学文献出版社（010）59367028
印　　　装／三河市龙林印务有限公司

规　　　格／开本：787mm×1092mm　1/16
印张：21.25　字数：324 千字
版　　　次／2023 年 6 月第 1 版　2023 年 6 月第 1 次印刷
书　　　号／ISBN 978-7-5228-1851-1
定　　　价／128.00 元

读者服务电话：4008918866